Besuchen Sie uns auf www.facebook.com/conbook

1. Auflage 2012
Ausgabe 2012

www.conbook-verlag.de
www.heimatbuch.de

In der Reihe **»Heimatbuch«** bisher ebenfalls erschienen:

Berlin	Murat Topal	ISBN 978-3-934918-84-9
Eifel	Hubert vom Venn	ISBN 978-3-934918-95-5
München	Sarah Hakenberg	ISBN 978-3-934918-91-7
Ostfriesland	I. Lienemann, K. Jakob	ISBN 978-3-934918-87-0
Rheinland	Christian Bartel	ISBN 978-3-934918-89-4
Schwabenland	Holger Hommel	ISBN 978-3-934918-90-0
Tirol	Ludwig Wolfgang Müller	ISBN 978-3-934918-97-9
Westfalen	Mischa-Sarim Vérollet	ISBN 978-3-934918-93-1
Wien	Buchgraber & Brandl	ISBN 978-3-934918-88-7

Projektleitung und Lektorat: Christiane Barth
Einbandgestaltung: Linda Kahrl, David Janik
unter Verwendung von Lizenzmaterial © Ostseetropfen / photocase.com
Satz: Reihs Satzstudio, Lohmar
Druck und Verarbeitung: Ebner & Spiegel GmbH, Ulm

Printed in Germany

ISBN 978-3-934918-94-8

Detlev Schönauer

Von Kohle, Schwenker und Saarvoir-vivre

SAARLAND

ein Heimatbuch

Über das kleine Bundesland im Westen der Republik ist wenig bekannt – nur seine Größe: Das Saarland ist ungefähr so groß wie ein Ölteppich oder ein handelsüblicher Waldbrand. Kaum jemand weiß, dass es sich bei dem kleinsten Flächenstaat eben nicht um ein hässliches Industrierevier handelt, sondern um eine reizvolle Landschaft mit einsamen Wanderwegen, einer eigenen Kultur und offenen, fröhlichen Menschen.

Und kaum jemand, der die Region kennenlernt, wird sich dem *Saarvoir-vivre* entziehen können. Die frankophile Lebensart des Saarländers ist vor allem kulinarisch stark ausgeprägt. Folglich lautet sein Motto, mit dem er sich gern entwaffnend outet: *»Hauptsach gudd gess, geschafft hann mir schnell!«*

Entdecken Sie mit dem Kabarettisten **Detlev Schönauer** (bekannt durch seine Rolle als Bistrowirt Jacques) das Land der passionierten Schwenker, erfahren Sie, warum die Stimmung während eines Trauermahls hier zuweilen ausgelassener ist als auf einer Hochzeit und warum Hasengespräche nicht unbedingt was mit Tieren zu tun haben.

Detlev Schönauer, 1953 in Mainz geboren, von Beruf ursprünglich Diplom-Physiker, arbeitet als Kabarettist meist im süddeutschen Raum. Sprache und Dialekte, aber auch Musik, Politik und Gesellschaftskritik sind seine Themen. Er ist einem großen Fernseh- und Bühnenpublikum bekannt durch seine Rolle als »Jacques«, der charmant plaudernde Bistrowirt und Thekenphilosoph. Ein besonderes Augenmerk richtet er auf seine Wahlheimat, das Saarland, in das ihn der Zufall führte.

Inhalt

Für *meins*, es Marion – die beste
aller Saarländerinnen

Vorwort

Fragt man einen Saarländer, wo es am schönsten ist, wird man stets die gleiche Antwort hören, nämlich: *dehemm!* Er sagt nicht »im Saarland«, faselt nicht großspurig von Heimat, sagt nicht mal: *»Ei doo, wo es Bier am beschde is«* – er sagt einfach *dehemm.* Das beinhaltet alles: Geborgenheit, Schutz, Vertrautheit. Da wohnen die Freunde *(die Kamerade)*, die Eltern, der Sohn *(de Kneschd)*, die Tochter *(es Klään)* und die *ganz buckelisch Verwandtschaft.*

Das saarländische *dehemm* verbindet die derbe Bodenständigkeit des Pfälzers mit dem *Laissez-faire* des Franzosen. Obwohl dem Saarländer beide nicht so ganz geheuer sind: Pfälzerwitze begleiten die Hassliebe zwischen den Nachbarn genauso wie das wenig ernst gemeinte Grummeln über die Franzoseninvasion an den Einkaufssamstagen. Umgekehrt nutzt der Saarländer die Nähe zu Frankreich, um dort *gudd unn billisch* einzukaufen und um *fein esse ze gehe.* Diese grenzüberschreitenden Eskapaden gibt es nicht erst seit Schengen. Die Grenze – samt ihrer Vor- und Nachteile – beherrschte immer die Region an der Saar. Und nicht nur die nach Frankreich, sondern auch die *zum Reisch* (Reich), zu Restdeutschland, wo der Erbfeind, der *Pälzer*, haust.

Trotzdem ist der Saarländer – in seiner Geschichte immer zwischen den Nationen hin- und hergerissen – Fremden gegenüber sehr offen (*wenn die sisch schicke!* – das heißt, wenn sie die saarländischen Eigentümlichkeiten akzeptieren: *Ei, mir sinn halt so!*). Er geht offen und neugierig auf sie zu und reist gerne. Wenn er das auch nur tut, um sich immer wieder zu vergegenwärtigen, dass es eben doch *dehemm am schennschde is.*

Dort wird Geselligkeit besonders groß geschrieben und das Zusammengehörigkeitsgefühl an der Theke zelebriert, in der heimischen Kneipe, die nicht nur Kommunikationszentrum ist, sondern auch eine Art Wohnzimmer. So ist *es Büfett* (mit Betonung auf der ersten Silbe) des Saarländers liebstes Möbelstück. Dessen kommunikative Vertraulichkeit braucht er, hier fühlt er sich stark, wohl und verstanden. Auch der Fremde wird dort schnell ins Herz geschlossen – wenngleich nicht immer ohne Hintergedanken …

Seit 35 Jahren lebe ich nun in diesem beschaulichen und landschaftlich überaus reizvollen Saarland und bin wie viele andere Zugereiste einfach hängen geblieben. Weil's vielleicht ein bisschen schöner ist als anderswo, die Menschen vielleicht ein bisschen offener und hilfsbereiter sind als anderswo und weil man sich auch als Fremder sehr schnell heimisch fühlt – *dehemm halt.*

EPISODE 1
Das unbekannte Land
am Rande der Republik

Kommen rinn unn hucken eisch!

Komm, Willy, gebb mir noch e Stubbi unn zieh mir ab!«
»Ei gudd, Klaus!«

Mit schwungvollem Griff ziehe ich die Kühlschublade eine Handbreit auf und greife eine dieser knubbeligen kleinen Bierflaschen. Im nächsten Moment steht sie kühl und leicht angelaufen vor Klaus auf der Theke. Geschickt hebelt er mit dem Feuerzeug den Kronkorken ab, der nach einem kühnen Salto knapp neben meinem Spülbecken landet: »Macht zusammen 4,80 Euro, Klaus!«

Nein, das hätte ich mir früher niemals träumen lassen, dass ich einmal als Wirt hinter einer Kneipentheke stehen würde. Und nicht nur mal zeitweise, um das Studium zu finanzieren, sondern tatsächlich jeden Tag, von mittags bis nachts. Und hätte mir früher jemand prophezeit, dass mich das Schicksal irgendwann einmal ausgerechnet ins ferne Saarland verschlagen würde, an den Rand der Republik, und das so richtig mit allen Konsequenzen, samt eingeborener Frau und zwei Kindern, als Wirt einer saarländisch-französischen Kneipe, na, den hätte ich doch geradewegs für verrückt erklärt. Und da »Kneipe«

doch leicht verrucht und promilleträchtig klingt, nenne ich mein Etablissement, dem Zeitgeist sei's geschuldet, »Bistro«. Das passt auch ganz gut, immerhin liegt es nur einen Steinwurf von der Grenze entfernt in Saarbrücken. In fünf Minuten ist man in Frankreich – zu Fuß!

Und doch gehört das Saarland zu Deutschland, auch wenn das nicht jedem so klar ist, denn leider klaffen im Wissen über unser kleines Bundesland doch bei vielen enorme Lücken. Man weiß vielleicht, es hat irgendetwas mit Kohle zu tun – also mit der schwarzen, nicht der pekuniären. Dann gibt es dort tumbe Typen, die – stets mit einer *Batschkapp* auf dem Kopf – dummschwätzen und Heinz Becker heißen, gestraft mit einer einfältigen Frau namens Hilde, besser gesagt: *es Hilde*. Dann fallen einem vielleicht noch Namen ein wie Oskar Lafontaine oder Nicole. Von einem gewissen Erich Honecker will man aber selbst hier nichts mehr wissen. Und das war's meist auch schon mit dem Wissen über dieses Land am Rande der Republik, so kurz vor Frankreich.

Schade eigentlich, denn das Saarland ist eine landschaftlich wunderschöne Region mit viel Natur, mit interessanten touristischen Zielen und vor allem mit überaus freundlichen, hilfsbereiten und offenen Menschen. Ich spreche da nicht unbedingt von mir, denn ich bin kein Saarländer, ich bin eher zufällig da. Seit über 30 Jahren nutze ich die Gelegenheit, dieses Land und seine Bewohner zu studieren, und entdecke immer noch Neues.

Also, kommt doch einfach herein in mein Bistro, nehmt Platz, am besten gleich hier an der Theke, das ist der schönste Platz. Das heißt im regionalen Idiom eigentlich: *»Kommen rinn unn hucken eisch! Was darf's sinn?«*, also: »Was darf's sein?«

Ach was, am besten mach ich euch, wie es hier üblich ist, ein frisch gezapftes Bier. Ihr seid also noch ganz neu hier? Und wollt etwas über dieses kleine Land zwischen Deutschland und Frankreich wissen? Da kann ich euch gerne behilflich sein. Ich bin ja selbst ein Zugereister und habe hier nicht nur vieles gesehen und erlebt, sondern mir dabei auch allerlei Tricks und Kniffe, besondere Überlebensstrategien und wichtige Informationen nach und nach erarbeitet. Dabei habe ich aber auch sehr viel Spaß gehabt, denn die Saarländer sind ein *kloores Volk*. Ehem, wie bitte? Sie sind was? *Kloor?* Wie übersetzt man das nun?

»Du, Klaus?« Der sitzt auch hier an der Theke, fast täglich – ich rechne ihn schon zum Inventar –, und sollte so etwas als eingefleischter Saarländer eigentlich wissen. »Wie würde man denn zu *kloor* sagen?« Klaus legt seine Stirn in Falten und versucht scharf nachzudenken. *»Ei, kloor? Jo, also, wenn jemand kloor is, ehem, also dann is er ennfach gudd, nett, witzisch, mit dem kammer gudd schwätze, eener trinke gehe, esse, der helft ääm, ladt disch in … der is, hm, ei, der is halt kloor! Guggen eisch en Saarlänner aan, dann wissener, was kloor is!«*

»Klaus, danke! Besser hätte ich es auch nicht ausdrücken können.«

Die Saarländer haben, ebenso wie Bayern, Norddeutsche oder Sachsen, ihre ganz eigene Mentalität. Diese beruht auf der Geschichte des Landes, auf der wirtschaftlichen Entwicklung, auf der Sprache, der Küche und auch auf der Nähe zum Nachbarn Frankreich, der hier viele Spuren hinterlassen hat. Und wie dort, in Lothringen, war auch das Saarland stets eine Montanregion, in der immer viel *geschafft* wurde. Aber nicht nur das, zum

Ausgleich wurde auch immer besonders gut gelebt, gut gegessen und getrunken. Vielleicht kann man die hiesige Einstellung recht treffend mit einem Satz charakterisieren, den man hier immer wieder hört: *Hauptsach gudd gess, geschafft hann mir schnell!*

Es ist ein lebenslustiges Volk, das viel lieber an der Theke steht und philosophiert, manchmal auch einfach nur dummschwätzt, und das Arbeiten als notwendiges Übel begreift.

Übrigens, euer Pils ist fertig, Prost

Klaus schiebt seine leere Flasche über die Theke: »*Apropos esse! Du, Willy, isch muss hemm, 's is jo gleisch zwölf Uhr. Meins macht heit Gefillde. Ei gudd, dann* …« Er schiebt sich vom Barhocker und verlässt winkend das Bistro. Man muss wissen: Zwar lässt man es sich hier gut gehen, aber es gibt trotzdem eiserne Regeln. Zum Beispiel: *Um zwölf gebbd gess* (also: Das Mittagessen wird pünktlich um zwölf Uhr serviert, nicht um fünf vor zwölf und erst gar nicht um fünf nach zwölf). Noch in vielen Familien wird darauf großen Wert gelegt. So auch bei meinem Stammgast und Kumpel Klaus, einem typischen Saarländer: ehemaliger Bergmann, heute in Frührente, Hobbyheimwerker und Genießer der heimischen Lebensart. Von ihm habe ich vieles über Land und Leute gelernt. Wenn ihr wollt, erzähl ich euch gerne davon.

Denn ich selbst komme ursprünglich vom Rhein. Über das Saarland wusste ich damals nicht viel, nur dass man da irgendwie durchfahren muss, wenn man nach Frankreich will, dass es da Kohle gibt und Stahl, dass man sich in einem merkwürdigen Dialekt verständigt und dass das Land trotzdem zur Bundesrepublik gehört, dass das aber nicht immer so war.

Während meiner Bundeswehrzeit lernte ich dann die ersten echten Saarländer kennen. Was mir bei ihnen sofort auffiel, das war ihre ausgeprägte Liebe zur Heimatregion. Selbst wenn es nur mal einen Tag dienstfrei gab, die Saarländer (und zwar alle) nahmen stets auch eine stundenlange Fahrt auf sich, um *hemm* zu kommen. Damit sorgten sie immer wieder für Heiterkeit und Spott. Aber auch, weil sie stets zusammenhingen und dabei bisweilen schwer verständliche Laute austauschten. *Muffländer* nannten wir sie verächtlich. Dabei sind sie alles andere als Muffelköpfe. Der Ausdruck *Muffländer* hat auch einen ganz anderen Ursprung, er kommt nämlich vom Militär her.

Nach dem Zweiten Weltkrieg war das Saarland, damals noch »Saargebiet«, französisch. Es wurde erst am 1. Januar 1957 politisch an die Bundesrepublik rückgegliedert, an Restdeutschland, das hier deswegen heute noch *es Reisch* genannt wird. Allerdings verlief diese Rückgliederung nach Deutschland wesentlich langsamer und behutsamer, als es bei den neuen Ländern 1990 der Fall war. Denn erst einmal wurde nur politisch angegliedert, damit sich die Leute langsam dran gewöhnen konnten, dass sie jetzt keine Franzosen mehr waren, sondern eben Deutsche. Auch wurde deren Begierde nach der D-Mark nicht einfach so hopplahopp nachgegeben, ebenso wenig wurde von blühenden Landschaften gefaselt – war auch nicht nötig, die hatten sie ja schon. Die wirtschaftliche Vereinigung kam dann erst zwei Jahre später, am 6. Juli 1959. In der Zwischenzeit zahlte man noch mit französischen Francs, aber trotzdem mussten die jungen Männer damals schon zum Wehrdienst in die Bundeswehr, und das meist außerhalb des Saarlandes. Dafür erhielten die Jungs eigene »Militär-Urlaubs-Fahrscheine«. Die Abkürzung MUF wurde zu diesem Behufe auf die Fahrkarten gestempelt, wenn sie *hemm* fuhren, ins sogenannte *Muffland*, wie damals böse Zunge spotteten. Der Ausdruck hat sich gehalten, und so bevölkerten auch später, zur D-Mark-Zeit, die *Muffländer* freitags abends nach wie vor die Züge Richtung Saarland.

Heute weiß ich, warum die Menschen hier ihre Saartümelei pflegen. Es ist die wechselvolle Geschichte, die die Menschen immer noch und immer wieder zusammenschweißt. Das Land war stets irgendwie fremdbestimmt, gehörte bald hierhin, bald dahin. Bis sich die Leute sagten: *»Egal, wer ibber uns bestimmt, Franzose, Bayern, Preuße, Deitsche, mir sinn mir, unn mir wisse, wo mir hingeheere. Mir ware, mir sinn unn mir bleibe immer Saarlänner! Fertisch!«* Auch heute noch fühlen sich die Saarländer ihrer Heimat stark verbunden, sogar wenn sie schon seit vielen Jahren nicht mehr dort leben. So gibt es überall in der Welt Saarländerstammtische, zu denen sich die Versprengten in der Fremde zusammenfinden. Wenn sich irgendwo zwei Saarländer zufällig treffen, freuen sie sich wie Kinder, trinken einen zusammen und plaudern von *dehemm*. So als hätten sie in der Fremde Angst und fühlten sich gemeinsam in der Welt stärker.

Ich kam erst im Alter von 20 Jahren an die Saar, um Physik zu studieren. Genau genommen war es aber das Schicksal, das mich eher unfreiwillig in dieses ominöse Bundesland verschlug. Das Schicksal hieß übrigens Gudrun, sie wollte in Saarbrücken studieren, und ich kam dann halt mit. Die Beziehung war schneller zu Ende als meine akademischen Bemühungen, sie ging und ich blieb. Erst viel später sollte ich merken, wie mein Wechsel an die Saar mein Leben radikal verändert hatte. Und heute, nach vielen Jahren, bin ich tatsächlich sehr froh darum, gerade hier gelandet zu sein.

Damals wollte ich möglichst schnell etwas über diese gewöhnungsbedürftige Fremde erfahren, mich möglichst rasch integrieren, und nahm daher kurzzeitig eine Tätigkeit auf, bei der sichergestellt war, dass ich viel herum und mit Eingeborenen in Kontakt kam: Ich wurde im Nebenjob Taxifahrer. Und schon damals halfen mir dabei tief verwurzelte Netzwerke, die in so einem kleinen Land typisch sind: Jeder kennt jeden, oder er kennt zumindest jemanden, der jemanden kennt. Und wo man sich kennt, hilft man sich, und so war der Personenbeförderungsschein mitsamt aller bürokratischen Hürden schnell gemeistert. Den kompletten Plan des Großraumes Saarbrücken lernte ich auswendig, denn man muss eine entsprechende Prüfung ablegen. Die dazugehörigen Straßen lernte ich dann hinterm Lenkrad.

Taxifahren kann ich nur wärmstens jedem empfehlen, der eine Stadt und seine Menschen schnell kennenlernen will. Es erweitert nicht nur den lokalen Horizont ungemein, nein, man erfährt eben auch sehr viel über die Eigenarten der Bewohner. Man ist als Taxifahrer gleichzeitig Seelsorger und Reiseleiter, Krankenpfleger, Psychologe und Pizzabote. Nebenher auch noch Chauffeur. Doch, für mich war es ein Crashkurs in Sachen Saarland und seiner Bewohner. Wobei ich mit einem blöden Klischee gleich aufräumen kann: Zu mir ist niemals ein Fahrgast ins Auto gestiegen mit den Worten: »Bitte folgen Sie da vorne dem roten Wagen!« Auch unter meinen Kollegen fand sich niemand, der eine solche Bitte je gehört hätte.

Der Großteil meiner Taxikundschaft kam aus der Gruppe »1,2 Promille aufwärts«, wobei ich die männliche Variante immer bevorzugte. Betrunkene Männer haben nämlich etwas sehr Hilfsloses. Sie begeben sich wie Kleinkinder in die Obhut des Fahrers, jammern nicht, motzen nicht, und wenn man behutsam und besonnen fährt, kübeln sie einem auch nicht das Auto voll. Gerade die angetrunkenen Fahrgäste garantierten dem Fahrer Spaß und Kurzweil im Übermaß, da schlüpft man gerne mal in die Rolle des Kindermädchens. Saarländer gelten zwar im Allgemeinen als trinkfest, aber ein besonders hoher Alkoholpegel lässt selbst den stärksten Mann zum Kleinkind mutieren, und das spricht einfach den Mutterinstinkt an – auch meinen. Der etwas zu tief ins Glas gefallene Fahrgast plumpst auf den Beifahrersitz und lallt mit mitleiderregend kindlicher Stimme: *»Geh, Kneschd, fahr misch emol hemm!«* Man antwortet: »Ja, gerne, und wohin?« *»Ei, hemm!«*, tönt es in entwaffnender Naivität. Schon damals lernte ich, die Saarländer zu mögen.

Später versuchte ich es in der Versicherungsbranche, aber außer ein paar Anekdoten und ein paar überflüssigen Versicherungsverträgen ist mir aus dieser Zeit nichts geblieben. Zwar waren die schriftlichen Auseinandersetzungen, mit denen ich damals zu tun hatte, eher ernster Natur, doch konnte ich auch solchen immer wieder mal einiges an Heiterkeit abgewinnen. Etwa wenn ich Schadensberichte lesen durfte wie diesen: *»Da bin isch dann in eine Kurve gefahren, bin dursch die Leitplanke gebrochen, habe misch dreimal überschlagen, jackerte gegen einen Baum, bis isch die Kontrolle über das Fahrzeug verloren hotte.«* Das strotzt auch andernorts vor unfreiwilliger Komik, aber gerade bei den Saarländern kommt noch der unnachahmliche Dialekt hinzu, den er auch in behördlichen Schreiben beibehält, nicht aus Überzeugung, eher aus Unvermögen.

Später bekam ich dann die Gelegenheit, eine Kneipe zu übernehmen. Das Studium hing eh schon am berühmten Nagel, und weil ich immer gerne mit Menschen zu tun hatte, schlug ich zu und wurde über Nacht zu einer Art Thekentherapeut. Ein Medizinstudium hätte viel länger gedauert, für ein Priesteramt war ich stets zu sinnenfroh und als Psychologe fehlten mir einfach die nötigen Spleens und Psychosen. So lernte ich Bierzapfen und Turbospülen, stellte mich hinter den Tresen und nutzte immer wieder die Gelegenheit, die Leute davor zu studieren.

Kleine Kneipen sind aus dem Saarland nicht wegzudenken. Früher waren sie vor allem Treffpunkt der Bergleute und Hüttenarbeiter vor und nach der Schicht. Doch auch wenn der Bergbau ausläuft und das Land sich in den letzten Jahrzehnten eher zu einem Dienstleistungsstandort entwickelt, stehen immer noch genügend Saarländer am *Büfett*, also an der Theke, um ihr Bierchen zu trinken. Viele haben heute auch wesentlich mehr Zeit: Sie sind in der Frührente, arbeitssuchend oder auch im Krankenschein.

Ein solches *Büfett* ist für den Saarländer oftmals wohnlicher als das eigene Wohnzimmer, das von der Frau meist in steriler Ordnung gehalten wird. An der Theke lebt er sich aus, hängt mit seinen Freunden zusammen, noch aus montaner Zeit *Kamerade* genannt, *schwätzt dumm* und lässt den lieben Gott einen guten Mann sein. Dazu trinkt er ein kühles Urpils, das im saarländischen Homburg gebraute Pils. Schließlich ist das Saarland ein Biertrinkerland. Es gibt zwar auch das Weinbaugebiet Saar, aber das liegt an der unteren Saar, die schon zu Rheinland-Pfalz gehört. Und obwohl das weinselige Frankreich nah ist, sind die Saarländer ihrem Bier treu geblieben.

Eine saarländische Kneipe könnte getrost auf Tische verzichten, denn in den meisten Kneipen herrscht am Abend und am Wochenende besonders um die Theke herum dichtes Gedränge. Man steht in drei, vier, fünf Reihen vorm Tresen, die Tische sind dagegen verwaist. Dort sitzen höchstens Fremde: Nichtsaarländer, Pfälzer, Franzosen. All diejenigen, die sich offensichtlich noch nicht bis zum *Büfett* emporgetrunken haben. Es ist schon so, dass man sich das tatsächlich verdienen muss, wirklich dazuzugehören.

In Saarbrücken, am St. Johanner Markt, der sogenannten *gudd Stubb* der Stadt, gibt es sogar ein paar winzige Kneipen, in denen es gar keine Tische gibt. Da zieht sich ein langes *Büfett* mäanderförmig durch den kleinen Raum, um den Thekenstehern möglichst viel Platz zu bieten. Das Stehen an der Theke kennt man natürlich auch aus dem Rheinland oder dem Ruhrgebiet, und es begründet sich wahrscheinlich dadurch, dass auch dort Bier konsumiert wird. Der wackere Biertrinker harrt nämlich lieber in der Nähe des Zapfhahnes aus, als dass das frische Gebräu beim Transport zu weit entfernten Tischen absteht und zu viel davon verdunstet. Das kennt man ja vom Oktoberfest, wo eine dralle, meist Zenzerl oder Rosi genannte Dirndlmaid die Schanktheke zwar mit einigen Maß Bier verlässt, aber nach kilometerlangem Transport durchs endlose Bierzelt nur noch mit abgestandenem Schaum und einem kümmerlichen schalen Rest Gerstensaft aufwarten kann. Besonders ärgerlich, wenn der enttäuschte Wiesnbesucher trotzdem auch den mittlerweile verdunsteten Anteil teuer bezahlen muss.

Dem Saarländer passiert das nicht: Vom Zapfhahn frisch auf den Tresen, so mundet's dem fröhlichen Zecher. Das mag in den typischen Weingegenden anders sein. Speziell in der benachbarten Pfalz fällt auf, dass die gemütlichen Weinlokale nur über sehr kleine Theken verfügen, auf der gerade mal ein Buchungsterminal und vielleicht ein Tablett Platz finden. Die Gäste sitzen dafür schön verteilt überall an den Tischen, oft genug sogar recht weit vom Ausschank entfernt. Aber gerade das macht ja wiederum Sinn: Der Wein erleidet durch den längeren Transportweg zum Tisch keine nennenswerten qualitativen Einbußen – ganz im Gegenteil. *»In der Zeit werd er jo sogar älder«*, witzelte Klaus unlängst, *»unn wenn de Glick haschd, gebbd's sogar e annere Jahrgang.«*

Da ist der saarländische Trinker anders. Er wartet freudig auf sein kühles, frisch gezapftes Pils, sieben Minuten, direkt an der Quelle, an seiner Theke, seinem *Büfett*. Das ist für ihn wie ein Altar. Ich gebrauche dabei diesen frommen Ausdruck ganz bewusst und bin mir sogar sicher, dass die Kirchen heute garantiert weit besser besucht wären, gäbe es auf dem Altar eine Zapfanlage.

In der saarländischen Kneipe scheint die Welt noch in Ordnung: Man trifft sich, tauscht Witze aus, politisiert und tratscht, oder, wie es hier heißt, *rätscht* nach Herzenslust, dass es einer typischen Frauenrunde in nichts nachsteht. Denn es finden sich vornehmlich Männer beim abendlichen Thekentreff, und gerade für Alleinstehende ist das sogar ein wichtiger Familienersatz. Hier fühlt sich der Saarländer geborgen, hier fühlt er sich ernst genommen, hier ist er *dehemm*. Drum ist auch jeder willkommen, selbst der Fremde wird schnell ins Gespräch mit einbezogen, wobei er je nach Herkunft vielleicht den ein oder anderen kleinen Spott ertragen muss, aber so was ist nie ernst gemeint. Menschen, die aus beruflichen oder touristischen Gründen den Weg ins Saarland finden, sei der Kneipenbesuch als Abendbeschäftigung wärmstens empfohlen.

In meinem Bistro beobachte ich auch immer wieder Männer, die scheinbar teilnahmslos stundenlang an der Theke stehen und ihr Bierchen schlürfen. Dabei sagen sie nichts – von einer gelegentlichen Order abgesehen: *»Eh, Willy, zieh mir noch eens!«* Sie lauschen dabei vielleicht dem üblichen Thekengespräch, vielleicht auch nicht, scheinen sich aber trotzdem wohlzufühlen. Meine Theorie ist, dass solch schweigsame Zecher eine Frau zu Hause haben, die zu viel redet. Sie nehmen sich dann ein paar Stunden Auszeit und amüsieren sich auch – eine Form maskuliner Meditation.

Normalerweise wird aber an der Theke eher lauthals diskutiert, wobei das Gespräch, anfangs noch klug und sinnvoll, im Laufe ansteigenden Alkoholpegels durchaus in lallendes Krakeelen ausarten kann. Schon nach kurzer Zeit lernte ich, dass so ein typisches Männerpalaver im Saarland *Hasengespräch* heißt. Das ist einfach ein Gelaber ohne tieferen Sinn, oder, wie man es deftiger ausdrückt, *Dummgeschwätz*. Was das mit Hasen zu tun hat? Ich weiß es nicht, vielleicht weil man am nächsten Tag nicht mehr viel davon weiß: Mein Name ist Hase … Denn in der Regel sind solche Thekendiskussionen nicht sehr tiefschürfend, wobei es auch Ausnahmen gibt: So manch wichtiger Kontakt wurde hier schon geknüpft, der ein oder andere entscheidende Geschäftsabschluss getätigt.

Moment, das Telefon klingelt: »Ja? … Ja, Schatz, bringe ich mit nachher …«

Meins! Also: meine Frau, *es Sabine*. Im Saarland sind die Frauen nämlich sächlich. Daran sollte man sich nicht stören, es ist ganz lieb gemeint. Sie, also *es*, ist übrigens eine waschechte Saarländerin, genau genommen: Kleinblittersdorfer Hausgeburt (Kleinblittersdorf ist ein – wie sollte es anderes sein: kleines Dorf). Vor allem von ihr durfte ich besonders viel über das Saarland und seine Bewohner lernen. Auf jeden Fall brachte sie mir bei, dass es ein wunderschönes, interessantes Land ist, in dem es sich zu leben lohnt. Natürlich kann man hier auch einfach Urlaub machen. Selbst wenn es nur ein paar Tage sind, der Aufenthalt lohnt sich. Das garantiere ich sogar. Wobei man tatsächlich mehr davon hat, wenn man sich vorher informiert und sich dann auch ein bisschen auskennt und *mitschwätze* kann. Aber dafür seid ihr wohl auch da.

Also stürzen wir uns doch einfach in die eigentümliche und spannende Welt der Saarländer.

Wie groß ist das Saarland?

Mit einer Bevölkerung von 1.017.567 Einwohnern (Stand: 30. Juni 2011) ist das Saarland etwa mit Zypern vergleichbar, allerdings ist es fast viermal so dicht bevölkert. Hier leben immerhin 396 Eingeborene auf einem Quadratkilometer.

Sie wohnen dabei in 52 Gemeinden, verteilt auf 6 Landkreise und 2.600 Quadratkilometer. Von der Fläche her ist das Saarland also genauso groß wie das benachbarte Luxemburg, aber schon allein dadurch bedeutender, dass es (glücklicherweise) doppelt so viele Saarländer wie Luxemburger gibt. Man sollte uns also nicht unterschätzen. Die Fläche unseres kleinen Bundeslandes beträgt immerhin das 15-Fache (!) von der Liechtensteins. Dafür würde es selbst allerdings fast 4.000-mal in China reinpassen.

Von den etwas mehr als einer Million Saarländern gehören 48,66 Prozent dem männlichen Geschlecht an, dem weiblichen 51,33 Prozent. Aber dieser leichte Frauenüberschuss ist ja überall vorhanden, auch wenn nicht immer klar ist, wo der eigentlich herkommt. Meiner Meinung nach hängt das damit zusammen, dass Frauen länger halten. Sie werden in der Regel – das ist auch im Saarland so – ein paar Jahre älter. Wahrscheinlich, weil sie es sind, die das starke Geschlecht verkörpern, nicht die Männer. Und das meine ich ganz ernst. Man stelle sich vor, es seien die Männer, die Kinder gebären müssten: Wir wären schon vor vielen Jahrtausenden ausgestorben.

Möglicherweise spielt aber auch der verstärkte Kommunikationsbedarf von Frauen eine große Rolle. Frauen reden bekanntlich mehr als Männer, und das vielleicht auch als Waffe. Es könnte durchaus sein, dass viele Männer dadurch – ganz unbewusst – freiwillig früher aus dem Leben scheiden, nach dem Motto: »Weißt du was? Schwätz du weiter, hast gewonnen, ich geh!« So sterben sie sechs Jahre früher. Wenn man das dann mit einrechnet, wird es klar, warum es etwas mehr Frauen als Männer gibt.

So groß wie en Ölteppich!

»*Bass uff, Willy, do is de Karl-Heinz.*«

Na ja, ist ja klar, wer sollte mich wohl sonst auch am frühen Samstagmorgen aufschrecken: Ich stehe im Flur am Telefon und unter mir bildet sich langsam eine kleine Pfütze.

»Ja, ich hätte dich allein an deinem pfälzischen Singsang erkannt. Was ist denn, Karl-Heinz?«

Die Pfütze wird größer. Er hat mich nämlich gerade beim Duschen überrascht, nackt stehe ich in der Diele, tropfe und friere.

»Isch henn zwee Kaarde fer de Betze, hoste Lust?«

Hm, Fußball, ja, wär mal was anderes. In Kaiserslautern, auf dem Betzenberg.

»Die Lautrer spiele heit gesche Mainz 05, die butze mer, werste sehe …«

Lokal-Derby, das könnte tatsächlich spannend werden, ich muss es mir überlegen: »*Ei*, ich ruf dich gleich zurück, Karl-Heinz.«

Zwar haben die Saarländer, und nach über 30 Jahren würde ich mich auch schon als halben Saarländer bezeichnen, gewisse Berührungsängste gegenüber ihren direkten Nachbarn, den Pfälzern, aber für ein spannendes

Bundesligaspiel kann man schon mal den Schritt nach Kaiserslautern wagen. Denn im Lande selbst ist fußballmäßig leider tote Hose – zumindest zurzeit. Früher, da war das auch mal anders, und wer weiß, vielleicht wird es eines Tages wieder besser. Ich denke, ich werde mitfahren in die Pfalz.

Karl-Heinz kenne ich schon lange. Er arbeitet in einem Büro und wurde vor vielen Jahren ins Saarland versetzt – das heißt, er hat eine Saarländerin geheiratet. Aber auch er hat sich inzwischen akklimatisiert.

Ich weiß noch, als er sich das erste Mal in mein Bistro traute – das kann man durchaus wörtlich nehmen. Immerhin ist er als Pfälzer im Saarland nicht sonderlich beliebt. Seit Langem pflegt man hier einen finsteren Groll gegen unsere Nachbarn im Osten. Es ist nicht wirklich eine Feindschaft, zumindest heute nicht mehr. Früher sah das anders aus: Es gab nämlich auch mal eine Zeit, in der unter anderem die Pfälzer über das Gebiet an der Saar bestimmten, und das nehmen wir ihnen heute noch übel, wenn auch nicht mehr ganz so ernst. Ihr merkt, inzwischen zähle ich mich tatsächlich irgendwie dazu …

Heute frotzelt man eher über Pfälzer, obwohl die historische Feindschaft schon ein gewisses Trauma hinterlassen hat. Das erklärt vielleicht, dass die Pfalz in der Vorstellung eines Saarländers riesengroß ist. Egal, ob jemand aus der Eifel kommt, vom Mittelrhein oder aus dem Westerwald, hier wird er stets als *Pälzer* gesehen, auch wenn es im Landesnamen unserer Nachbarn, Rheinland-Pfalz, klar abgegrenzt ist. Da ist zunächst einmal das ganze Rheinland und da hängt unten, ganz klein und unbedeutend, die Pfalz dran. Kaum größer als das Saarland selbst.

Vielleicht leidet man im Saarland auch einfach darunter, dass man auf einem geografisch recht überschaubaren Fleckchen Erde lebt und damit gern aufgezogen wird. So hört man immer wieder solche *Pälzer* (hier jetzt einfach mal als Synonym für böse Nichtsaarländer gebraucht, selbst wenn sie jenseits der Pfalz leben), die sich brüsten, noch nie im Saarland gewesen zu sein. Ja, meinen sie dann, sie hätten es wohl versucht und wären schon bei Homburg auf die Bremse getreten, aber das Land wäre so winzig, dass sie erst in Frankreich zum Stillstand gekommen wären: ha, ha haaa!

Ist natürlich reiner Unsinn. Gut, das Land ist überschaubar, vielleicht auch niedlich oder gar knuddelig. Allein von seinem Umriss her. Der sieht nämlich aus wie ein Schweinchen. Aber das Schwein steht korrekt – und schaut nach Frankreich. Das Rüsselschnäuzchen Richtung Frankreich und das Ringelschwänzchen mit dem schweinischen Allerwertesten zeigt genau Richtung Pfalz.

Trotzdem ist das Saarland nicht so klein, wie es manchmal geredet wird. Immerhin zählt es zu den deutschen Flächenstaaten, wenn es auch der kleinste davon ist. Und von der Fläche her sind wir größer als der größte Stadtstaat Berlin, nämlich fast drei Mal so groß. Ha! Was die Einwohnerzahlen betrifft, können wir es dagegen locker mit Bremen aufnehmen. Aber egal, auch wenn es hier mal gerade eine Million Saarländer gibt: Sie machen das Land lebenswert. Und sie sind gut verteilt. So bevölkern ganze 395 Einwohner einen Quadratkilometer. Das ist immerhin mehr als doppelt so viel wie in der dünn besiedelten Pfalz.

Und wir haben noch eine Besonderheit, die kein anderes Bundesland aufweisen kann: Wir werden als Maßeinheit benutzt. Nicht etwa, weil eine Million Einwohner so eine schöne runde Zahl ist, nein, die Fläche unseres Landes ist das Entscheidende. Denn das Saarland hat exakt die Größe eines handelsüblichen Ölteppichs! Immer wieder hört man in den Nachrichten diesen Vergleich: »ein Ölteppich von der Größe des Saarlandes«. Wer kann so was schon von sich behaupten. Ein Ölklecks wie Bremen, das wäre doch kaum eine Zeitungsnotiz wert.

Auch Fachleute spekulieren, warum ausgerechnet das Saarland überproportional häufig für solche Vergleiche herangezogen wird. Vielleicht weil der Name als kurzes Wort einfach griffiger ist als Mecklenburg-Vorpommern, vielleicht auch einfach, weil die Saarländer solche Vergleiche mit stoischer Ruhe ertragen. Niemand will gern mit einem Ölteppich verglichen werden, aber hier wehrt man sich eben nicht dagegen. Da stehen wir doch drüber. Ja, vielleicht sind wir Saarländer sogar heimlich ein bisschen stolz darauf, wenn es wieder heißt: »ein Waldbrand so groß wie das Saarland«. So sind wir immerhin im Gespräch.

Dem Saarländer gehen nämlich solche Spötteleien ziemlich am bekannten Hinterteil vorbei, auch wenn er sie bemerkt. Wenn es heißt, er sei ein Rucksackfranzose, lebte am Ende der Welt, am Rande der Republik … da lacht der doch nur! Nein, der Saarländer fühlt sich überhaupt nicht an den Rand gedrängt, im Gegenteil: Er sieht sich genau in der Mitte. Nämlich in der Mitte Europas. Ein Blick auf die Karte bestätigt das – zumindest wenn man eine etwas ältere Europakarte hat, auf der die ganzen Oststaaten noch nicht eingemeindet sind.

Wenn man einen Saarländer selbst fragt, wo er sich sieht, wird er stolz behaupten: Das Saarland ist der Nabel der Welt. Auch wenn manche dann lästern, das mit dem Nabel würde ja nur stimmen, wenn man die Sache von vorn betrachtet, weil von hinten wäre es nicht der Nabel, sondern … Egal! Wir haben auch unseren Stolz, und den können wir auch haben.

Darüber hinaus sind wir ein Land der Extreme. Hier gibt es zum Beispiel die meisten Autos – pro Kopf gerechnet. Natürlich könnten wir jetzt arrogant behaupten, das käme daher, weil wir eben das modernste und technisch innovativste Land seien, aber das würde uns kaum jemand glauben. Nein, das hängt eher damit zusammen, dass unsere Region ländlich geprägt ist und man nur mit dem Auto mobil genug ist, denn mit unserem öffentlichen Personennahverkehr möchte ich an dieser Stelle nicht zu sehr angeben. Außerdem gibt es hier die meisten Autobahnen – also, wenn man die Zahl der Kilometer berücksichtigt – und auch die meisten Eigenheime. Das ist schließlich auch nicht nichts, oder?

Gut, dass wir die meisten Vereine im Register zählen, mag dann auch nicht mehr überraschen, das passt ja gut zur eher ländlichen Prägung. Und wenn Spötter das zum Prädikat »provinziell« anregt: Sei's drum, da stehen wir drüber.

Dafür – und da bin ich ganz besonders stolz drauf – haben wir die größte Kneipendichte. Und das nicht nur quantitativ, sondern auch qualitativ. Denn im Saarland gibt es die meisten Sternelokale. Die meisten Gourmetsterne des Michelin-Führers verteilen sich über unser kleines Land. Da sind wir schon recht stolz drauf. Saarländer genießen nämlich das Leben. Sie essen und trinken gerne gut und arbeiten dafür nicht so viel. Kein Wunder, dass es bei uns auch die meisten deutschsprachigen

Hartz-IV-Empfänger gibt. Dennoch wohnen hier durchaus noch Leute, die arbeiten – wenn sie nicht gerade krank sind oder krankfeiern: Wir leisten uns nämlich auch den höchsten Krankenstand in Deutschland. Aber das wird nicht damit entschuldigt, dass Saarländer gerne mal blaumachen, sondern das geht auf die hohe Zahl an produzierenden Berufen zurück. Vielleicht haben wir deswegen auch die niedrigste Frauenquote im Berufsleben ... unsere Frauen arbeiten halt nicht so verbissen wie anderswo, sie haben eben andere Vorzüge.

Leider sind die Frauen auch im Privatleben unterdurchschnittlich aktiv. Die wenigsten Kinder werden nämlich bei uns an der Saar geboren. Man munkelt gar, die Saarländer wüssten nicht mehr, wie das geht, allerdings sticht dieses Argument nicht, denn andererseits gibt es hier – statistisch gesehen – die meisten Seitensprünge, aber die sind eben meist nicht ganz so fruchtbar. Doch das zeigt wieder mal deutlich, dass man es sich hier tatsächlich ganz gut gehen lässt ...

Ist es ein Wunder? So passt noch ein anderer Superlativ zu uns ins Saarland – auch wenn der sich in den Statistiken leider nicht so niederschlägt, man will eben die anderen Bundesländer nicht brüskieren. Aber bei uns gibt es die schönsten Frauen. Jawohl! Sicher, das nehmen die meisten Regionen für sich in Anspruch, aber bei uns stimmt es wenigstens. Ich habe das selbst jahrelang untersucht, erforscht und beobachtet. Natürlich macht sich da die Nähe der Grenze bemerkbar. Hier kleidet man sich schon sehr modebewusst in französischem Stil ... Paris ist nicht weit. Von wegen: Das Saarland wäre provinziell, ha!

Also: Wer exzellent essen will, wer ein gutes Getränk schätzt, den zieht es an die Saar. Wer sich dabei arbeitsmäßig nicht über Gebühr anstrengen möchte, wer zu Hause keinen Familienstress haben will, aber dennoch Spaß außerhalb sucht, und das mit besonderen Schönheiten, den zieht es auch an die Saar … und auch den, der gerne spielt: Denn hier gibt es auch die meisten Spielbanken. Vielleicht sollte man das Saarland weniger mit einem Ölteppich vergleichen, sondern endlich offen und ehrlich zugeben: Wir sind das Las Vegas Deutschlands!

Das sind doch alles gute Gründe, ins Saarland zu kommen, oder? Also, worauf wartet ihr? Denn beeilen sollte man sich schon. Denn – das weiß eigentlich niemand, vielleicht beruht das ja auch auf dem etwas lockeren, frankophilen Lebenswandel: Nirgendwo wird so früh gestorben wie hier …

EPISODE 3
Moselfränkisch oder Rheinfränkisch

Wieso eeni Mundart? Nee, minneschdens zwee!

»Och bitte, sprich doch mal so wie der Heinz Becker, wir hören das so gerne!« Kaum ein Saarländer, dem nicht schon diese kuriose Bitte angetragen wurde – allerdings nur außerhalb seiner Heimat, denn im Saarland selbst ist diese Art zu sprechen nichts Ungewöhnliches, so *schwätzt* da jeder. Da wäre es eher verblüffend, wenn jemand sich an Hochdeutsch versuchte, das will zum Saarländer nicht so passen. Der würde dann auch schnell zurechtgestutzt: *»Was will dann der doo, is der was Besseres?«*

Für das saarländische Ohr, eher auf ein derbes und bodenständiges Idiom geprägt, klingt Hochdeutsch leicht arrogant. Darum hat meine Frau Sabine für Gäste des Saarlandes einen einfachen Tipp zur leichteren Integration: *»Ei, schwätzen ennfach nit so geschwolle, sondern ganz normal, wie bei eisch dehemm!«* Egal, ob Bayrisch, Hessisch, selbst Sächsisch wird hier leichter akzeptiert als ein aufgesetztes Hochdeutsch. Mein Freund Rolf und ich haben mitunter auch so unsere Schwierigkeiten, da wir fast reines Hochdeutsch sprechen (unsere Sprache ist nur leicht saarländisch eingefärbt). Doch wir bemühen uns redlich um das regionale Idiom, und das wird uns immerhin hoch angerechnet.

Für den Zugezogenen hat es enorme Vorteile, wenn er ein wenig Saarländisch lernt, auch wenn das viele Einheimische anders sehen. Immerhin empfinden sie das, was sie hier äußern, als fast gutes Hochdeutsch. Drum *schwätzen* sie auch außerhalb der Landesgrenzen oft *wie dehemm*. Und bemühen sich dabei, dieses Kauderwelsch klanglich dem Hochdeutschen anzupassen, indem sie zum Beispiel alle weichen Konsonanten härter aussprechen, auch wenn das nicht passt. Das Vokabular lassen sie dafür unangetastet. Für Nichtsaarländer klingt das umso amüsanter, je mehr sich der Saarländer um ein *guttes Hochteutsch* bemüht: *»Ei schön, dass ihr gekommen sind, kommen doch herinn unn hucken eusch. Euren Juppen könnt ihr doo an den Hooken hängen!«*

Das Saarländisch gibt es eigentlich gar nicht. Genau wie das Land in seiner heutigen Form noch nicht so lange existiert, gibt es auch keine einheitliche Sprache. Zwar kennt man das überall in Deutschland, dass in jedem Dorf etwas anders gesprochen wird als im Nachbarort, nur kommt im Saarland erschwerend hinzu, dass eine Sprachgrenze das Land durchzieht, die sogenannte Dat-das-Linie. Sie teilt den moselfränkischen vom rheinfränkischen Sprachraum.

Südlich davon, in der Gegend von Saarbrücken, Neunkirchen oder Homburg, spricht man ähnlich wie in der benachbarten Westpfalz, wo auch *das* und *was* mit »s« enden und man *du* und *ich* gebraucht (wobei das *ich* mit hessisch-pfälzischem weichen »sch«-Laut ausgesprochen wird: *isch*).

Nördlich dieser Grenze, vor allem in den Landkreisen Saarlouis und Merzig, verwendet man dagegen *dat* und *wat*, *dau* und *eisch*. Je nördlicher man kommt, desto mehr klingt das dann nach Letzeburgisch, der Landessprache Luxemburgs – auch Flämisch gehört schon in diesen Sprachkreis. Und selbst im Rheinischen, zum Beispiel in Köln, kennt man die Endung »t« im *dat* oder *wat*. Der sprachbegabte und -begeisterte Zugereiste kann also im Saarland gleich zwei Sprachen lernen.

Für mich war gerade das Moselfränkische sehr gewöhnungsbedürftig: ich = *eisch*, du = *dau* oder gar ihr = *dier*. Ich erinnere mich noch ganz gut an eine Party, im Saarland sagt man dazu eher Fest, also genauer *Feschd*, bei der ich das Vergnügen hatte, von einer reizenden jungen Dame aus der Saarlouiser Gegend die Konjugation im Saarlouiser Platt zu erlernen. Es war schon sehr spät, wir waren alle recht ausgelassen, der Alkohol tat auch schon seine befreiende Wirkung, und besagte Dame versuchte, mir ihre Sprache näherzubringen. Dass sie mir dann auch anderes nähergebracht hat, gehört nicht hierher, sprengt auch den Rahmen dieser linguistischen Betrachtung. Es handelte sich dabei auch nicht um meine Frau, die lief mir erst später zu.

Nun also, zu vorgerückter Stunde wählte diese Dame ein Verb aus, das recht gut zu unserer damaligen Beschäftigung passte, nämlich: *trinken*. Wäre sie aus dem südlich der Sprachgrenze gelegenen Neunkirchen gekommen, hätte sie garantiert das dort eher geläufige *saufen* gewählt, der rustikaleren Variante, aber Menschen aus der Saarlouiser Ecke fühlen sich seit der Zeit Ludwigs XIV. (der immerhin Saarlouis gegründet hat) als etwas Besonderes und versuchen das stets in ihrer Sprache anklingen zu lassen. Sie sprach mir damals jede Übung vor und ich antwortete – leicht lallend: *Eisch trinken mein Bier; dau trinkschd dein Bier; er, et, et trinkt sein Bier; mir trinken uusa Bier;* und jetzt kommt das Verblüffende: *dier trinken auer Bier*! Da war ich doch sehr überrascht: *auer* Bier, geschrieben hätte ich es automatisch: *our*. Über meinen Hinweis, das sei ja fast Englisch, war sie ehrlich erfreut, und spontan verblüfft, dass sie also nun auch Englisch beherrsche.

Bemerkenswert im moselfränkischen Sprachraum übrigens ist auch, dass die Endungen der Verben nicht verschluckt werden, wie man das im rheinfränkischen oder hessischen Raum praktiziert. Nein, man betont die Endungen sogar besonders, möglicherweise um der leicht unterschwelligen Arroganz der Saarlouiser (König Ludwig XIV.!) etwas mehr Gewicht zu verleihen.

Das macht wohl manche Äußerung verständlicher, nicht aber die Sprache an sich, die auf vielen sehr alten Wendungen beruht. Manches scheint tatsächlich noch aus dem Althochdeutschen zu stammen: »*Lou mol hei loo, loo leiht er!*« ist so ein typischer Zungenbrecher, zu Deutsch: »Schau einmal hierher, da liegt er!« So etwas erschließt sich auch dem sprachbegabten Fremden nicht direkt. Wobei das noch gar nichts gegen die Mundart ist, die man im nördlichen Saarland, dem sogenannten Hunsrücker Hochwald, pflegt.

Von der hat mir mein Stammgast Klaus an der Theke schon so einiges erzählt. Denn seine Tante stammt von dort, und ich erinnere mich, wie er in einem ziemlich unverständlichen Kauderwelsch von einem Tanzvergnügen in irgendeinem verschlafenen Hunsrückdorf berichtete, bei der die leicht debile Maria, *et Marei* (die Inzucht lässt grüßen) wohl beim Tanzen ignoriert und von keinem Burschen aufgefordert wurde. Bis man sie fragte: »*Ei, Marei, hollen se deisch nit zum Danze?*« Worauf die Sitzengelassene trotzig den Kopf schüttelte: »*Nee, meisch hollen se immer erschd hinnerher …*« – da das die Grenzen des Jugendfreien leicht überschreitet, verzichte ich auf eine genaue Übersetzung an dieser Stelle.

EPISODE 4
»Für einen Saarländer
sprechen Sie aber gut Deutsch!«

Oh leck, was hann isch kalt!

»*Wenn einer eine Reise tut, dann kann er etwas erzählen*«, sagt Rolf, und der muss es wissen. Er ist Immobilienmakler und dadurch viel unterwegs. Gerade sitzt er bei mir an der Theke, kippt seinen dritten Grappa und kann sich immer noch nicht beruhigen: »Unglaublich, Willy, Saargebiet! Ja, aus dem Saargebiet käme ich … Also echt: An denen ist doch die Geschichte spurlos vorübergegangen. Und das in Berlin!«

Er ist gerade aus der Hauptstadt zurückgekommen, wo er wohl als sehr fremder Exot herumgereicht wurde, der sehr gut … – »wie haben sie gesagt, Rolf«?

»Für einen Saarländer würde ich ja recht gut Deutsch sprechen!«

Dieses »Kompliment« bekommen heute noch viele Saarländer mit auf den Weg. Und unser Rolf spricht tatsächlich ein weit besseres Deutsch als viele seiner Landsleute, oder auch als der saarländische Exportschlager, *de Becker Heinz*. Aber das Lob bezog sich gar nicht darauf, nein, es zeigt wieder einmal, dass es in Restdeutschland (das, was man hier – übrigens genauso unhistorisch – als

Reisch bezeichnet) immer noch Zeitgenossen gibt, die davon überzeugt sind, an der Saar würde Französisch gesprochen.

Aber die Zeiten sind nun wirklich schon lange her. Immerhin würde sich ein Saarländer heute auch nicht in Lederhos'n zwängen und *jo mei* jodeln, nur weil das Saarland mal zu Bayern gehörte. Da genügt ihm schon das Bier als verblassende Erinnerung an diese Phase seiner Geschichte. Französisch war die Saar da tatsächlich häufiger, und man sprach auch so, aber das ist schon so lange her, dass Französisch bei den meisten Bewohnern nur noch rudimentär vorhanden ist. Daran ändert auch die Tatsache nichts, dass Französisch an saarländischen Gymnasien Pflichtfremdsprache ist und sogar schon in der Grundschule gelehrt wird. Gleichzeitig finden sich in unserer saarländischen Mundart (beiderseits der Dat-das-Linie) immer noch recht viele Zeugnisse französischer Zugehörigkeit (oder auch »Besatzung«, es war ja nicht alles immer so freiwillig).

Verblüffend ist allerdings, dass sich in anderen Regionen, die viel weiter von Frankreich entfernt sind, mehr französische Worte im Dialekt gehalten haben, wie zum Beispiel in Rheinhessen und in Mainz. Die dortige Mundart wimmelt nur so von frankophilen Relikten, die während der französischen Besatzung unter Napoleon in der ersten Hälfte des 19. Jahrhunderts in der regionalen Sprache hängen geblieben sind.

Vielleicht liegt es daran, dass nach der ersten freiwilligen »Heim-ins-Reich«-Aktion unter Hitler (1937) viele französische Worte aus dem Sprachschatz radikal verbannt und entsprechend eingedeutscht wurden. Was nicht immer restlos geklappt hat. So wurden manche Begriffe zwar deutsch, aber der französische Artikel hat überlebt: *der Butter* und *der Kabel* sind da nur zwei harmlose Beispiele. Viele saarländische Schüler plagen noch heute Schwierigkeiten, wenn sie lernen sollen, dass »man friert«, wenn man friert. Denn das ist unsaarländisch – von der Sprache her. Mein Freund Klaus, dem Schulalter zwar längst entwachsen, sagt nach wie vor, wie alle seine saarländischen Landsleute traditionell: *»Isch hann kalt!«* Der Saarländer *hat kalt* – das ist wörtlich aus dem Französischen übersetzt: *j'ai froid! – ich habe kalt.*

Auch im Saarland kennt man natürlich das französische Portemonnaie oder das Trottoir als Bezeichnung für den Gehsteig beziehungsweise »Bürgersteig«, wie es im Amtsdeutsch hieß. Zumindest so lange, bis einige Frauenrechtlerinnen in dem Begriff eine Diskriminierung weiblicher Fußgänger sahen und den Bürgersteig als Männerdomäne ablehnten. In der Zeit sollen übrigens viele Emanzen überfahren worden sein. Vielleicht spricht man im Saarland auch deshalb lieber vom geschlechtsneutralen Trottoir, auf dem auch die hartgesottensten Emanzen gefahrlos umhertrotten können.

Viele Ausdrücke sind hier dem Französischen entlehnt, so auch ein den Saarländer häufig überfallender Gemütszustand: die *Flemm*. Andernorts kennt man das weniger. Aber vielleicht rührt es von der harten Arbeit her, die schon immer das Leben im Saarland prägte, dass jeder Saarländer immer mal wieder von der *Flemm* heimgesucht wird: *»Oh, was hann isch die Flemm!«* Das französische Ursprungswort *la flemme* bedeutet »Faulheit«. Daraus macht der Saarländer schnell eine chronische Arbeitsunlust, die ihn auf der Schicht ganz plötzlich befallen hat.

Auch im Freizeitbereich hat die französische Sprache ihre Spuren hinterlassen, vor allem in der Gastronomie. Das ist natürlich schon dadurch begründet, dass in der Haute Cuisine das Französische sowieso vorherrscht, aber selbst in meinem kleinen Bistro ist die frankophile Kultur noch deutlich, und wenn es nur die Bezeichnung für die Theke ist, den saarländischen Altar, also das *Büfett*.

Zudem fallen dem unbedarften Zugereisten hier immer wieder merkwürdige Satzstellungen auf. Meine Frau Sabine sagte kürzlich zu mir: *»Willy, wenn isch dir dei Hemd soll büschele, leh mir's raus.«* Im Deutschen folgt dem Infinitiv das konjugierte Hilfsverb: wenn ich bügeln soll – im Französischen ist das eben umgekehrt *je dois repasser*. Diese Satzstellung hat sich zu weiten Teilen gehalten. Manche Ausdrucksweisen regen immer wieder zum Schmunzeln an. Ich erinnere mich gut daran, als mir meine Bedienung Tanja eröffnete, dass sie demnächst in den Stand der Ehe eintreten wolle: *»Ei, Chef, isch geh'n heirrrade!«* Dabei verwendete sie den etwas breiten Dialekt ihrer nordsaarländischen Heimat, dem Hochwald, wo man das »r« guttural sehr deutlich rollt. Es hat mich damals eigentlich nicht überrascht. Sie war ja schon lange mit ihrem Freund Karl-Heinz zusammen, und auch ihr stetiger Gewichtszuwachs in der Bauchgegend deutete merklich auf die Früchte ihrer Liebe hin. Eher irritiert war ich über ihre Ausdrucksweise, dass man im Saarland tatsächlich von *heiraten gehen* spricht. Das ist eine Art Verlaufsform, so wie man im Französischen sagen würde: *Je vais marier!* im sogenannten *futur proche*, also der nahen Zukunft. Also nicht irgendwann einmal oder nächstes Jahr, sondern schon sehr bald. Immerhin war sie im achten Monat.

Bei Tanja hatte ich sowieso immer diverse Schwierigkeiten, sie zu verstehen. Weniger wegen des französischen Einflusses, immerhin brachte man mir die Sprache der Nachbarn im Gymnasium bei – oder versuchte es zumindest. Anlässlich vieler kulinarischer Frankreichreisen konnte ich sie auch immer wieder vertiefen. Aber den Nordsaarländer zeichnet darüber hinaus eine sehr derbe und gutturale Aussprache aus, wie man sie häufig in bergigen und abgelegenen Gegenden findet. Dort wo sich offenbar sprachlich seit Jahrhunderten nicht allzu viel getan hat, wo auch häufig die zweite Lautverschiebung spurlos vorbeigezogen ist. Man kennt solch undefinierbare Mundarten genauso aus dem Hunsrück, der Eifel oder dem Odenwald. Wenn sich dort zwei Einheimische unterhalten, klingt das schon sehr nach mittelalterlichem Bantu-Dialekt. Mein einheimischer Freund Klaus weiß daraus sogar einen Vorteil zu ziehen, wie er mir kürzlich eröffnete: *»Ei, du, wenn isch im Saarland will Abenteuerurlaub mache* (man beachte hier das vorgezogene Modalverb »wollen«!) *unn hann nit genug Geld, dann fahr isch in de Hunsrück. Vun de Sprooch denkschde, wärschd mitte in Afrika, aber es is gar nit so weit!«* Ich hoffe, sein recht stark durchwirktes Saarländisch wird hier – in der Schriftform – verstanden, ansonsten sollten wir vielleicht doch noch ein wenig ins Detail gehen.

EPISODE 5
Grundbausteine saarländischer Kommunikation

Unn? Wie schmeckt's? Oh leck, saugudd!

Oh leck, Willy, muss isch das immer widder saahn: Wenn de runnergehschd, holl de Müll mit!«

»*Oh leck*«, motze ich pflichtschuldig. Aber, ja, sie hat ja recht, meine Frau Sabine. Und *»oh leck«*, wundere ich mich dann, dass die Tonne schon wieder rappelvoll ist.

Oh leck! Das ist vielleicht das Erste, was einem sprachlich sofort ins Auge sticht – oder besser ins Ohr, wenn man zu uns Saarland kommt, kaum hat man die *Grenze zwischen Genie und Wahnsinn* überschritten – die liegt hinter Kaiserslautern. So nennen böse Zungen manchmal die Abgrenzung zur Pfalz.

Nun wohne ich seit mehr als 30 Jahren im Saarland, aber bislang konnte mir kein Einheimischer erklären, was es mit diesem *Oh leck!* eigentlich auf sich hat. Sabine mutmaßte gar einen literarischen Ursprung, nämlich, dass es etwas mit dem berühmten Goethe-Zitat zu tun habe, aber das konnte ich nach langen Dialekt-Recherchen nicht verifizieren.

Dafür ist mir aufgefallen, dass aus einem Saarländer solch ein *Oh leck!* bei den unterschiedlichsten Gelegenheiten herausbricht: wenn er sich freut, wenn er überrascht ist, wenn er Mitgefühl zeigt, verärgert ist, aber auch Begeisterung drückt er damit aus. Natürlich ist die Betonung jeweils an die Stimmung angepasst, sodass man einen Saarländer oft allein am Klang verstehen kann. Ein sehr glücklicher Umstand, gerade im Umgang mit Nordsaarländern, die sonst kaum zu verstehen sind. Klaus machte es mir mal vor und interpretierte die unterschiedlichen Ausdrucksweisen: das ganz kurze, überraschte *Oh leck!*, aber auch das gedehnte, beeindruckte *Oh leeeck!* Beim mitleidigen musste ich sogar lachen. Er meinte, dieser verbale saarländische Gefühlsausbruch sei eigentlich universal zu verwenden. Also, er drückte es einfacher aus: »*Oh leck, du, das ›Oh leck‹ passt ibberall.*« Man kennt es eigentlich nur hier im Saarland. Wäre der Ausdruck überregional, hätte man ihn jedenfalls garantiert schon in der Bibel verwendet: Am Anfang war das Chaos und Gott sprach: »*Oh leck, wie sieht's dann hier aus?*«

Trotzdem bin ich nach langen Recherchen auch in meinem Sprachverständnis des saarländischen Babylon weitergekommen und bin heute davon überzeugt, dass *Oh leck!* eigentlich gar nichts heißt. Man nutzt diesen Ausdruck, um eine Denkpause zu überbrücken. Wird der Saarländer etwas gefragt, muss er denken, und das kann – je nach Frage – durchaus dauern. Natürlich möchte er nicht, dass der andere gleich merkt, wie er denkt, also überbrückt er diesen komplexen Vorgang mit einem Ausdruck, der ihm geläufig ist und den er ohne große geistige Anstrengung äußern kann, während sein Gehirn gleichzeitig angestrengt weiterdenkt: Er sagt *Oh leck!* – manchmal klingt da die Intensität des Überlegens schon mit, wenn er es dehnt: *Oooh läääääck!* Dafür kommt dann das Ergebnis des Denkvorgangs scheinbar spontan aus ihm herausgesprudelt.

Nun, wenn man andere Regionen betrachtet, sieht man deutlich, dass eine ähnliche Praxis vielerorts die Denkprozesse begleitet, mit entsprechend regional gefärbten Füllwörtern beziehungsweise -sätzen. Meinem Freund Karl-Heinz, obwohl fast täglich an meinem *Büfett* hängend, hört man auch dabei den Pfälzer noch deutlich an. Er sondert nämlich bei ähnlicher Gelegenheit in seinem typisch pfälzischen Singsang eine Art *Ei joooh!* ab, während man vom Bayern das urige *Jo mei!* kennt: kurz und knackig – der Bayer scheint da etwas schneller zu denken. Hessen bevorzugen ihr nasales *Ei horsche mol …* – was eben auch nichts anderes bedeutet als: »Moment, ich habe meine Überlegung noch nicht ganz abgeschlossen.« Während ein Schwabe beginnt, Hauptstädte aufzulisten: *Hanoi …* – dann kommt auch die Antwort, vermeintlich wie aus der Pistole geschossen. Somit ist auch das saarländische *Oh leck!* allgemein akzeptiert und durchaus bei gehobenen Anlässen erlaubt.

Viele Frauen, die neu ins Saarland kommen, reagieren zunächst schockiert darüber, dass man in der dritten Person Neutrum über sie spricht und sie plötzlich *es Margret* oder *es Claudia* heißen. Die Frau trägt hier in der Regel den Artikel das, oder vielmehr *es*, phonetisch korrekt müsste man *ähs* schreiben. Das ist keinesfalls böse gemeint, sondern es handelt sich schlicht und ergreifend um eine Verniedlichung. So wie bei dem »Mädchen« – auch hier: dritte Person Neutrum. Was nicht bedeutet, die Frauen hätten im Saarland nichts zu sagen. Im Gegenteil. Saarländer sagen im Grunde zu jeder Frau *es*. Außer, sie haben Angst vor ihr. Von einer Ärztin oder einer Lehrerin würde niemals in der dritten Person gesprochen, das ist dann tatsächlich *die*. Sogar im Familienkreise wird manchmal von der Regel abgewichen. Niemand sagt *es Schwiermudder*, da verwendet man lieber das distanziertere »die«. Genau wie bei einer Amtsperson, einer Sachbearbeiterin bei der Agentur für Arbeit zum Beispiel. Kein Mensch würde von ihr als *es Frau Meier* sprechen, nein, da passt die feminine Form »die« weit besser, beispielsweise als *die dumm Puut*.

Natürlich ändern sich durch den Artikel auch die anderen grammatikalischen Formen. So verwendet man bei der verheirateten Frau (heute auch bei der sogenannten Lebensabschnittsgefährtin) noch das altmodische Possessivpronomen – der Mann zeigt damit eine Art Besitz an. Die Frau ist dann nämlich *seins*. Das Umgekehrte gilt allerdings auch: *de Hubert is em Marlies seiner*. Das kann leicht zu Verwirrungen führen, vor allem, wenn ein solches saarländisches Paar unterwegs ist, wenn es beispielsweise in Frankfurt ein Hotel betritt und der Mann sich vorstellt: *»Entschuldigung, mein Name is Backes, Heinz, unn das doo is meins!«* (auf seine Angetraute deutend). Der hessische Hotelangestellte (in dessen Heimat die Frauen grammatikalisch tatsächlich immer weiblich sind) wird daraufhin höchstwahrscheinlich kontern: *»'tschuldigung, Meister, abber do habbe se sisch gehörisch verfahre. Hier, des is net Mainz, des is Frankfurt!«*

Ohnehin haben Saarländer Probleme, sich deutlich und klar auszudrücken. Vielleicht wirken sie deswegen bisweilen auch etwas sprachfaul, denn sie vermeiden oft selbst einfache Worte. Der Saarländer sagt zum Beispiel nicht »ja« oder »nein«, häufig brummelt er nur etwas Unverständliches, wobei das Zusammenwirken von Gestik,

Mimik und seiner Körpersprache schon darauf hindeuten, was er meint. Er legt sich einfach nicht gerne fest und antwortet am liebsten so etwas wie »*Och, pff!*« Mag sein, dass er in seiner wechselvollen Geschichte, in der er nie so recht wusste, wo er eigentlich hingehört, die Erfahrung gemacht hat, dass es viel geschickter ist, sich nicht zu schnell festzulegen. Für die übliche Kneipenkommunikation reicht »*Och, pff!*« jedenfalls völlig aus.

Natürlich kann das auch zu Komplikationen führen. Nie werde ich die Hochzeit von Tanja und Karl-Heinz vergessen, als der Pfarrer fragte, ob sie willens sei ... und so weiter, bis der Tod euch scheidet, was er da üblicherweise so fragt, worauf *unser Tanja*, also *es* (genau) lässig die Schultern zuckte und murmelte: »*Och, pff!*« Die wissen bis heute nicht, ob sie verheiratet sind.

Sich nicht direkt festzulegen kann jedoch durchaus positive Konsequenzen haben. Nehmen wir zum Beispiel den ehemaligen Verteidigungsminister »von und zu Guttenberg«, der später als »der große Plagiator« Karriere gemacht hat und seinerzeit die Riege der Ex-Doktoren anführte. Wäre das ein Saarländer gewesen, hätte er, befragt, ob er abgeschrieben habe, sich einfach den gegelten Kopf gekratzt und erklärt: »*Och, pff!*« – er wäre vielleicht heute noch Verteidigungsminister und hätte nicht nach Amerika auswandern müssen, wo man seine Geschichte nicht kennt.

Man hat bei Saarländern oft den Eindruck, sie seien wortkarg, aber das stimmt nicht. Sie können sogar sehr viel reden, *Rätschen* ist übrigens der hiesige Ausdruck für Klatsch. Aber warum soll man unwichtige Dinge nicht verkürzt artikulieren, um für wichtige Dinge mehr Zeit zu haben. Das zeigt sich täglich bei der landestypischen

Begrüßungszeremonie, denn das übliche »Guten Tag, wie geht es dir?« wird hier – im wahrsten Sinne des Wortes – sehr einsilbig abgekürzt zu *»Unn?«*.

Dieses *»Unn?«* hört man allerorten im Saarland. Und obwohl es so kurz und knapp klingt, beinhaltet es trotzdem eine komplexe Palette von Fragen. *»Unn?«* heißt nämlich so viel wie: »Guten Tag, wie geht es dir, was machen die Kinder, hast du deinen Beruf noch, ist die Frau noch gesund, kann sie noch gut arbeiten ...?« All das steckt in diesem kleinen, unscheinbaren Wort. Die Antwort fällt meist auch nicht sehr viel umfangreicher aus: *»Ooch, pff!«* Und schon sind wir mittendrin in einer typisch saarländischen Unterhaltung. Man tauscht eben keine Unwahrheiten aus, indem man behauptet, es gehe einem gut, nur weil der andere gefragt hat. Hier weiß man nämlich, dass der übliche Smalltalk nur oberflächliches Geplänkel ist und keiner die Wahrheit spricht.

Trotz einsilbiger Dialoge kann man den Saarländern nicht vorwerfen, sie seien verstockte »Muffelköpfe«, die wortkarg wären. Sie können unglaublich begeistert sein und dieser Freude spontanen Ausdruck verleihen. Wenn ihnen etwas ganz besonders imponiert oder gefällt, halten sie damit nicht hinter dem Berg oder hinter der Halde. Dann kann man schon einmal ein tief aus dem Bauch kommendes *»Oh leck! Saugudd!«* vernehmen.

Das Adjektiv *saugudd* wird sehr häufig verwendet, als Steigerung des einfachen *gudd*. Der Saarländer neigt dazu, Dinge seiner landwirtschaftlichen Herkunft – hier also die *Sau* – als grammatikalischen Präfix zu missbrauchen: *gudd, besser, saugudd!* So wird der Sau auch heute noch gehuldigt. Sie war stets ein verlässliches und nützliches Haustier: Lieferant vom Schinken über Leder bis hin zu den Borsten, mit denen man samstags noch *die Gass kehre* kann. Als universaler Ressourcenlieferant hat sie schon lange auch in die Sprache Einzug gehalten. Selbst eingefleischte Vegetarier nehmen die *Sau* in den Mund, wenn sie etwas verstärkt artikulieren möchten: *saugudd, sauschleschtt, hier isses sauscheen* oder auch *Pälzer sinn saubleed!*

Für den Gast, der als Tourist oder als Geschäftsmann das Saarland besucht, ist es wichtig zu wissen, dass selbst der feine und vornehme Saarländer sich dieses steigernden Präfixes bedient: »Oh, danke! Diese herrlichen Blumen sind wirklich sauschön!« Der Gast kann sogar selbst damit punkten, wenn er sich diese *sauige* Sprachweise zu eigen macht. Denn im Gegensatz zu vielen anderen Landstrichen deutscher Zunge fühlt sich der Saarländer nicht verhöhnt, wenn der Fremde die ein oder andere regionale Floskel übernimmt, solange er es nicht übertreibt und versucht, wie ein Einheimischer zu klingen.

Ein ganz typisches Beispiel: die Einladung. Man kommt als Fremder ins Saarland und schließt vielleicht recht schnell vermeintliche Freundschaften an der Theke, dem *Büfett*. Solch lockere Verbindungen können durchaus fester werden und lange Bestand haben. Es dauert zwar seine Zeit, bis ein eingefleischter Saarländer so zutraulich wird, dass er seinen neu gewonnenen Freund zu sich nach Hause einlädt, aber dort gibt es – das betrifft eher die Hausfrau, also *es* – das ungeschriebene Gesetz der Gastfreundschaft. Der Fremde wird nicht nur kräftig mit Getränken versorgt, nein, er muss auch essen – und das zu jeder Tages- und Nachtzeit: *»Ei kommen rinn, unn? Hanner schon was gess?«* Übrigens, an diesem Beispiel schön zu sehen: *hanner*, also *habt Ihr* … denn häufig wird an der Saar noch die französische Form der Anrede verwendet, also nicht die dritte Person Plural wie im Deutschen (Sie), sondern die zweite, wie man es aus dem Französischen kennt: *vous*.

Der Fremde muss essen, ob er will oder nicht. Natürlich möchte die Hausfrau, stolz auf ihre Kochkünste, dann auch wissen: *»Unn? Schmeckt's?«* Hier kommt dann der Moment, wo der Fremde seine neu erworbenen Sprachkenntnisse einfließen lassen kann. Er sagt nicht nur *gudd!*, sondern – das hört die Dame des Hauses dann besonders gern – *saugudd*. Von da an darf man sich fast schon zur Familie gehörig fühlen.

Schmeckt das Essen nicht so gut, darf man das auch freundlich ausdrücken, indem man die Lippen etwas spitzt, den Kopf leicht schräg legt, mehrfach wissend nickt und mit einem länger gestreckten *»Dooch! – Kammer esse!«* zeigt, dass man wenigstens die Arbeit der Kochenden würdigt.

Sollte es allerdings noch weniger munden, dann ist es auch kein Sakrileg, wenn man auf den zweifelhaften Genuss verzichtet und das Mahl stehen lässt. Man sollte sich aber vorher entsprechend wappnen, denn die Hausfrau wird das sofort registrieren, ängstlich an ihren Fähigkeiten zweifeln und gleich fragen: *»Unn? Schmeckt's nit?«* Dann sollte man auf keinen Fall sagen, es sei *sauschlescht*, denn das ist ihr gegenüber grob unhöflich, das ist ein, wie es auf Neudeutsch heißt, No-Go. Dann verwendet man das weit diplomatischere *»Och, das doo is emol ebbes anneres!«*

EPISODE 6

Kleine Sprachhürden schnell gemeistert

Isch glaab, isch hann zugeholl!

Auch wenn es provozierend klingen mag oder gar sarkastisch, aber wenn man die privaten Fernsehsender einschaltet, kann man einiges lernen, und das meine ich ernst: nicht nur, was so mancher Badewannen-Heino unter Gesang versteht, wenn er in die Gladiatoren-Arena von Dieter Bohlen marschiert, oder wie sich bulimische Zicken kreischend um den Platz eines Topmodels das Gesicht zerkratzen oder dass es Menschen gibt, deren künstlerisches Können sich auf das Pupsen der Nationalhymne beschränkt – dafür alle drei Strophen, und das immerhin zweistimmig!

Man kann dort sogar etwas über Saarländer erfahren … doch! Das ist mir einmal bei solch einer Doku-Soap aufgefallen. Ich weiß nicht mehr, ob es bei der rundlichen Tine Wittler war, die einem das Zimmer so verschandelt, dass der Hund Depressionen bekommt, oder bei diesem Schuldnerberater. Auf jeden Fall ging es um eine Sendung, bei der Saarländer mitgespielt haben. Und wie Saarländer eben so sind: *Se schwätze wie dehemm*. Und da ist mir das erst aufgefallen: Fast immer, wenn in solchen Formaten Saarländer mit von der Partie sind, ist ihr Dialekt wohl so unverständlich, dass man Untertitel darunterlegt. Das kennt man sonst nur bei Fremdsprachen, vielleicht auch mal bei den Schweizern. Aber Saarländisch? Ist das so schwer zu verstehen? Gut, ich befasse mich nun schon sehr lange mit der Sprache meiner Gäste und versuche auch bei meiner saarländischen Frau nicht nur die Meta-Ebene des Nonverbalen zu durchdringen, sondern auch den wirklichen Sinn ihrer Worte zu erfassen. Und bin heute – nach einigen Jahren Studium – so weit, dass ich auf solche Untertitel verzichten könnte. Für viele Bundesbürger scheint das nicht zu gelten.

Dabei ist es tatsächlich nicht allzu schwer, Saarländer zu verstehen. Auch der Fremde kann sich schnell in ein typisches *Hasengespräch*, also die sinnlose Thekenunterhaltung, einklinken und sogar die ein oder andere lokale Floskel einwerfen. Das ist ganz einfach und macht echt sympathisch. Man muss sich einfach nur vergegenwärtigen: Saarländer sind faul! Ja, Entschuldigung, da höre ich gleich meinen Freund Klaus aufbegehren: *»Nix, mir sinn ibberhaupt nit faul! Du Dummschwätzer!«* Nein, ich muss präzisieren: Saarländer sind sprachfaul.

Nicht nur das kurze *Ooch, pff!* oder die noch kürzere Begrüßungsfloskel *»Unn?«* zeigen das deutlich, sondern auch die Tatsache, dass es offenbar im Saarländischen weniger Worte gibt, als man im Deutschen kennt. Zumindest kommt man recht schnell zu diesem Schluss, wenn man die ein oder andere Vokabel im Saarländischen vergeblich sucht: zum Beispiel das Wort *nehmen*. Denn *nehmen* ist *holen*. Korrekter ausgesprochen mit zwei *»l«*: *hollen!* Der Saarländer *nimmt* nicht, er *hollt*. Nach Weihnachten *hollt er ab*, nachdem er über die Feiertage zu viel *zugeholl* hat. Das Wort *hollen* begleitet das gesamte saarländische Leben. Das fängt oft schon damit an, dass die Mama die Pille *nit geholl hat*. Dann haben sie sich *e Hebamm geholl*, und los ging's. In der Schule kann es dann passieren, dass man nicht in die nächste Klasse *geholl gebbd* (= wird, denn »werden« ist hier *geben*), später *hollt man* eine Arbeit an, bevor man sich eine Frau *hollt*. Oft bekommt man dann auch seine Stelle wieder *geholl* und verzweifelt, das Leben *hollt einen mit*, so lange, bis man sich vielleicht sogar *es Läbe hollt*!

Manches klingt schon sehr kurios, vor allem in den Ohren des Nichtsaarländers. Ich erinnere mich sehr gerne an den Tag, als Dr. Röder in meinem Bistro war. Ein ehemaliger Chefarzt – heute im Ruhestand –, der seinerzeit aus Bayern ins Saarland versetzt wurde. Der erschrak nämlich in seinen ersten Tagen auf der Station, als eine Patientin ihm versicherte: *»Ei jo, Herr Doktor, hann isch die Tablette geholl!«* Sofort eilte er zur Oberschwester und fragte, ob es hier üblich sei, dass sich stationäre Patienten die Medikamente selbst in der Apotheke holen müssten.

Um am wenigsten als Fremder aufzufallen, übersetzt man einfach jedes *nehmen* mit *hollen*. Wie ich es bei meinem saarländischen Freund Klaus gelernt habe. Statt *»Der Herr Pfarrer weiß seine Haushälterin zu nehmen«* hat er es mir saarländisch korrekt erklärt: *»De Paschdor wääß seins ze holle!«* Stopp! Klaus, langsam! Das streichen wir wieder – es könnte falsch verstanden werden.

Allein an dieser merkwürdigen Form *hollen* erkennt man jeden Saarländer, egal wie korrekt er sich ums Hochdeutsche bemüht – aber 100 Prozent! Selbst wenn er sich bemüht, die korrekte Form zu verwenden. Nie werde ich vergessen, als eine etwas exaltierte Dame in meinem Bistro zu Besuch war. Nun, sie kam aus Saarlouis, der heimlichen Hauptstadt unseres Landes, und dort fühlt man sich eh schon als etwas »Besseres«. So stand sie hoch aufgerichtet an der Theke und versuchte – sehr etepetete – ihre sprachliche Herkunft zu verschleiern. *»Stellen eusch einmal vor: Da hat misch doch auf der Autobahn einer rechts übernommen!«* Und dann musste ich ihr, als Zugereister, erklären, dass das generell immer »holen« heißt.

Aber nicht nur da spart der Saarländer an Worten. Auch in der Verwendung von Homonymen ist er unschlagbar, wahrscheinlich ohne zu wissen, was das eigentlich ist: Ein Homonym ist ein Wort, das verschiedene Bedeutungen hat. Als Beispiel mag das Wort *stragg* dienen, man hört es allerorten. Nicht nur in der Gastronomie, wenn es ums Essen geht, denn *Stragge*, das sind Knödel, von denen später noch ausführlicher die Rede sein wird. Aber *stragg* heißt ebenso auch faul: *»Isch glaab, unser Jürgen bleibt nächschd hucken, so stragg, wie der Tirmel is!«* (Ich glaube, unser Jürgen bleibt im nächsten Jahr sitzen, so faul, wie der Tölpel ist). Allerdings bedeutet es nicht nur faul, denn auch wenn man fleißig trinkt, kann es schnell passieren, dass man *stragg* wird, und das heißt einfach betrunken. *»Oh leck, war isch gischda so stragg!«* (war ich gestern stark alkoholisiert) – falls man sich daran überhaupt noch erinnert. Wenn sich etwas nicht mehr gut biegen lässt, ist es ebenfalls *stragg*, im Sinne von steif – also beispielsweise ist die Wäsche *stragg gefror*, wenn sie im Winter bei Frost draußen auf die Leine vergessen wird. Ich erfuhr von diesem Ausdruck und seinen vielfältigen Bedeutungen zum ersten Mal aus einem kleinen Gedichtband des saarländischen Autors Alfred Gulden. Dort zitiert er einen Spruch, der auf dem Grabstein eines typischen Saarländers stehen könnte und in dem alle Bedeutungen des Wortes *stragg* vereinigt sind: *»Doo leiht de Kaarl, wie er immer geläbt hat: stragg!«*

Viele andere Ausdrücke und sprachliche Besonderheiten lernte ich dafür von meinen diversen Bistrogästen, darunter *aweile* oder *wie's Gewidder* (Gewitter). Ich stand mit Klaus an der Theke, und beide hatten wir ziemlich tief ins Glas geschaut. Er verwendete die Begriffe immer wieder, die beide etwas mit schnell zu tun haben, wobei *wie's Gewidder* logischerweise schneller vonstatten geht. Aber es hat auch eine andere Bewandtnis. Klaus, schon leicht angeheitert, also schon *gudd stragg*, versuchte dann, es mir grammatikalisch zu erklären. Das eine sei mehr ein Zustand und mit dem anderen würde eine Handlung umschrieben ... Also, er konnte es nicht wirklich plausibel erklären, der Alkohol hatte dann doch schon die Oberhand gewonnen. So merkte ich mir den Unterschied einfacher mit dem Bild: *Aweile trink isch mei Bier, unn wie's Gewidder bin isch stragg!*

Kennen sollte man auch das Wort *dabber*, das einfach »schnell« bedeutet. Es kommt ursprünglich wohl von »tapfer« – das würde mich zumindest nicht überraschen, denn im Saarland sollte man schon tapfer sein, wenn man *schnell* sein will. *Mach emol dabber* heißt dann auch, man möge sich beeilen. Pittoresk finde ich die Verkleinerungsform von *dabber*: *Mach emol dabbersche. Dabbersche* ist dabei eine Art *dabber light*, also lediglich ein bisschen schnell, nicht allzu viel. Es handelt sich quasi um die Beamtenversion von *dabber*.

Schon aus medizinischen Gründen sollte man *dabber* kennen, denn hat man etwas Schlechtes gegessen und dadurch seine Verdauung zu verstärkter Aktivität angeregt, kann es durchaus passieren, dass man plötzlich schnell laufen muss: Dann leidet man unter dem sogenannten *Laafdabber* oder auch dem *Dabberdommeldisch*, der einen zwingt, sich möglichst zu beeilen … es ist wohl klar, wohin es geht! Dabei ist das Wort *dabber* nicht alleine auf das Saarland beschränkt, man kennt es auch in manchen benachbarten Gegenden.

Aber es gibt auch Ausdrücke, an denen man jeden Saarländer unzweifelhaft als solchen erkennt. Jeder Einheimische ist garantiert schon einmal außerhalb seines Landes durch Verwendung des Wortes *Dauerschreiber* aufgefallen. Dabei handelt es sich um eine Art Kugelschreiber. Ursprünglich war der *Dauerschreiber* sogar ein ganz spezieller, nämlich ein »Bic-Stift«. Das waren Ende der 50er-Jahre die ersten massentauglichen Kugelschreiber aus französischer Produktion, einfache, billig zu produzierende Kugelschreiber mit fest eingebauter Mine, bei denen man zum Schreiben nur eine blaue Schutzkappe abnehmen musste.

Mein Kumpel Rolf, seines Zeichens Immobilienmakler und als weit gereister Saarländer nicht gerade ungebildet, hat mir mal erklärt, woher der Begriff *Dauerschreiber* eigentlich kommt. Dieses Wort sei auf einen findigen Geschäftsmann zurückzuführen, der in den 60er-Jahren einen ganzen Waggon solcher Schreibgeräte günstig erworben hatte. Er wollte damit das Geschäft seines Lebens machen. Doch scheiterte er an den eher konservativen Saarländern. Die wollten weiterhin mit dem gewohnten Bleistift schreiben oder – *wenn's was Besonneres is* – mit der Feder. Besagter Geschäftsmann verstand aber schon damals viel von guter Werbung und klapperte alle Schreibwarengeschäfte ab, um seinen *Dauerschreiber* an den Mann zu bringen. Der griffige Name leistete dabei gute Dienste. Denn damals waren die Saarländer noch sehr gutgläubig und ließen sich gerne solche *Dauerschreiber* andrehen, denen man unterstellte, sie schrieben permanent, *ewisch unn drei Daach*, also dauernd. Offensichtlich war das Marketingkonzept so erfolgreich, dass er innerhalb weniger Tage seinen ganzen Waggon los war. Dafür besaßen die Saarländer ein neues Wort in ihrem Sprachschatz: *Dauerschreiber*.

Aber Saarländisch wäre eine ziemlich tote Sprache, wenn es nicht auch modernere Einflüsse gäbe. Nicht nur das Französische findet man immer wieder, sondern schon seit geraumer Zeit auch einen englischen Ausdruck, und damit meine ich nicht das heutige *cool.* Ich rate auch jedem Gast und Touristen, sich diesen zu merken, damit es keine Schwierigkeiten gibt, falls man einmal einen saarländischen Arzt aufsuchen muss. Diesen etwas kuriosen Begriff erklärte mir auch Dr. Röder, der seinerzeit als Bayer hierher kam und sich damals sehr über seinen saarländischen Assistenzarzt gewundert hat, weil der die Frechheit besaß, eine zugegebenermaßen sehr hübsche und wohlproportionierte Patientin aufzufordern: »*Ei, Frau Meier, jetz strippe Se sisch emol!*« Dr. Röder fragte sich unwillkürlich, in was für einen Sündenpfuhl er da wohl geraten war. Da wusste er aber noch nicht, dass *strippen* nichts anderes heißt als sich ausziehen. Und da steckt, zumindest im Sprechzimmer, nichts Anrüchiges dahinter – meist.

EPISODE 7

Touristische Geheimtipps inmitten verblüffender Landschaften

Bei uns isses viel scheener, als wie mer denkt!

Also isch henn immer gedenkt, was Besseres als de Pälzer Wald gibt's net, aber des do, alla … supper!«, schnauft Karl-Heinz euphorisch, muss dann aber kurz wieder stehen bleiben, um durchzuatmen. »Hab ich dir doch gesagt, Karl-Heinz«, pflichte ich ihm bei, »das ist hier ein richtiger Urwald. Wo gibt's so was sonst?«

Fröhlich und (noch) recht fit stapfen wir weiter durch dichtes Unterholz. Wir sind ganz nahe bei Saarbrücken und wandern in einem echten Urwald. Klaus will es immer noch nicht glauben: *»Isch hann immer gedenkt, im Urwald gääb's en Haufe Affe …« »Ei alla, gugg disch doch selber oo …!*«, schneidet ihm Karl-Heinz fröhlich das Wort ab. Rolf klärt die beiden auf: Ein Urwald sei einfach ein naturbelassener Wald. Da wird kein umgestürzter Baum weggeräumt, es wird kein Wanderpfad gesäubert und vor allem lässt man die Tiere in Ruhe.

Wir kämpfen uns einen schmalen Weg empor. Immer wieder müssen wir durch dichteres Gestrüpp und über abgestorbene Stämme steigen, obwohl wir auf einem ausgewiesenen Weg wandeln, na ja, es ist eher ein Trampelpfad. »Nachts ist es hier am allerschönsten«, erklärt Rolf. Ich merke, er hat sich vorbereitet, bevor wir auf unsere diesjährige Männertour gegangen sind: »Ich war mal bei der Fledermauswanderung dabei. Da wird man zu Fledermaushöhlen geführt, und mit einem speziellen Ultraschall-Kopfhörer kann man den Fledermäusen zuhören und sie beobachten. Vor allem unsere Kinder waren total begeistert.«

Heute sind wir kinderlos und auch die Frauen mussten zu Hause bleiben, immerhin bereiten sie ein zünftiges Grillfest für heute Abend vor. Das ist nämlich immer der Abschluss unserer Tour: Einmal im Jahr, an einem Samstag, bleibt mein Bistro geschlossen und mit ein paar Stammgästen machen wir dann einen schönen Ausflug irgendwo im Saarland, quasi als »Bistro on Tour« oder wie man heute sagen würde: »*Büfett* to go«.

Letztes Jahr waren wir zum Beispiel an der Saarschleife – das ist für Saarländer natürlich ein absolutes Muss. Werbesendungen und so mancher »Tatort« haben diese große natürliche Schleife der Saar außerhalb unseres Landes bekannt gemacht – auch in den Nachrichten war sie immer mal wieder zu sehen. An der Cloef, einer herrlichen Aussichtsterrasse mit einer fantastischen Sicht auf den Fluss, die Schleife und die umflossene Halbinsel, haben sich schon viele bekannte Staatsoberhäupter ein Stelldichein gegeben: Friedrich Wilhelm IV. war schon da oder auch Adolf Hitler. Auch später kam immer wieder prominenter Besuch, ob das Konrad Adenauer war oder in jüngerer Zeit Angela Merkel mit Jacques Chirac. Und wer erinnert sich nicht an das legendäre Foto mit Gerhard Schröder und Oskar Lafontaine auf der Mauer, hoch oben, medienwirksam über der Saarschleife?

Drum hatten wir auf unserer Kneipentour im letzten Jahr dort auch diesen *Huddel*, also diese kleine Unstimmigkeit: Klaus wollte sich nämlich partout nicht mit mir fotografieren lassen. Ich fragte, was los sei, was er plötzlich gegen mich habe, dabei hatte es mit mir nichts zu tun. Es war der Ort. Klaus meinte damals: *»Oh leck, nee, wemmer sisch doo fotografiere losst, doo geht die beschd Männerfreundschaft in die Binse!«* Diesen Aberglauben teilen offenbar viele. Ich habe gehört, dass sich die meisten Touristen dort heute nur noch alleine ablichten lassen.

Gut, so viele sind es nicht, leider. Es kommen bislang nur wenige Touristen ins Saarland. Am Klima kann es nicht liegen. Nach Südbaden haben wir nämlich das wärmste Klima in ganz Deutschland. »Das stimmt«, pflichtet mir Rolf bei, »das Saarland ist die Region mit den meisten Sonnenstunden im Jahr – und seit dem Sommer 2003 halten wir sogar den Hitzerekord!«

Apropos, wir bleiben kurz stehen auf unserer Wanderung und eine Flasche Wasser macht die Runde. *»Doo, isch hann noch was extra mitgebrung!«* Klaus lässt einen Flachmann kreisen: *»Ei, isch wollt jo erschd e Schäschdelsche Bier* (siehe Glossar Seite 273) *metholle, aber das war mir dann doch ze schwer. Drum hann isch's doo e bissche konzentrierter: e saugudder Quetsch* (Zwetschgengeist), *selbschdgebrannt – vum Obst- unn Gaardebauverein!«* Er schwenkt triumphierend seinen Flachmann. Gut gelaunt laben wir uns und würdigen den Brand entsprechend.

»Henn mer noch weit ze laafe?« Karl-Heinz, unser Pfälzer, beginnt offenbar zu schwächeln. »Kommt weiter! Ein paar Kilometer sind es noch, dann kehren wir ein«, meint Rolf beim Blick auf sein GPS-Gerät – er ist top ausgestattet. »Wir müssen ja hier nicht jeden Wanderweg

unsicher machen.« Das wäre auch kaum möglich: In unserem kleinen Bundesland mit gerade mal 2.500 Quadratkilometern Fläche gibt es immerhin 3.500 Kilometer ausgewiesene und markierte Wanderwege, lernen wir gerade von Rolf. Immerhin ein Drittel des Landes ist von Wald bewachsen. »Was den Waldreichtum angeht, liegen wir hinter Hessen und unserem Nachbarbundesland an dritter Stelle.« *»Unn die Palz?«*, fragt Karl-Heinz leicht außer Atem – er scheint tatsächlich etwas erschöpft.

»Ich glaube, nächstes Jahr müssen wir auf unseren Pfälzer verzichten«, schmunzelt Rolf und klopft Karl-Heinz jovial auf die Schulter, der entrüstet den Kopf schüttelt: *»Wieso dann? Isch packe das schunn. In uns Pälzer steckt mehr drin, als wie mer zuerst denkt. Isch sage nur: Helmut Kohl!«*

Dafür hat Rolf für unsere nächste Thekentour schon ein neues Ziel im Auge: den Saar-Hunsrück-Steig: »Der ist traumhaft. Mit Wahnsinnsaussichten, wurde 2009 als schönster Wanderweg Deutschlands ausgezeichnet. Sogar richtig klettern kann man da. Karl-Heinz, denk doch mal: 184 Kilometer Premiumweg (siehe Glossar, Seite 272)!« *»Was? 184 Kilometer? Nä, dann bleib isch werklisch dahääm«*, mault dieser. Er lässt sich immer leicht auf den Arm nehmen.

»Wollten wir nicht mal zu den Schlossberghöhlen? Das wär doch auch ein tolles Ziel, oder?«, versuche ich zu schlichten. Da gibt es nämlich bei Homburg die größten Buntsandsteinhöhlen Europas: »Karl-Heinz, da sind riesige Kuppelhallen drin, da passt mein ganzes Bistro zigmal hinein.« »Ja«, pflichtet Rolf mir bei und mit einem Seitenblick auf Karl-Heinz, »stell dir vor: kilometerlange Gänge!« Der winkt nur ab. Ja, das sollten wir tatsächlich im Hinterkopf behalten.

Plötzlich kommen von hinten laut johlend ein paar Mountainbiker und sausen an uns vorüber – über Stock und Stein ... »Wow«, da bin auch ich überrascht, »ich finde es zu Fuß schon ganz schön anstrengend, aber dann noch mit dem Fahrrad, o je!« Rolf erklärt, dass es im Saarland sehr viele Radwanderwege gibt: Hunderte von Kilometer. Das entlockt unserem Karl-Heinz allerdings nur ein sanftes Stöhnen: *»Alla, wem's gefällt!«* Dafür scheint es vielen anderen zu gefallen: Mittlerweile haben sich auch zahlreiche Gasthäuser und Hotels auf die Fahrradtouristen eingestellt. Da gibt es Komplett-Arrangements mit kulinarischen Highlights. »*Saugudd* essen beim Schlemmerradeln, mit Gepäcktransfer, Karl-Heinz!«, frotzelt Rolf. Karl-Heinz kann nur noch müde abwinken: *»Nix fer misch!«* »Doch! Da gibt's sogar speziell was für dich«, erklärt Rolf, »Genussradeln mit dem Elektrofahrrad.«

»*Wollde mir nit aach emol uff de Hunnering?*«, erinnert Klaus an einen Planungsabend an meinem *Büfett*, der dann aber aus alkoholischen Gründen ergebnisoffen blieb. »Stimmt, ja, das wär auch mal was: eine Reise ganz weit zurück in die Vergangenheit«, schwärmt Rolf. Denn die Kelten haben hier so manches hinterlassen, nicht nur den Hunnenring, eine gigantische Festungsanlage mitten im Wald. Sogar Menhire, unter anderem den größten Hinkelstein Mitteleuropas. Obelix was here! Ja, tatsächlich, einer steht sogar in einem Vorgarten. *»Is doch klasse«*, überlegt Klaus, *»die hann de Friedhof direkt im Gaarde.«*

»Apropos Friedhof«, Rolf setzt wieder seine Oberlehrermiene auf: »Kommt, wir gehen hier lang, dann kommen wir noch zum Friedwald.« Er wandert mit uns zwei Kilometer weiter und zeigt uns den Friedwald, eine alternative Begräbnisstätte mitten im Urwald. Es ist sehr ruhig, selbst die Vögel schweigen ehrfürchtig. Man hört nur leise den Wind rauschen und das laute Atmen von Karl-Heinz: *»Alla, wenn mer so weitertappe, könne ihr misch glei do beerdische!«* »Da müssten wir dich vorher aber verbrennen. Hier werden nur Urnen beigesetzt.« Rolf zeigt uns die Bäume, die man sich als letzte Ruhestätte aussuchen kann, darunter wird man dann begraben. *»Oh leck«*, sagt Klaus tief beeindruckt, *»unn der Baam kann dann ennfach vun meiner Asche lebe, saugudd!«* Er packt seinen Fleischkäseweck aus. Kleine Täfelchen an den Bäumen zeigen an, wessen Überreste unter den Wurzeln liegen. Häufig sind es einzelne Verstorbene. Klaus schaut sich die Tafeln genauer an: *»Oh leck, gugg emol, do leiht e ganz Familie drunner.«* Er zählt die Namen: *»Sibbe Leit, mein lieber Mann! Drum is der Baam wahrscheinz aach so e Kaventsmann genn. Bei so viel Nahrung unner de Worzel!«* Klaus beißt dabei genüsslich in sein Brötchen. Rolf zeigt uns den Weg: »Bald haben wir's! Nur noch einen Kilometer, dann sind wir am Neuhaus, dort kann man fantastisch essen (siehe Seite 193). *»Oh leck, das hättschde mir könne frieher saahn«*, lacht Klaus und knüllt die Papiertüte seines Wurstbrötchens zusammen.

Eine Stunde später sitzen wir gut gesättigt bei einem Kaffee im Biergarten des Restaurants Neuhaus, mitten im Urwald und spinnen schon unsere *Büfett*-Tour fürs nächste Jahr zusammen. Und das stellt sich dann schon als ein mittleres Problem heraus. Rolf stöhnt: »Mann, es gibt so viele Ziele. Also, Leute, da müssen wir tatsächlich steinalt werden, bis wir alles Sehenswerte im Saarland gesehen haben. *»Alla, isch dääd gern mol bei die Wölfe fahre«*, überlegt Karl-Heinz. Er meint das Wolfsgehege in Merzig. Dort lebt der Verhaltensforscher Werner Freund mit 70 Wölfen zusammen, die man besuchen kann. Er selbst ist quasi der Leitwolf, fast muss man sagen: halb Mensch, halb Wolf. *»Ei genau, weil des dääd misch escht emol intressiere.«*

»Mir könne aach emol in de Saarbrigger Zoo gehe«, schlägt Klaus vor, doch Karl-Heinz winkt ab. *»Alla komm, Zoos gebbd's doch ibberall.« »Aber nit so eener«*, lacht Klaus. Er erzählt, wie er vor Jahren mit einem pfälzischen Kollegen den Saarbrücker Zoo besucht hat. Man zeigte ihnen damals diverse Tiere und ein freundlicher Tierpfleger gab ihnen interessante Informationen: *»Ei, das doo, das is e Wolfshund. Also, dem sei Vadder war e Wolf unn sei Mama war e Hund!«* Ah ja! Klaus und vor allem sein pfälzischer Freund waren schon sehr beeindruckt von dem Tier. *»Unn das«*, der Tierpfleger deutete auf ein etwas größeres Tier mit einer sehr langen Schnauze: *»is e Ameisebär!«* Worauf der Pfälzer ungläubig den Kopf schüttelte: *»Aweil heer aber uff!«*

Wir lachten alle herzlich über diese Geschichte, außer Karl-Heinz: *»Ei wieso, des is doch werklisch verblüffend, oder?«*

Touristische Tipps

Es gibt zahlreiche Möglichkeiten, den **Urwald** bei Saarbrücken zu erkunden. Wer nicht auf eigene Faust losziehen möchte, kann unter verschiedenen Tourangeboten wählen, darunter auch eine Fledermauswanderung. Für Kinder und Jugendliche gibt es mehrtägige Erlebnis-Camps.

Informationen zum Wald und zu den Touren, Karten und Adressen unter *www.saar-urwald.de*

Gondwana – Das Praehistorium zeigt die Geschichte der Erde und das Leben der Dinosaurier mithilfe modernster Animationstechnik. Zu sehen sind 4,5 Milliarden Jahre Erdgeschichte mit Monsterskorpionen, Riesenlibellen und allerlei Dinosauriern – dazwischen Naturgewalten wie Fluten oder Meteoriteneinschläge. Kleine Besucher können hier sogar selbst nach Fossilien buddeln.
Bildstockstraße, 66578 Schiffweiler (Landsweiler-Reden),
www.gondwana-praehistorium.de

Der 120 Hektar große **Bostalsee** ist der größte Freizeitsee Südwestdeutschlands. Hier kann man nicht nur hervorragend schwimmen, segeln oder rudern, sondern auch wandern. Demnächst wird außerdem ein Center-Parc eröffnet.
Infos: *www.bostalsee.de*
und *www.ferienpark-bostalsee.de*

Auf der **Barockstraße Saarpfalz** erlebt man auf einer 100 Kilometer langen Erlebnisroute von Ottweiler über Zweibrücken, Blieskastel bis nach Saarbrücken die Geschichte in der deutsch-französischen Grenzregion zwischen 1650 bis 1800. Wer will, bekommt einen persönlichen Einblick bei entsprechenden Kostümführungen.
Infos: *www.barockstrasse-saarpfalz.de*
sowie: *www.rosenkreis.de, www.blieskastel.de*

Wer sich einmal 2.000 Jahre zurückversetzen möchte, besichtigt den Archäologiepark **Römische Villa Borg**, wo die größte römische Villenanlage im Saar-Mosel-Raum ausgegraben wird.
Im Meeswald 1, 66706 Perl-Borg,
www.villa-borg.de

Wer's noch etwas älter mag: **Europäischer Kulturpark Bliesbruck-Reinheim** – 8.000 Jahre keltisch-römische Geschichte.
Robert-Schuman-Straße 2, 66453 Gersheim-Reinheim,
13.3. bis 30.10. täglich 10–18 Uhr, *www.europaeischer-kulturpark.de*

Dazu passt ein Besuch im **Museum für Vor- und Frühgeschichte** mit seiner umfangreichen Ausstellung von der Steinzeit bis ins frühe Mittelalter.
Schlossplatz 16, 66119 Saarbrücken, Eintritt frei,
www.vorgeschichte.de

Auch wenn das Wetter mal nicht so mitspielt, kann man im Saarland immer etwas erleben: **Schlossberghöhlen Homburg** – Europas größte von Menschenhand geschaffene Buntsandsteinhöhlen.
Besichtigung nur im Rahmen einer Führung,
Infos unter 0 68 41 / 20 64 oder *www.homburg.de*

Action, Wandern, Klettern auf dem **Saar-Hunsrück-Steig** – er verläuft vom Aussichtspunkt Cloef mit dem Postkartenblick über die Saarschleife bis in die Edelsteinmetropole Idar-Oberstein und die Römerstadt Trier.
Infos: *www.saar-hunsrueck-steig.de*

Im Saarland ist man gern unter Tage, auch in der unterirdischen Burganlage im **Historischen Museum Saar**.
Schlossplatz 15, 66119 Saarbrücken,
www.historisches-museum-saar.de

Mal mit den Wölfen heulen? Das geht auch, im **Wolfspark Merzig**.
Waldstraße 204, 66663 Merzig, täglich vom Tagesanbruch
bis zum Einbruch der Dunkelheit, Eintritt frei,
www.wolfspark-wernerfreund.de

Zum Ausruhen geht es dann eher ruhig und beschaulich in den **Garten der Sinne**, in dem man die Themen Wasser, Meditation, Klänge, Farben, Tasten hautnah erleben kann.
Eilerweg 11, 66663 Merzig, *www.gaerten-ohne-grenzen.de*

Lernen, staunen, mitmachen im **Deutschen Zeitungsmuseum Wadgassen.**
Am Abteihof 1, 66787 Wadgassen,
www.deutsches-zeitungsmuseum.de

Lernen wie vor 1.000 Jahren? **Saarländisches Schulmuseum.**
Goethestraße 13, 66564 Ottweiler,
www.schulmuseum-ottweiler.net

Wo die Zeit nie stillsteht: in **Uhrmachers Haus.**
Engelfanger Straße 3, 66346 Püttlingen,
www.uhrenmuseum-saar.de

Ein Muss auf jeder Reise: bildende Kunst. Die gibt's zuhauf im **Saarlandmuseum.**
Bismarckstraße 11–15, 66111 Saarbrücken, *www.kulturbesitz.de*

Weitere interessante touristische Tipps, darunter zum Beispiel Informationen zum Schlemmerradeln, findet man auf der offiziellen Seite der Tourismuszentrale Saarland:
www.tourismus.saarland.de

EPISODE 8
Kuriose Ortsnamen

Wohnt der nit in Kaltnaggisch?

Über das Saarland kann man schon sehr viel lernen, wenn man einfach nur mal eine Karte zur Hand nimmt und sie sich etwas genauer anschaut. Sag mir, wo du wohnst, und ich sage dir, was du bist. Oder auch: was du warst. Denn gerade historische Entwicklungen schlagen sich häufig in den Namen von Orten und Städten nieder. So stoßen wir beim Studium der Karte immer wieder auf die montane Geschichte des Landes. Mein Freund Rolf, der ja als Makler viel durchs Land kommt, kennt sich da recht gut aus.

Wir haben hier sowieso gerade von einem mehr bierseligen *Hasengespräch* in eine eher topografische Diskussion umgeswitcht, wie man auf Neudeutsch sagt. Denn der Rolf trinkt gerne Bitburger Bier. Und das wird von einheimischen eingefleischten Bierfreunden regelrecht angefeindet. Denn das kommt nicht aus dem Saarland, sondern aus der fernen Eifel, aus Bitburg eben. Im Saarland gibt es heute nur noch eine Großbrauerei: Karlsberg. Ich betone das deswegen, weil es hier mal mehr als zehn verschiedene Brauereien gab, jede Stadt hatte ihre eigene.

Viele gibt es auch heute noch, aber die heißen alle irgendwie Karlsberg.

»Ja und?«, versucht Rolf das zu erklären. »Karlsberg ist ja auch ein Ortsname, ein Stadtteil von Homburg heißt so!« Rolf liebt es, wenn er den Wissenden herauskehren kann. Er zeigt es mir sogleich, mit dem Finger auf einer großen Wanderkarte, die er extra aus dem Auto geholt hat.

Doch ich wollte eigentlich wissen, wo sich in den Namen der Städte und Orte eigentlich das Montane verbirgt. Denn die Industrievergangenheit des Landes muss sich ja irgendwo niederschlagen.

»Na zum Beispiel in Schmelz, mitten im Saarland – weil, hier war mal eine Eisenschmelze!«

»Ah ja, und das? Was ist das?« Mir fällt eine Gemeinde auf, die Holz heißt, einfach nur Holz. »Ich glaube, ich steh im Wald, was?«

Rolf erklärt mir sehr geduldig, dass man dort Grubenholz geschlagen hat, das im Bergbau unentbehrlich war.

»Ah ja, das kenne ich«, jetzt trumpfe ich mit meinem Halbwissen auf, »für das Abstützen der Schächte, gell?«

»Nein, Willy, der Stollen. Die Schächte verlaufen senkrecht!« Er lacht: »Aber egal, wie lang du schon hier wohnst, man merkt *gradzelääds*, dass du kein Saarländer bist!«

»*Gradzelääds?* Was heißt das denn?«

»Trotzdem!«

Aha, na gut, dann halte ich mich eben etwas zurück.

Dann zeigt er mir den Namen Kohlhof, der an die Kohle erinnern würde, an das »schwarze Gold«, nicht an das gleichnamige Gemüse. Ich hatte da eher ein obstförmiges Pfälzer Urgestein im Sinn …

Es gibt wirklich merkwürdige Ortschaften. Das sehe ich schon bei einem flüchtigen Blick auf die Karte: »Und was bedeutet das, Rolf? Herrensohr?« Ist doch echt ein witziger Name – hat da vielleicht mal ein adliger Herr bei einer Schlacht sein Ohr eingebüßt wie weiland der alte Petrus? Offenbar weiß Rolf es auch nicht so recht, denn er lenkt gleich ab, im Volksmund hieße das eh nur *Kaltnaggisch.* Dort sei nämlich vor langer Zeit ein ganzer Berg abgeholzt worden, und das gab wohl ziemlichen Stress mit den Einwohnern, die sich damals noch nicht wehren konnten – und nicht nur wegen fehlender Grüner, Naturschutzorganisationen oder Bürgerinitiativen, das wurde ja alles erst viel später erfunden. Und als ihr Berg dann so kahl und entblößt vor ihnen lag, hatten die Einwohner großes Mitleid mit dem nackten Gipfel, dass sie ihn flugs bebauten. Und zum Gedenken an die hüllenlose Zeit nennen sie ihre Siedlung heute noch *Kaltnaggisch.*

Da fällt mir was auf: »Schau mal, Rolf, wie passt das denn in dieses hübsche Land: Einöd? Das klingt doch sterbenslangweilig.« Er winkt direkt ab: »Sieh doch mal genau, der Name bezieht sich nur auf die Aussicht. Einöd liegt direkt an der Grenze – zur Pfalz.« Ach so, ja dann. Aber da lacht er und erklärt, nein, das wäre nur ein Scherz gewesen. Dort, in Einöd, hätte mal ein Einsiedler gelebt und die erste Kapelle gebaut. Aha!

Ich suche weiter nach ungewöhnlichen Namen: »Oh, dort wollte ich nun wirklich nicht wohnen, nicht für geschenkt, schau mal, Rolf, hier: in Habenichts!« Wie klingt denn das? Oder Mangelhausen, nee, nee … das wäre auch nix für mich. »Du, Willy, nicht alle Orte waren arm, da gibt's auch andere. Zum Beispiel Habkirchen!« Er zeigt mir einen kleinen Ort im Bliesgau. Na ja, das ist natürlich wieder typisch: Die Bevölkerung hat nix, leidet Mangel, aber die Kirche! So war das schon immer. Er erklärt mir, dass die Bergleute damals sehr arm waren, und sie machten einen Großteil der Bevölkerung aus: »Die haben die ganze Woche im Bergwerk geschafft, oft weit weg von ihren Heimatdörfern. Unter der Woche haben die Jungs im Schlafhaus übernachtet.« »Oder in einer Wohngemeinschaft, hier, schau mal«, ich zeige auf die Karte, »das muss die erste urkundlich erwähnte WG sein, oder?« Warum sollte ein Ort sonst wohl Viermännerwohnung heißen? Rolf vermutet, dass es dort mal ein Schlafhaus der Grube Ensdorf gab, aber heute würden da natürlich auch Frauen leben. Aber wahrscheinlich keine Kinder. Denn das ist ja ein großes Problem im Land: der mangelnde Nachwuchs.

Da hilft wohl selbst ein Ort namens Gailbach nicht, den ich auf der Karte gerade entdeckt habe. Obwohl, wohnen wollte ich da nicht so gerne: »Zumindest nicht in Niedergailbach, Rolf, wie klingt denn das? Dann schon eher in Obergailbach, das würde sich auf der Visitenkarte besser machen.« »Vergiss das«, meint Rolf achselzuckend, Obergailbach gäbe es nämlich nicht. Genauso wenig wie Fickingen, fügt er hinzu. Das hätte es zwar mal gegeben, aber dann wurde es umbenannt und heißt heute Saarfels. Na ja, dann wundert es mich auch nicht, dass an der Saar fortpflanzungstechnisch heute nicht mehr viel läuft. Selbst hier in – ich sehe noch einen interessanten Namen – Rammelfangen. Aber auf meine verständliche Frage, was wohl die Einwohner von Rammelfangen den lieben langen Tag so treiben, weiß Rolf leider auch keine befriedigende Antwort.

Beim genaueren Studium der Karte fällt mir auf, was im Saarland wohl wirklich die Hauptrolle spielt: Essen und Trinken, das kommt nämlich in den meisten Ortsnamen vor. »Schau mal hier, Rolf: Bierfeld! Das passt zum

Saarländer: trinken, bis er *stragg* ist und einen Rausch hat. Was soll der Name Steinrausch auch anderes bedeuten?« Trotzdem scheint der Saarländer sein Land dabei sauber zu halten, denn, egal wie übel ihm wird, er übergibt sich erst kurz hinter der Grenze. Die Gemeinde Kübelberg liegt glücklicherweise schon in der Pfalz. Dann muss ich lachen: »Hier, Rolf. Dafür hat er für seine Notdurft *dehemm* noch genügend Platz, in Piesbach etwa, oder, wenn's dringender wird, schleppt er sich eben bis nach Schiffweiler, ha ha ha …« Rolf kann meinen Spaß nicht so ganz teilen und erklärt mir lehrerhaft, diese Namen hätten ganz andere Bedeutungen und Ursachen.

Wenn ich mir die Karte vor Augen führe, fallen mir schon viele kulinarische Begriffe ins Auge, und ich denke mir dazu eine kleine Geschichte aus: »Pass mal auf Rolf, wenn ein Fremder ins Land kommt, dann spürt der doch sofort die sprichwörtliche saarländische Gastfreundschaft. Wenn er hier in St. Nikolaus einen Alten*kessel* voller *Fisch*bach mit einer Scheibe *Brot*dorf erhält, verputzt dann einen ganzen *Düppen*weiler voller *Reis*bach und *Ei*weiler mit einer kleinen Prise Ober*würz*bach …« Rolf schüttelt nur genervt den Kopf und erklärt mir, dass Düppenweiler vielleicht mal was mit Töpfen zu tun hatte, immerhin gab es dort eine große Töpferei. Aber was die Trinkerei angeht, bin ich sicher: Die muss an der Saar schon immer eine bedeutende Rolle gespielt haben und hat sich in vielen Ortsnamen niedergeschlagen. Wo sollten sonst Namen wie Großhumpendorf herkommen, dort trinkt man das Bier gewiss aus großen Humpen, klar. Nebenan schluckt man dann aus kleineren Gefäßen, in Grügelborn nämlich. Und wer ganz besonders, also saudurstig ist, der geht dann eben nach Eimersweiler.

Rolf hat an meiner Interpretation offenbar nicht so den rechten Spaß und geht mal für kleine Jungs, während ich die Karte genauer studiere. Da fällt mir ein Name auf, hm, Hühnerfeld … das gibt's tatsächlich, ein Vorort von Sulzbach. Die Fantasie übermannt mich. Vielleicht gab es dort vor langer Zeit ein paar arme Schlucker, die in die Neue Welt ausgewandert sind und ihre kulinarischen Traditionen dorthin mitgenommen haben. Denn beim Namen Hühnerfeld kommt mir dieser ältere Herr in den Sinn – mit Cowboyhut und Bart – irgendwie aus dem amerikanischen Kentucky, der die Hühner erfunden hat. Also die mit der krossen scharfen Panade. Vielleicht war das ein Auswanderer aus Hühnerfeld, der wurde dann in Amerika zum Hühnertycoon und nannte sein Anwesen in Erinnerung an seine Heimat Chickenfield.

Oh, was seh ich denn da? Von hier kamen bestimmt auch Pioniere, die in den USA die Filmindustrie begründeten. Woher sollten die sonst gekommen sein, wenn nicht aus jedem kleinen saarländischen Dorf zwischen Saarbrücken und Neunkirchen namens Heiligenwald. Könnte doch sein, oder? Rolf kommt zurück und schüttelt abschätzig seinen Kopf. Er verlangt einen Schnaps: »Du Dummschwätzer! Wenn, dann müsste das doch *Holywood* heißen, nicht *holly* …« Egal, ich winke ab, das ist bestimmt nur ein kleiner Übersetzungsfehler: »Rolf, die Begründer von Hollywood müssen wirklich aus dem Saarland gekommen sein, aus Heiligenwald, ganz sicher! Woher denn sonst? Was glaubst du, warum die Filmtrophäe ausgerechnet Oscar heißt? Hm? Also!« Er schüttelt immer noch den Kopf, tippt sich an die Stirn und bestellt noch einen Schnaps.

EPISODE 9

Wie ewiges Hin- und Hergezerre eine Region zusammenschweißt

Mir sinn weder … noch … mir sinn Saarlänner!

»Hedwisch?«

»–« (nix)

»Hedwisch?« (lauter)

»–« (immer noch nix)

»Heeedwiiisch!«

»Ei, was is dann, Klaus, schrei doch nit so!«

»Ei, du gebbschd jo aach kenn Antwort. Haschd du mei Riwwer-niwwer gesiehn?«

»Gott, wo wird der sinn? In der link Schublad, mach dei Aue uff!«

Ein normaler Vorgang bei Klaus zu Haus. Er, als typischer Mann meist blind für die einfachen Dinge des Lebens, sucht etwas. *Es*, also sie, erklärt es ihm, nachdem sie kurz Gott angefleht hat *(»Herr, wie haschde könne so was wie de Klaus erschaffe?«)* und mit einer typisch saarländischen Formulierung kontert: *»Wo wird der sinn?«*

Worum geht es eigentlich? Um den *Riwwer-niwwer*, in besserem Deutsch würde man es vielleicht als *Rüber-nüber* bezeichnen, wenn das nicht zu sehr an die armen Brüder und Schwestern in der Zone erinnern würde und damit an den Kalten Krieg. Langer Rede, kurzer Sinn:

Klaus sucht seine Fliege, er will auf eine Beerdigung. Warum dieses Ding nun im Saarland *Riwwer-niwwer* heißt, weiß weder Klaus noch sonst wer.

Konsequenter wäre es, das ganze Saarland *Riwwer-niwwer* zu nennen, denn das würde die Geschichte dieser Region viel besser beschreiben als das modische Accessoire um Klaus' Hals. Die Saar gehörte zu den Römern, zu den Kelten, aber auch zu den Franken unter Karl dem Großen. Allerdings hatte der wohl recht chaotische Nachfahren, denn sein Sohn Ludwig der Fromme wurde von seinen eigenen Kindern entmachtet und gefangen genommen.

»*Zuständ! Doo sinn die Windsors Heilische dagege*«, kommentierte dies meine Sabine.

Im Jahr 834 im Vertrag von Verdun wurde das riesige Frankenreich aufgeteilt: Ludwig der Deutsche bekam das Ostfrankenreich (aus dem dann das Heilige Römische Reich Deutscher Nation wurde), Karl der Kahle das Westfrankenreich (der Ursprung Frankreichs) und Lothar I. das Mittelreich, das sich bis nach Holland und bis nach Rom ausdehnte. Aber kaum war dieser Älteste unter der Erde, griffen die Brüder noch mal kräftig zu und balgten sich um dessen Besitz, den sie schließlich aufteilten. Dabei riss sich der kahle Karl den Bereich Lotharingen unter den Nagel, zu dem auch das heutige Lothringen und die Saar gehörten, die somit Teil des Westfrankenreiches wurde. Den Ostteil davon luchste ihm sein Neffe dann wieder blutig ab, und als der schüttere Karl ein Jahr später ins Gras biss, dicht gefolgt von dessen Sohn Lothar dem Stammler (was für eine Familie!), schlug der Neffe erneut zu und zog den Westteil Lotharingens nun auf die ostfränkische, also die deutsche Seite. Ein ewiges Hin und Her … tatsächlich Zustände zum Haareraufen.

Aber die Schlachten waren noch lange nicht gezählt, und immer wieder wechselte das Land seinen Besitzer und seine Herrscher. Kurz vor der ersten Jahrtausendwende wurden Teile des heutigen Saarlandes sogar verschenkt! Von Otto III. an das Bistum Metz, an die Kirche! Der feine Herr muss ja ein besonderes Sündenregister gehabt haben. Aber das war eben das Schicksal der Region, immer wieder einen anderen Herrscher erdulden zu müssen, mal hierhin, mal dahin zu gehören. Schon ein schweres Los. Allerdings schweißt das die Leute auch irgendwo zusammen – und dieses Zusammengehörigkeitsgefühl spürt man an der Saar heute noch.

In der Mitte des 19. Jahrhunderts (die vielen Hins und Hers dazwischen lasse ich jetzt einfach mal außer Acht) gehörte die Region zum größten Teil zum Königreich Preußen, der heutige Saarpfalzkreis aber zu Bayern und ein winziger Zipfel im Norden sogar zu Oldenburg – warum auch immer. Obwohl das doch ewig weit entfernt ist, aber vielleicht hatte der Großherzog von Oldenburg ja ein Urlaubsdomizil in St. Wendel gebraucht. Die Fürsten nahmen eben damals schon, was sie kriegen konnten.

Der Saarländer jedenfalls klebte an seiner Scholle, betrieb vor allem Landwirtschaft und widmete sich nebenher so ein bisschen dem Bergbau, der Hüttenindustrie und auch der Glasbläserei. Bis dann endlich mal einer auf die Idee kam, aus der Kohle richtig Kohle zu machen, und meinte: »*Mensch*«, oder schon: »*Oh leck! Bauern gebbds doch ibberall, die Palz is voll devun, debei hucke mir uff lauter Bodeschätze, mache mir doch doo mehr draus!*« Gesagt, getan, schließlich war die Dampfmaschine schon erfunden, gar schon 80 Jahre alt und harrte der montanen Arbeit.

»*Unn doo hann se doch aach so e komisch Eisebahn erfunn, die wo in Nürnbersch rumgondelt, das wär doch aach praktisch fer uns* …« – und siehe da: Die Region an der Saar erblühte in neuer produktiver Pracht und entwickelte sich zu einem großen Montanrevier, nach dem sich plötzlich allerlei Fürsten die Finger leckten – und solche waren es auch, die sofort das Heft in die Hand nahmen und die Gruben unter staatliche Verwaltung stellten, bevor da noch irgend so ein privater Saarländer … nix da, es reichte, wenn die unter Tage malochen durften.

So zogen nun verstärkt verarmte Bauern und Handwerker in dieses Industrierevier, andere blieben als Bergmannsbauern zwar in ihren (heute nordsaarländischen) Dörfern wohnen, arbeiteten aber unter der Woche in den Kohlegruben und Hütten an der Saar. Dort nächtigten sie in sogenannten Schlafhäusern und verzehrten sich dabei schmachtend nach der geliebten Familie. Woche für Woche nahmen sie es auf sich, samstags die 30 Kilometer zu Fuß *hemmzetappen*: zu Frau und Kind, Kartoffelacker und der geliebten Ziege, gerne als *Bergmannskuh* hochstilisiert.

Nachdem das Revier lange unter französischer Herrschaft gestanden hatte, brachte der Deutsch-Französische Krieg 1870/71 die Wende und Preußen nach der Schlacht auf den Spicherer Höhen den Sieg über Frankreich. Die Folge war einerseits das zweite deutsche Kaiserreich unter Wilhelm I., die Annexion von Elsass-Lothringen durch selbiges und – für die Saarländer besonders wichtig: das Restaurant Woll auf den Spicherer Höhen vor den Toren Saarbrückens, wo man heute noch gerne traditionsreich essen geht (siehe »10 Dinge, die man getan oder gesehen haben muss«, Seite 280).

Aber für solche gastronomischen Späße hatten die Menschen damals wenig Zeit bei einer 50-und-vielmehr-Stunden-Woche, auch das Geld war sehr knapp, denn sie wurden für ihre Knochenarbeit nicht sonderlich gut bezahlt. Im Gegenteil, die Bergleute und Hüttenarbeiter wurden seinerzeit schwer ausgebeutet. Aber Saarländer wären keine Saarländer, wenn sie nichts dagegen unternommen hätten. So führten erste Streiks und organisierte Arbeitervereinigungen zur beginnenden Gewerkschaftsbewegung. Dagegen konnte selbst das »Komitee der Arbeitgeber zur Bekämpfung der Sozialdemokratie« (ja, so was gab's auch) nichts ausrichten.

Nicht nur der Erste Weltkrieg traf die Region an der Saar besonders hart, auch danach musste das Land wieder mal darben. Der Versailler Vertrag regelte nicht nur die Zukunft Europas, sondern auch des »Saargebietes«, wie es fortan hieß. Und nach dem verlorenen Krieg mussten die Saarländer – sie waren halt zufällig gerade wieder auf der Verliererseite – entsprechend büßen: Im Rahmen fälliger Reparationszahlungen wurden die Saargruben den Franzosen zugesprochen, die sie nun munter ausbeuten durften, das Saargebiet selbst stellte man unter Völkerbundsverwaltung. Allerdings nicht auf immer und ewig: Für die nächsten 15 Jahre sollten die armen Saarländer ruhig mal für den verlorenen Krieg blechen, und danach sollten sie dann selbst über ihr weiteres Schicksal entscheiden dürfen.

Das stets präsente französische Militär ging nicht allzu zimperlich mit der Bevölkerung um, sodass diese nach Ablauf der Frist eher zu Deutschland tendierte. Allerdings stürzte der aufkommende Nationalsozialismus viele Saarländer wiederum in eine moralische Zwickmühle.

Wo man sich bisher einig war, bald wieder zu Deutschland zurückzukehren, entzweite nun dieser Möchtegern-Feldherr das Volk. Es gab mehrere Strömungen: Die Antifaschisten bevorzugten den Status quo, also die Völkerbundsverwaltung (zumindest bis zum Sturz des NS-Regimes) und die anderen wollten die Rückkehr zum »angestammten Vaterland« – trotz Hitler, und manche sogar wegen.

Nach harten Auseinandersetzungen und massiver Propaganda durch die Nazis wurden die Saarländer nach und nach auf die Idee der Volksgemeinschaft eingeschworen. Wer nicht mitmachen wollte, war nichts anderes als ein Verräter! So entschieden sich dann am 13. Januar 1935 tatsächlich 90,7 Prozent der Saarländer für die Rückgliederung. Hitler hatte damit seinen ersten großen außenpolitischen Erfolg errungen (noch ganz ohne Krieg). Er bedankte sich bei der Bevölkerung dann auch mit einem großzügigen Geschenk, dem »Westgau-Theater« in Saarbrücken, dem damals modernsten Theater Deutschlands. Dass dann der größte Teil der Baukosten von der Stadt getragen wurde, stellte man in den jubelnden Zeitungsmeldungen nicht allzu groß heraus. Dafür beeindruckt noch heute die tempelartige Säulenfront im »germanischen Architekturstil« den Theaterbesucher des heutigen Staatstheaters Saarbrücken.

Viele der damaligen Status-quo-Anhänger emigrierten während des Dritten Reiches vorsorglich, aber die meisten machten es so wie ihre deutschen Reichsgenossen auch: Sie passten sich einfach ans System an. So kämpften sie dann im Zweiten Weltkrieg auch als Deutsche erbittert mit und trugen zwölf Jahre später tapfer zum Untergang des 1.000-jährigen Reiches bei.

EPISODE 10

Ein interessantes Spielfeld politischer Auseinandersetzungen

Es Saarland is nit nur de Oskar!

Er steht da auf einem Podium vorm Mikrofon und brüllt hinein in einer Art gemäßigtem Saarländisch. *»Der versucht hochdeutsch ze schwätze«*, flüstert Sabine und bedeutet mir mit einem Winken, dass sie weiter zuhören möchte.

»Seit Monaten geht hier ein Gespenst herum. Und das heißt: ›Länderneugliederung‹. Es heißt, unser Saarland ans Reisch verscherpelen! Aber nein!« Wild winkt er mit dem Finger, dass ihm sogar seine Schiebermütze, die man hier nur als *Batschkapp* kennt, verrutscht. Er scheint es nicht zu bemerken: *»Mir lassen uns nischt üperrumpelen. Das sagen isch eusch. Mir werden kämpfen. Das Saarland gibt niemals ins Reisch einverleibt. Zu Läbs Tags nischt!«* Offenbar strengt ihn diese Rede an, zwischendurch muss er sich immer wieder an seiner Bierflasche laben.

»Worum geht es denn da?«, will ich von Sabine wissen. *»Ei, um die Länderneugliederung, stand widder was in de Zeidung.«* Ein leidiges Thema. Immer wieder mal hört man aus unserem Nachbarland diesen Vorschlag: eine Neugliederung der Bundesländer, bei der das Saarland in

Rheinland-Pfalz aufgehen soll – oder auch unter. Dieses Thema ist hier tatsächlich ein rotes Tuch.

»*Diese ganze Diskussion*«, schwadroniert der Redner da oben, und viele Besucher des Stadtfests nicken zustimmend, »*Berlin zu Brandenburg, Hamburg zu Schleswig-Holstein, Bremen zu Niedersachsen. Ei, das geht uns doch alles am Hinteren vorbei!*« Ein paar Leute klatschen, manche lachen. »*Eher Italien gibt serbisch, als dass nur ein Saarländer anfängt, pälzisch zu pappelen!*« Jetzt lachen noch mehr.

»Sabine, sag mal, das ist doch nicht echt, oder?«

»*Was, das mit de Länderneugliederung? Die solle sich wage …*«

»Nein, ich meine, wie sich der Typ da so aufregt!«

Die Lautsprecheranlage überschlägt sich fast. »*Auch wenn uns mansche im Reisch beschimpfen als Rucksackfranzosen oder gar als den Wurmfortsatz vor Frankreich! Deshalb müssen wir uns noch lange nischt mit Saumagen quälen oder einen Deidesheimer Dummkopp aus unseren Zapphähnen rieselen lassen!*«, ruft er, jede Silbe einzeln betonend, unterstützt durch eine entsprechende Handbewegung. »*Denn mir haben unseren Dibbelabbes und unseren Schwenker. Unser Bier iss gudd unn mehr brauchen wir nischt.*«

»Richtig«, grölen ein paar aus den hinteren Reihen, andere klatschen, die meisten scheinen ihn aber gar nicht ernst zu nehmen: Sie lachen lauthals.

»*Und wenn sollte jemals ein Diktat auf uns herniederkommen, werden wir militärisch, werden wir inter-, inter-, inter-dingens*«, er hat sich so in Rage geredet, dass er sich verheddert. Die Menschen lachen immer mehr. Mir tut er ein wenig leid. »*Also isch find den kloor.*« Sabine scheint auch Gefallen daran zu finden, wie der Mann sich da so echauffiert. An wen erinnert er mich nur? Wild sticht er mit dem Zeigefinger Löcher in die Luft: »*Kämpfen wie sellemols die Bosnier, bis zu ethnischen Säuberungen im Pälzer Wald. Ja, und da könnt ihr uns ruhisch die NATO schicken! Aber ziehen eusch warm an!*« Einige maulen auch, aber das Lachen überwiegt. Auch Sabine kann sich kaum halten. Also, ich finde das schon sehr grenzwertig: ethnische Säuberungen …

»*Und diese Apolypse vor meinen Augen … diese Apolypse vor meinen Augen …*« Jetzt weiß ich, an wen er mich erinnert: Hitler! Eine ähnliche Gestik, die sich überschlagende Stimme.

»*… kann isch nur dringend warnen: um des lieben Frieden seim Willen, ehem – nee, nommo: um dem lieben sein Friedensein … – ehem, nee!*« Also, da wäre Hitler besser vorbereitet gewesen. Der da vorn verhaspelt sich ja total und die Leute haben eine Riesengaudi dabei. Er winkt ab und artikuliert jede Silbe einzeln, gestisch untermalt: »*Also, damit's kenn Palaver gebbd: Meintzweschen teilt ein die Welt in neue Sphären, tut Europa umkrempelen, gliedert das Reisch neu, aber lasst eure dreckische Griffel vun de Saar!*« Die Masse tobt. Aufmunternd klatscht sie dem Redner zu – es macht mir schon etwas Angst, wie der sich da in Ekstase redet und die Meute mitreißt. »*Sonst sollten ihr uns mol kennenlehren! Und deswegen ruft mit mir aus unseren Schlachtruf: Lieber in die Saar als wie in die Palz!*« Triumphierend die mittlerweile leere Bierflasche schwenkend, stapft der Redner von der Bühne und mit tosendem Applaus scheinen die Festbesucher ihm zuzustimmen.

Also, ich bin schon etwas entsetzt. Das klang ja fast wie Nazipropaganda. Und die Leute haben offenbar noch Spaß daran.

»Ei, Willy, haschd du's nit gemerkt?« Sabine grinst mich an.

»Wieso, was denn?«

»Ei, das war doch nit ernschd! Haschd du das jetz geglaabt?«

Ehem, ja, ich bin etwas unsicher. Und sie erklärt mir, dass das der Auftritt eines Kabarettisten war.

»Der mimt immer de Backes Alfred, wo sisch immer so uffrescht.«

»Ach?« Ich bin irritiert.

»Spielt en Saarlänner, wo sisch ärgert, weil die Pälzer wieder mol vun der Länderneugliederung schwätze!«

Aha! Natürlich habe auch ich schon mitbekommen, dass es Bestrebungen gibt, die Zahl der Bundesländer zu verkleinern und damit die Verwaltungen zu reduzieren. Aber dass es da so einen Widerstand gibt, dass so etwas schon Thema auf der Kabarettbühne ist. *»Ei sischer«*, Sabine kehrt nun wirklich die patriotische Saarländerin heraus, *»mir losse uns doch nit vun de Pälzer überrolle. Das hammer glücklischerweis hinner uns!«*

Ja, das war damals das Trauma im Hitlerreich: *»Uff die Bääm, die Pälzer komme!«* Eigentlich war das immer das Los der Saarländer: Sie gehörten irgendwo dazu, und kaum hatten sie sich an den Zustand gewöhnt, gehörten sie plötzlich wieder wo ganz anders hin.

So wie sie nach dem Zweiten Weltkrieg auch wieder regelrecht überrumpelt wurden. Deutschland lag in Schutt und Asche, die drei Siegermächte (USA, UdSSR und Großbritannien) teilten das Land munter in drei Zonen auf, die Stadt Berlin in Sektoren, wussten aber erst nicht so recht, was sie mit den ganzen Trümmern überhaupt anfangen sollten. Sicher, die Sowjets, die haben nicht lange gefackelt, sich gleich ihren Teil geschnappt und einen Vasallenstaat draus gemacht. Der später übrigens von einem Saarländer regiert wurde: Erich Honecker.

Dann haben noch die Franzosen gemotzt: Ja, sie hätten schließlich auch irgendwie gewonnen, selbst wenn sie anfangs eingeknickt wären und Paris kampflos den Nazis überlassen hätten, trotzdem, sie wären doch auch irgendwie eine Siegermacht und hätten einen Anspruch. Die Amerikaner und die Briten hatten ein Einsehen und gaben den Franzosen von ihren Zonen was ab, nämlich das Gebiet links des Rheins. Doch als die Franzosen dieses kurzerhand in ihr Staatsgebiet einverleiben wollten, sie brauchten ja nur ihre Staatsgrenze nach Osten zu verschieben, legten die Amerikaner und Briten ein Veto ein: »*No Sir!*«, so haben wir nicht gewettet! Klar, was hätten sie dann auch mit ihren Stücken Deutschlands anfangen sollen, so weit vom eigenen Territorium entfernt? Einfach aufs Schiff packen, übern Kanal oder den Atlantik schippern und an Kent oder Carolina andocken?

So einigten sich die Westmächte – die Sowjets haben da schon nicht mehr so mitgespielt und bereits leise mit dem Säbel gerasselt, dem später noch viele Atomwaffen folgen sollten. England, Frankreich und die USA also einigten sich wenigstens darauf, dass man dem deutschen Volk die Möglichkeit geben solle, ihr Land selbst wiederaufzubauen. Wer sollte auch sonst für den ganzen Schaden aufkommen, den die Nazis da angerichtet hatten.

Aber die Franzosen grummelten immer noch. Hätte doch auf der Landkarte so schön ausgesehen, wenn die Grande Nation bis zum Rhein gereicht hätte. Da kamen richtig nostalgische Gefühle auf. Aber gut, damit endlich Ruhe war, bekamen sie halt das kleine Saarland – war ja eh nicht größer als ein Ölteppich. Zumindest durften die Franzosen wieder einmal wirtschaftlich davon profitieren (die Kohlegruben und Hütten mussten als Reparationszahlungen erst mal reichen). Politisch sollte das Gebiet aber bitte schön nicht zu Frankreich gehören. Daher blieb es erst mal autonom.

Den Saarländern gefiel das ganz gut: mal so richtig selbstständig. Was ganz Neues, mit eigener Währung – gut, es war aus wirtschaftlichen Gründen der französische Franc, aber immerhin mit eigenen schicken Münzen. Mit eigenen Briefmarken, sogar eine eigene Saar-Olympiamannschaft wurde 1952 nach Helsinki geschickt, allerdings ohne da besonders aufzufallen – außer beim hemmungslosen Konsum des Zielbiers.

Außerdem gab es eine eigene saarländische Fußball-Nationalmannschaft. Und die ist sogar daran schuld, dass Deutschland 1954 in Bern Weltmeister wurde. Denn bei den Qualifikationsspielen standen sich das Saarland und Deutschland im Saarbrücker Ludwigspark vor 53.000 begeisterten Zuschauern gegenüber, und die netten Saarländer, gastfreundlich, wie sie nun mal sind, ließen den Deutschen mit 1:3 den Vortritt (das eine Tor übrigens war dabei noch ein verwandelter Elfmeter). Deutschland fuhr daraufhin in die Schweiz und nutzte im Endspiel die Gelegenheit.

Und? Hat uns Saarländern das irgendwann mal jemand gedankt? Wir hätten die Deutschen damals genauso gut fertigmachen können.

Im Jahr 1955 entschieden sich die Saarländer dann für Deutschland. Sie wurden nämlich wieder mal gefragt, so wie nach jedem Weltkrieg: Wo wollt ihr denn nun hin? Also: *the same procedure as last time.* Denn die frohe Kunde vom Wirtschaftswunder in Westdeutschland tönte natürlich auch bis ins ferne Saarland, so schlugen die Leute hungrig zu: 67,7 Prozent der Saarländer stimmten für die Rückgliederung an Deutschland.

Dabei hätte das Saarland so richtig europäisch werden können: Das Saarstatut sah nämlich vor, dass das Land einen europäischen Status erhalten solle, überwacht von einem EU-Kommissar. Darauf hatte man sich geeinigt, denn bevor diese Saarfrage nicht geklärt war, konnte es keine deutsch-französische Aussöhnung geben. Und Adenauer sowie de Gaulle waren schon ganz erpicht drauf, endlich Händchen zu halten. Das Saarland sollte also – falls die Saarländer dem zustimmen – zur Keimzelle Europas werden.

Wenn man sich das heute vorstellt: die ganzen Gremien von Brüssel, Straßburg, Luxemburg – alles hier im Saarland! Mann! Wir wären heute kein deutsches Schuldenland auf einem der letzten Ränge, nein, wir wären das Steuerparadies Europas und würden mit Monaco wetteifern. Boris Becker, Thomas Gottschalk, die ganzen Fußball-Millionäre: alles Saarländer! Aber was machen die Schussel damals? Stimmen 1955 für Deutschland. Und warum? Weil es da die ersten Fernseher gab und den VW und und und ... der schnöde Mammon!

Hm, erinnert uns das nicht an etwas, wenn auch 35 Jahre später? Auch da wuchs was mit Deutschland zusammen, was zusammengehörte, auch da glaubte man eher ans Geld und wollte die D-Mark um jeden Preis. Allerdings dauerte die Saarangliederung im Gegensatz zur Wende 1989/90 mehrere Jahre. Man ließ sich Zeit, und das war gut so. Politisch wurde das Saarland erst am 1. Januar 1957 zum zehnten Bundesland der BRD.

Wieder gab es – warum auch mit alten Traditionen brechen? – ein schönes Geschenk: Nachdem beim ersten Mal Hitler dem Saarland ein Theater geschenkt hatte, wollte sich beim zweiten Mal der Herr Adenauer natürlich nicht lumpen lassen und schenkte dem Land die schöne neue Congresshalle – ist ja auch was. Kein Wunder, dass es hier mittlerweile einige Neunmalkluge gibt, die sich heute schon überlegen, was es denn dann beim nächsten Mal gibt, wenn es an der Saar wieder mal heißt: »Heim ins Reich«.

Aber noch sind wir deutsch – und konservativ. Über viele Jahre stellten die Christdemokraten den Ministerpräsidenten – überraschend genug in einem Arbeiterland. Bis ein bodenständiger Saarländer aus der SPD, einer, den man zu Recht als *kloor* bezeichnete, die absolute Mehrheit errang: Oskar Lafontaine. Einer, der mit den Leuten schwätzt, *eener vun uns*. Den man zur vorgerückten Stunde auch schon mal in halbseidenen Bars und im Rotlichtmilieu antreffen konnte, was seinerzeit in Restdeutschland zu großen Irritationen geführt hat. Auf die viel gestellte Frage »Wie kann man sich denn so einen Ministerpräsidenten leisten?« antwortete der Saarländer dann in der Regel: *»Och, wieso? Der is jo nit verheirat', unn solang der uns gudd regiert, kann der in seiner Freizeit doch mache, was er will. Unn außerdem, in de ›Cascade‹ war isch aach schon!«* Saarländer sind nun mal überaus tolerant, das können viele der konservativen, engstirnigen, bigotten, also der richtigen Deutschen bis heute nicht so recht nachvollziehen.

Leider zog es *de Oskar*, so wurde er genannt, dann nach Berlin. Oder er wurde von den Genossen gerufen, die damals unter einer rheinland-pfälzischen Schlaftablette namens Scharping litten. Auf jeden Fall: Oskar war weg und diese Lücke nutzte ein anderer, ebenso bodenständiger Saarländer, der genauso auf das Volk zuging, auch mit den Leuten schwätzte und soff, dafür anständiger – zumindest nach außen (war ja auch Christdemokrat und verheiratet): Peter Müller. Auch er verstand es, die Saarländer zu nehmen, wie sie sind. Auch er wurde dafür mit der absoluten Mehrheit belohnt.

Nur, auch da ändern sich die Dinge, und wenn die Krisen kommen, dann werden auch die Wähler kritischer. Bis sie ein Patt wählten: 2009 ging nix mehr außer einer rot-rot-grünen Regierung oder einer schwarz-gelb-grünen. Und ein grüner, bis dahin gänzlich unbedeutender Provinzöko wurde zum Königsmacher und bescherte dem Saarland die erste sogenannte Jamaika-Koalition auf Landesebene, die nach zwei Jahren schon wieder zerbrach.

EPISODE 11

Die Grenze zu Restdeutschland

Dribbe im Reisch!

Du, Willy, wääßt du eigentlisch, was e Blondine zwische zwee Saarländer is?«

»Keine Ahnung. Aber du wirst es mir sicher gleich sagen, Karl-Heinz.«

»Alla, nischt die Dümmste, ha ha ha …«

Haa, haa, haa … das soll wohl Pfälzer Humor sein! Karl-Heinz ist eigentlich ein guter Freund. Allerdings ist er eben immer noch ein *Pälzer*.

Gut, ich habe nichts gegen Pfälzer, warum auch? Ich bin schließlich selbst einer. Aber mittlerweile wohne ich schon so lange im Saarland und habe mich entsprechend akklimatisiert, dass ich sogar das typische Feindbild übernommen habe.

Damit ist jetzt niemand Bestimmtes gemeint, denn es gab in der Geschichte ja sehr unterschiedliche Kaliber aus unserem Nachbarland, nein, es ist einfach der Pfälzer an sich.

Zwischen Saarländern und Pfälzern gibt es nämlich so eine Art Hassliebe, wie man sie andernorts auch kennt. Ob das jetzt die Abneigung zwischen Mainzern und Wiesbadenern ist, zwischen Frankfurtern und Offenbachern, Kölnern und Düsseldorfern oder auch zwischen Schwaben und Badenern (Vorsicht: Ich hätte fast Badenser geschrieben, aber das mögen die gar nicht!). So schmückt sich auch der Saarländer mit entsprechend disharmonischen Befindlichkeiten, und das nicht nur, um mit den großen Hunden mitpinkeln zu können. Denn dieser Feindschaft liegt schon eine konkrete Ursache zugrunde.

Und doch gibt es gehörige Unterschiede: Badener und Schwaben, also Württemberger, zum Beispiel, konnten einander noch nie ausstehen. Und ihr zerrüttetes Verhältnis hat sich durch die Zusammenlegung in ein gemeinsames Bundesland auch nicht gerade verbessert, im Gegenteil. Das ist bei den Saarländern und den Pfälzern etwas anders. Denn im Grunde sind die sich schon recht ähnlich. Ja, ja, gut ... da höre ich schon wieder die maulenden Saarländer: *»Nee, mir sinn ganz annerschder!«* Aber das stimmt nicht. Man muss sich das nämlich ganz unvoreingenommen von außen anschauen – endlich mal ein Vorteil, Zugereister zu sein. Beide, Pfälzer und Saarländer, sind sinnenfreudig, lebensfroh, sie haben einen ähnlichen Dialekt und mögen einander eigentlich.

Der Zwist zwischen beiden Nachbarn ist noch gar nicht so alt. Damit meine ich natürlich nicht die Geschichte, die Klaus aufgetischt hat, von wegen, das hätte mit dem Grillen zu tun. Denn die Saarländer sind ein Volk von Grillern oder besser: *Schwenkern*, wie das hier heißt und wie es später näher erläutert wird. Diesem Freizeitvergnügen frönen sie an fast jedem Wochenende.

Nun ist auch bekannt – selbst im Saarland gibt es kaum mehr jemanden, der das bezweifeln würde – dass die Erde eine Kugel ist. Und aufgrund der Lufthülle, die darum liegt, der Tatsache, dass sich die Erde dreht und dem Einfluss der Sonnenwärme gibt es eben das, was wir Wetter nennen. Und das geht stets einher mit Luftbewegungen, mit Winden. In unseren Breiten kommen diese in der Regel aus dem Westen, also aus Frankreich. Nun behaupten die Pfälzer gern, dass mit steter Regelmäßigkeit an jedem Wochenende, wenn das ganze Saarland um seinen Schwenkgrill herumsitzt und brutzelt, der Wind aus Frankreich über das Saarland streift, dort den Gestank verbrannten Grillgutes aufnimmt und den schnurstracks in die Pfalz bläst, was die Pfälzer immer wieder aufs Neue verärgert: *»Alla, gugge mol, rieschst es? Die Saarlänner! Jetz grille se schunn widder!«* Es gibt sogar Gerüchte, nach denen in der Pfalz die Krebsrate durch verbranntes Fett höher sein soll als anderswo. Das ist natürlich alles gelogen und reine Diffamie.

Die Ursache des Bruderzwistes zwischen dem Saarland und seiner Nachbarregion Pfalz ist eine ganz andere. Als sich 1935 die überwältigende Mehrheit der Saarländer für Hitler-Deutschland entschieden hatte und mit wehenden Fahnen »Heim ins Reich – deutsche Mutter, heim zu dir« gekrochen ist, waren die Leute von der Saar diesem Hitler trotzdem nicht so geheuer (ganz so dumm kann der also auch nicht gewesen sein). Er hatte nämlich mitbekommen, dass die Saarländer Jahre vorher zur Völkerbundsverwaltung schon ein recht zwiespältiges Verhältnis gehabt hatten. Schon zu dieser Zeit ergaben sie sich in eine beispiellose patriotische Identität (zur Saar, nicht zu Deutschland!), die sie bis heute zusammenschweißt. Denn nur so konnten sie jegliche Krise, die über die Region kam, also den *ganze Huddel*, immer wieder meistern und wegstecken. So dann auch die Wirren im Nazideutschland, den Zweiten Weltkrieg und auch die Zeit danach. Stets betet man sich hier nämlich das saarländische Mantra vor: »*Mir Saarlänner wisse, wer mir sinn, unn mir wisse, was gudd is. Unn alles annere is uns egal!*«

Genauso wehrte man sich stets gegen die Pfälzer, die nämlich seinerzeit, nach der Rückgliederung des Saarlandes ans *Reisch*, den Saarländern ganz schön aufs Dach gestiegen sind. Das muss im Saarland ein regelrechtes Trauma ausgelöst haben, denn nur so ist zu erklären, dass man selbst heute noch davon spricht, ins *Reisch* (Reich) zu fahren, nur weil man die Landesgrenze nach Rheinland-Pfalz im Osten überquert.

Auch daran sieht man deutlich, dass sich der Saarländer tatsächlich immer noch nicht ganz zu Deutschland bekennen mag und dass beides offenbar noch nicht wirklich zusammengewachsen ist, selbst wenn es zusammengehören sollte.

Zurück zu Hitler, der ist nämlich am Bruderzwist mit den Pfälzern schuld! Weil er den Saarländern nicht traute und keine Lust auf *Huddel* hatte, schlug er das ehemalige »Saargebiet«, das von nun an Saarland hieß, einfach dem Gau Westmark zu. Dessen Gauleiter, der Pfälzer Josef Bürckel, ein fanatischer Nazi, führte von Neustadt an der Weinstraße aus ein eisernes Regiment. Schon damals wurden daher viele wichtige Posten im Saarland durch Pfälzer besetzt. »*Uff die Bääm, die Pälzer komme!*«, hieß es damals im Volksmund. Jedem, der mit pfälzisch singenden Tonfall sprach, wodurch man selbst barschen Befehlen noch etwas Komisches abgewinnen konnte, begegnete man mit großer Vorsicht und schottete sich so gegen *die Pälzer* ab. Vielleicht ist diese regelrechte *Palatinophobie* der wahre Grund, weswegen im Saarland die gefühlte Größe der Pfalz weit über die tatsächlichen Ausdehnungen reicht.

Aber auch hier heilt die Zeit allerlei Wunden, und so hat sich das Verhältnis zum Glück sehr verändert, heute frotzelt man freundlich gegeneinander: Die Saarländer erzählen die gleichen Witze als Pfälzerwitze, die die Pfälzer als Saarländerwitze kennen – eben nur mit vertauschten Rollen. Das ist alles nicht mehr böse gemeint. Trotzdem fragt man sich, ob es nicht doch tief im Inneren des gemeinen Saarländers eine Art *Anti-Pälzer-Gen* gibt, das in ihm noch heute einen rebellischen Widerspruchsgeist weckt, wenn er vorm pfälzischen Vorgesetzten im saarländisch-heimatlichen Betrieb kuschen muss. Denn es gibt tatsächlich weit mehr pfälzische Zugereiste in den Chefetagen saarländischer Unternehmen, als man sich das umgekehrt in der Pfalz vorstellen könnte.

»Bass emol uff, also: Kommt en Pälzer …« – mit solchen Witzen beginnen viele Thekengespräche, und selbst Saarländer, die einander nicht kennen (was es zumindest theoretisch gibt), lachen gern gemeinsam über die Dummheit und Verschrobenheit der pfälzischen Nachbarn. Und das meist, ohne sich darüber im Klaren zu sein, dass in einem selbst vielleicht der ein oder andere Tropfen pfälzischen Blutes durch die Adern rauscht … wenn es nicht sogar reiner Wein ist.

Die Saarländer geben nämlich viel auf ihre Herkunft. So muss man sich dann als Zugereister – selbst wenn man schon jahrzehntelang hier lebt und die Sprache in Wort und Schrift beherrscht – immer wieder die schmähliche Äußerung gefallen lassen: *»E rischdische Saarlänner gebbschd du nimmeh, glaab mir's!«* Denn es heißt, Saarländer könne man erst in der dritten Generation werden. Das bedeutet, alle vier Großeltern müssten im heutigen Saarland geboren worden sein. Und wenn man mal diesen rigorosen Bedingungen wirklich nachspürt und einen solchen »Großen Saarländernachweis« tatsächlich einfordern sollte, oh, dann würden die meisten Saarländer erschreckt feststellen müssen, wie wenig »echt« sie tatsächlich sind. Meist findet sich doch irgendwo ein *Wackes* im Stammbaum – also ein Franzose (Näheres dazu ab Seite 107), über den man schon seit Langem nicht mehr spricht – oder *»en ganz entfernter Opa aus de Palz – aber der is jo ganz annerschder!«*

Trotzdem ist es immer von Vorteil, wenn der Gast, der Tourist oder auch der Zugereiste über den *Erbfeind Pälzer* Bescheid weiß und sich solidarisch im Chor des üblichen Spottes und der Beschimpfungen einreihen kann, auch wenn er – ungeoutet – selbst aus Ludwigshafen oder Landau stammt. Daher hier ein paar einprägsame *Pälzerwitze to go* – mit denen man an jedem saarländischen *Büfett* schnell Freunde findet – zumindest bekommt man garantiert Anschluss und mit etwas Glück das ein oder andere Freibier. Man kann übrigens mit denselben Witzen zum gleichen Behufe in der feindlichen Pfalz punkten: Man muss einfach nur den Begriff »Pfälzer« gegen »Saarländer« austauschen.

Pfälzerwitze

1. Ein Saarländer und ein Pfälzer haben einen Autounfall, der Saarländer ist leider direkt tot. Der Pfälzer überlebt, ist aber auf einem Ohr taub. Im Krankenhaus entscheiden daher die Ärzte, dem toten Saarländer das Ohr abzunehmen und es dem Pfälzer anzunähen, damit er wieder hören kann. Einen Tag nach der OP fragt der Chefarzt die Kran-

kenschwester: »Und, wie geht es dem Pfälzer mit dem saarländischen Ohr?« Sagt die Krankenschwester: »Der ist heute Nacht leider auch verstorben.« Der Arzt: »Was? Wie ist denn das passiert? Der hatte doch nur leichte Verletzungen?« Die Krankenschwester: »Ja, das schon, aber das saarländische Ohr hat den Pfälzer abgestoßen!«

2. Ein Pfälzer kommt nach Hause und findet seine Frau mit einem fremden Mann im Bett vor. Er regt sich fürchterlich auf, holt seinen Revolver aus dem Schrank und hält ihn sich an die Schläfe. Als seine Frau zu lachen anfängt, brüllt er: *»Halt's Maul, Else, du bist die Nächst!«*

3. Zwei Pfälzer gehen zum Angeln. Sie mieten ein Boot und fahren hinaus. Sie haben richtig Glück und fangen eine Menge großer Fische. *»Wääßde was, Otto, moje komme mer nochemol do an de selbe Platz!«* »Super«, sagt der andere, »gebongt!« Und um den Platz zu markieren, nimmt der erste ein Stück Kreide und zeichnet ein Kreuz auf den Boden des Bootes. »Du *Dollbohrer«*, meint darauf der andere, *»woher willsde dann wisse, ob mir moje es selbe Boot krieje?«*

4. Wie heißt der pfälzische Bumerang, der nicht mehr zurückkommt: Stock!

5. Kennt ihr die Geschichte von dem Pfälzer, der seinen Schlüssel im Auto eingesperrt hatte? Er brauchte drei Tage, um seine Familie aus dem Auto zu befreien.

6. Wieso hat sich die pfälzische Großmutter sterilisieren lassen? Sie wollte keine Enkel mehr.

Inngequetscht zwische Pälzer unn Wackesse

Oh leck, dauert das heit lang.« Klaus ist ziemlich genervt. »*Jo unn?*«, winkt *es Hedwisch* ab, »*das is doch immer so, dass mir doo im Stau stehe!*« Damit liegt sie nicht ganz richtig, denn es handelt sich nicht wirklich um einen Stau, eher um eine Schlange (allerdings eine, bei der man im Auto sitzt). Doch dieses Warten nehmen Saarländer gerne in Kauf, immerhin spart man 30 Cent pro Liter. »*Jo, unn Kaffee holle mir jo aach noch mit, unn dei Zigarette … dann hat sisch das rischdisch gelohnt, gell, Klaus?*«, sagt sie. »Was?«, brummelt er und stimmt ihr prophylaktisch zu wie immer: »*Jo, haschd rescht, Hedwisch!*« Sie stehen in einer langen Schlange an einer Tankstelle in Schengen.

Schengen? Das kennt man doch von irgendwoher? Stimmt, der Name des Winzerdorfes an der Mosel mit weniger als 2.000 Einwohnern steht seit dem Schengener Abkommen für ein freies Europa ohne Grenzkontrollen. »*Schengen? Europa?*« Klaus kratzt sich am Kopf: »*Ach was, das is in Luxebursch, wemmer rinnkommt, gleisch links. Doo fahre mir öfter hin!*«

Heute nennt man das »Tanktourismus«, aber diese Art der mobilen Freizeitgestaltung pflegt man an der Saar schon seit geraumer Zeit. Man fährt über die Grenze und kauft dort ein, wo es billiger ist. Lange Zeit illegal, damals nannte man das »Schmuggel«, später dann häufiger legal als kleiner Grenzverkehr. Obwohl, geschmuggelt wird heute auch noch: zehn Stangen Zigaretten oder ein Kofferraum voller Superbenzin in 30 Kanistern. Eine rollende Bombe, aber *»es is jo nit so weit bis hemm – unn haschd gudd gespart!«* Der ein oder andere Saarländer nutzt natürlich auch die Nähe zu Luxemburg, um diverse Schwarzgelder dorthin zu schaffen, die er der darbenden deutschen Staatskasse nicht gönnt, und erdreistet sich dabei noch, dem betrogenen Fiskus sogar die paar Euro Mineralölsteuer zu verwehren, wenn er auf dem Rückweg in Luxemburg den Tank vollmacht.

Das ist natürlich ein großer Vorteil eines kleinen Landes: Man ist immer sehr schnell an irgendeiner Grenze, hinter der es das ein oder andere durchaus günstiger oder besser gibt. Und das wird hier schon immer ausgenutzt. So liegt die Landeshauptstadt Saarbrücken direkt an der Grenze zu Frankreich. Da gibt es sogar mehrere »internationale« Linienbusverbindungen, und inzwischen fährt auch die Saarbahn, eine S-Bahn, über die Staatsgrenze nach Sarreguemines. Selbst zu Fuß kann man den kleinen Grenzverkehr pflegen.

»Ei jo«, sagt *meins* immer, *»bei uns an de Golden Bremm heert jo die Welt nit uff! Doo fangt se eigentlisch erschd rischtisch aan!«* Saarländer fühlen sich tatsächlich in der Mitte Europas. Auch wenn sie nicht allzu viel und genau wissen, wie es drum herum so aussieht. Sie haben da ein etwas vereinfachtes Weltbild. Als Saarländer kennt man

zuerst einmal sich selbst und fühlt sich hier als der Mittelpunkt der Welt. Man kennt dann auf der östlichen Seite, im *Reisch*, die Pfälzer. Man weiß aber nicht so genau, wo die Pfalz dann eigentlich aufhört.

So ist das Saarland irgendwie eingequetscht zwischen Frankreich und der Pfalz, ähnlich wie Luxemburg, aber man sollte es nicht verwechseln. Da hat sich mein Freund Karl-Heinz in seiner charmant pfälzischen Art kürzlich drüber ausgelassen: *»Uffbasse, weil Luxeburscb ist e reisch unn e bedeutendes Land, unn es Saarland is genau es Gegeteil: Es is wie en Mückeschiss uff de Landkart! E bissel hinnerm Mond.«*

Na, na, na, jetzt aber! Sie mögen vielleicht etwas provinziell erscheinen, aber eigentlich sind die Saarländer viel kosmopolitischer. Das bewirkt auch die Nähe zu Frankreich, selbst wenn man sich dort nicht so genau auskennt. Sicher, ja, die Grande Nation fängt westlich des Saarlandes an, am Grenzübergang Goldene Bremm in Saarbrücken, aber wo hört sie auf?

Böse Zungen behaupten sogar, die Saarländer wüssten wohl, dass die Erde eine Kugel ist, hätten aber keine Ahnung, wo auf der anderen Seite dieser Kugel Pfälzer und Franzosen wieder zusammenstoßen. Nach diesem Bild wären dann Amerikaner Nordfranzosen und die Türken wären sogar Südpfälzer – na, die würden sich freuen!

Auch wenn es mit den topografischen Kenntnissen vieler Saarländer nicht allzu weit her ist, reicht es ja im Grunde aus, wenn man die großen französischen Supermärkte in der Nähe der Grenze findet. Dort kauft der Saarländer neben frischem Baguette auch andere gute Lebensmittel für den täglichen Bedarf. Wahre Einkaufsorgien finden dann meist an den Feiertagen statt. Und da diese in beiden Ländern nicht immer zusammenfallen, geht es mal hüben und mal drüben hoch her. Von diesen freien Tagen haben die Franzosen eine Menge. Immerhin bekamen sie für jeden gewonnenen Krieg einen Gedenk- und Feiertag geschenkt und haben da schon einiges angesammelt. Die Deutschen haben da jetzt, hm … weniger Feiertage. Dafür ein paar mehr kirchliche – als Bewohner einer überwiegend katholischen Region haben die Saarländer sogar besonders viele. Den 15. August zum Beispiel, Mariä Himmelfahrt. Früher gab's noch einen schönen Feiertag, der leider der Pflegeversicherung geopfert wurde: Buß- und Bettag. Und die Saarländer, statt zu büßen und im Bett zu bleiben, was haben sie getan? Ab, rüber nach Frankreich zu »Cora« oder »Leclerc«, die riesigen Supermärkte im Umfeld der französischen Städte. Ach, was sag ich, Supermarkt: *Hypermarché* heißt das ja, also noch größer als super. Die sind sogar so groß, dass man schon die Vorstellung hat, da sei der Himmel innen eingebaut. Ja tatsächlich, manchmal sieht man sogar die Vögel innen unter der Decke herumfliegen.

Es sind wahre Konsumtempel mit hervorragend sortierten Käse-, Fisch- und Gemüseabteilungen, Muscheln und Austern in bester Qualität, sogar »Verbotenes« wie Froschschenkel oder Gänseleberpastete (*Paté*, von manchem Banausen auch als *die gudd Lebberwurschd* bezeichnet) gibt es – und viele Saarländer fühlen sich dann halt eher französisch angehaucht und vergessen dabei gerne mal den Tierschutz für ein paar Stunden. An Feiertagen kann es zu regelrechten saarländischen Invasionen kommen. Da rückt das halbe Saarland an – wenn auch in relativ friedlicher Absicht – und die Franzosen kommen überhaupt nicht mehr zum Zug.

Spötter behaupten sogar, die Verwaltungen der großen Märkte würden an solchen Tagen jede halbe Stunde die inoffizielle saarländische Nationalhymne abspielen, das alte Bergmannslied »Glück auf, der Steiger kommt«. Und wenn der Saarländer diese heimatliche Melodie hört, ist er tatsächlich so ergriffen, dass er für ein paar Minuten automatisch strammsteht. In dieser Zeit können dann endlich auch mal die Franzosen einkaufen.

Aber nicht nur des schnöden Einkaufs wegen überwindet der Saarländer die französische Grenze, sondern auch immer wieder gern zum Essengehen. Dazu laden hervorragende Luxusrestaurants in Grenznähe, aber auch so manche rustikale Brasserie ein, wo man sich ausgezeichnet kulinarisch verwöhnen lassen kann. Denn was das Kulinarische angeht, da haben die Saarländer schon sehr viel von den Franzosen übernommen, was heißt übernommen: Sie waren ja selbst schon öfter französisch und tragen diesen Lebensstil einfach in ihren Genen: *Saarvoir-vivre* nennt man diese frankophile Lebensart an der Saar.

Wenn man an einem schönen Sommertag auf der Terrasse eines Cafés am St. Johanner Markt, der *gudd Stubb* Saarbrückens, sitzt und die flanierenden Menschen beobachtet, fühlt man sich unwillkürlich nach Frankreich versetzt. Man trinkt vielleicht ein Gläschen *Rouge*, knabbert an einem Knoblauch-Baguette und bewundert die vielen schönen Frauen ... ja, auch die französische Mode erlebt man hier hautnah. Es heißt nicht von ungefähr: »*Die schennschde Määde gebbds an de Saar!*« – und da ist auch was dran. Zumindest solange sie den Mund halten. Es kann sehr desillusionierend sein, wenn eine ausgesprochene Schönheit durch ihr provinzielles nordsaarländisches Schlappmaul plötzlich alle Illusionen zerstört. Aber es ist tatsächlich so, dass die Saarländerinnen ihren französischen Nachbarinnen schon sehr früh in vielem nacheiferten. So enthaarten sich die saarländischen Frauen schon wesentlich früher die Beine – und anderes – als ihre Geschlechtsgenossinnen im Rest des Landes.

Allerdings hat man bei manchem auch übertrieben und versucht, mit viel frankophilem Flair zu punkten, obwohl das die Saarländer überhaupt nicht nötig haben. So tat der »Tatort« im Ersten lange Zeit unserem Land unrecht. Kein Saarbrücker Kriminalkommissar fährt auf dem Fahrrad mit Baguette unterm Arm und Rotwein auf dem Gepäckträger durch die Stadt, um dann einen Saarbrücker zu verfolgen, der natürlich eine Freundin in Metz hat. Es endet auch nicht jede Verfolgungsfahrt über der Grenze auf französischem Gebiet. Da lässt in Wahrheit die binationale Zusammenarbeit noch sehr zu wünschen übrig. Wir sind ja schon froh, dass zumindest Krankentransporte heute problemlos die Grenze passieren können, nachdem mal in Frankreich ein Deutscher verblutet ist, weil die deutschen Sanitäter nicht über die Grenze fahren durften. Und dennoch, als Tipp für den Gelegenheitsgauner oder auch den hauptberuflich Kriminellen: Mittlerweile kann es durchaus vorkommen, dass ein Streifenwagen mal auf die andere Seite fährt.

Und so, wie die Saarländer die Nähe zu Frankreich nutzen, ist es umgekehrt auch: Die Franzosen kommen gern hierher. Zum Beispiel um das »Schuhgeschäft für Männer«, also Media-Markt oder Saturn, zu besuchen, um dort Unterhaltungselektronik einzukaufen. Die ist hier oft günstiger – man braucht nur für ein paar Cent einen Adapter, wegen der anderen Steckdosen beim Nachbarn. Am Wochenende kommen viele junge Leute aus der lothringischen Provinz nach Saarbrücken oder Saarlouis, und nicht etwa, weil es dort *cooler* wäre, denn einen ausgeprägten Patriotismus gibt es bei ihnen zu Hause auch. Es ist auch nicht die Musik, die hier vielleicht besser wäre, nein, es gibt auf dieser Seite der Grenze einfach viel mehr Clubs und Diskotheken.

Natürlich leben auch viele Franzosen hier, und sogar fast wie *dehemm*. Sie haben alles, selbst Behördengänge können sie machen, ohne dafür in die Heimat zu müssen. In Saarbrücken gibt es ein französisches Generalkonsulat, wo der Franzose wählen kann, seinen Pass verlängern, heiraten, wenn er will. Die Kinder schickt er dann aufs Deutsch-Französische Gymnasium in Saarbrücken.

Denn die deutsch-französische Freundschaft steht an der Saar auf gutem Boden. Das ist sogar wörtlich gemeint, denn hier gibt es einen wunderschönen Park, den – wie sollte er auch anders heißen – Deutsch-Französischen Garten. Er wurde 1960 in Saarbrücken im Deutschmühlental angelegt, einfach auf, über und um die Panzersperren des Westwalls. Man überwand die trennenden Linien, indem man Erde darüber schüttete und schöne Blumen pflanzte. Würde man das mit allen Kriegsschauplätzen so machen, wäre es weit schöner auf dieser Welt – und friedlicher auch. Es gibt sehr viel Völkerverbindendes an der Saar. Da leuchtet natürlich auch ein, dass Deutschland hier am französischsten ist, das spürt man in der Lebensart genauso wie in der Mentalität der Menschen.

Nur könnten wir von den Franzosen noch einiges lernen (außer schmackhaft zu kochen, *saugudd* zu essen, den feinen Wein, das *Saarvoir-vivre* oder die Art, alles nicht so eng zu sehen), nämlich, dass die Zukunft in unseren

Kindern steckt. Denn da klafft zwischen Deutschland und Frankreich schon ein deutlicher Unterschied. Während die Geburtenrate im Saarland von allen Bundesländern am niedrigsten ist, sieht das in Frankreich ganz anders aus. Deutschland selbst ist ja Schlusslicht in der Europäischen Union bei der Kinderproduktion. Laut Statistik bekommt eine deutsche Frau gerade mal 1,32 Kinder. Und da sie dazu immer einen Mann braucht – manche auch mehrere – bedeutet das, dass die Deutschen immer weniger werden. Dieses Problem haben die Franzosen (noch) nicht: Eine französische Frau kann mit etwas mehr als zwei Kindern auftrumpfen. Gut, dafür sind die deutschen Kinder in der Regel dicker. Das bedeutet also, dass die Gesamtmasse ungefähr gleich bleibt, aber ob das unserer Rentenkasse wirklich dient, das sollte man sich mal fragen.

EPISODE 13

Kontaktaufnahme im Saarland

Trinkschde eener mit?

Sag mal, Klaus, kennst du mich nicht mehr?« Der nette Herr mit dem leicht nasalen norddeutschen Klang in der Stimme klingt etwas aufgeregt. Er ist gerade in mein Bistro gekommen und bestellt ein Bier. Klaus brummelt zurück: *»Jo, könnt sinn!«*

»Wir standen doch vor ein paar Wochen hier zusammen am Tresen, oder wie ihr dazu sagt«, er schaut hilflos zu mir.

»Büfett«, helfe ich ihm.

»Tja genau. Drei Stunden haben wir geklönt, ich hab dir von meiner Scheidung erzählt, von meinen Geschäftsproblemen, und jetzt fragst du irritiert, wer ich bin?«

Besser, ich schalte mich ein: »Jens«, sage ich, sein Name ist zumindest mir noch bekannt, »das darfst du nicht persönlich nehmen. Die Saarländer sind so: einnehmend, offen, richtig kumpelhaft, dabei aber leider ziemlich oberflächlich.« Klaus winkt nur ungläubig ab.

»Dabei habe ich ihm all meine persönlichsten Sachen …« Jens heult fast. »Wir waren doch sogar per Du!«

Na ja, das heißt hier tatsächlich nicht viel. Immerhin ist die Wahrscheinlichkeit, dass man sich untereinander kennt, bei Weitem größer als die, dass man sich noch nie gesehen hat. Also »in dubio pro Du«. Der Fremde aus dem Norden ist da in eine ganz typische Falle getappt, die über vielen Neulingen beim ersten Kontakt mit Saarländern zuschlägt.

»Keine Angst, deine Geheimnisse wird er nie gegen dich verwenden«, beruhige ich Jens, »er hat sie wahrscheinlich längst vergessen.«

Klaus schüttelt den Kopf und pikst mit seinem Finger auf Jens' Brust, während ein schelmisches Lächeln sein Gesicht aufhellt: *»Ach, jetz wääß isch's, du bischd de Jens, gell?«*

Es ist nicht ganz leicht, den saarländischen Kennenlernprozess zu verstehen, denn er durchläuft mehrere Phasen. Auch wenn die Saarländer generell sehr offen sind, zeigen sie in Phase eins noch eine gewisse Scheu. In meinem Bistro habe ich das schon oft erlebt. Wenn die Eingeborenen mit ihrem Bierglas in der Hand am *Büffet* stehen und ein Fremder kommt herein – irgendeiner, egal, das muss nicht einmal ein Pfälzer sein, so weit wollen wir das Beispiel gar nicht treiben. Der Fremde kommt also herein und plötzlich ist alles mucksmäuschenstill. Der eine stupst den anderen an: *»Ei wer is'n das doo? Kennschd du den?«*

Wenn der Fremde sich nun nicht von den argwöhnischen Blicken der Einheimischen einschüchtern lässt und einen Schritt auf sie zugeht, werden die Saarländer ihn herzlich aufnehmen: *»Ei, wer bischd'n du? Trinkschde eener mit?«* (Phase zwei). Man plaudert über Gott und die Welt – das kann auch mal in die Tiefe gehen, aber eine wirkliche Freundschaft wird das meist nicht. Selbst wenn der Fremde glückstrunken danach ins Hotel wankt und glaubt, er habe einen Freund fürs Leben gefunden, kann es tatsächlich sein, dass der saarländische Gastfreund ihn am nächsten Tag gar nicht mehr kennt.

Erst nach einigen Kneipenabenden kann die Bekanntschaft in Phase drei übergehen, was sich daran zeigt, dass man zum Saarländer nach Hause eingeladen wird. Dass kann nämlich durchaus dauern. Da steckt noch viel vom Franzosen im Saarländer. In Frankreich trifft man sich auch zunächst nicht im Privaten, selbst für Besprechungen oder berufliche Zusammenkünfte wählt man ein Café oder isst im Restaurant zusammen. Die Wohnung ist ein privater Rückzugsraum, der Freunden und Verwandten vorbehalten bleibt. Im Saarland ist diese Abgrenzung auch noch sporadisch vorhanden. Wenn man dann aber wirklich »dazugehört«, und das ist hier gar nicht so schwer, dann kann die Freundschaft tatsächlich das ganze Leben lang halten. Saarländer können nämlich sehr treu sein.

Vor allem, wenn ihnen geholfen wurde. Als zum Beispiel am 1. September 1939 mit dem Überfall auf Polen der Zweite Weltkrieg begann, wurde gleichzeitig Saarbrücken zum ersten Mal evakuiert. Der Frankreichfeldzug war also – entgegen dummer Nazipropaganda – von langer Hand geplant. Insgesamt wurden von der Saar circa 300.000 Menschen evakuiert und in andere Bundesländer verbracht, dort meist in Familien einquartiert. Nach zehn Monaten, nach dem Waffenstillstand in Frankreich, hieß es dann *»Nix wie hemm!«* – ein heute noch geflügeltes Wort bei den heimatverbundenen Saarländern. Die Kontakte der damals Evakuierten zu ihren Gastfamilien hielten oft sehr lange über den Krieg hinaus, teilweise besuchen sich die Menschen noch heute gegenseitig. Denn eine solche Hilfe vergessen die Saarländer nie.

Folgerichtig gewinnt man die Freundschaft eines Saarländers besonders leicht, wenn man sich großzügig zeigt oder seine Hilfe anbietet. Wenn man dann auch noch handwerklich begabt ist, mauern kann oder elektrische Leitungen verlegen, wird man schnell auf der privaten Baustelle des Saarländers untergebracht. Fast jeder Saarländer bastelt ja immer wieder an seinem Häuschen herum und ist froh, wenn er dabei kompetente und billige Hilfe bekommt: drei Wochenenden Sklavenarbeit für zwei Kasten Bier – und der Fremde ist integriert. So läuft das. Gut, das mit dem privaten Bauen an der Saar das ist allerdings eine längere Geschichte, dazu später einiges mehr.

EPISODE 14

Leben und Arbeiten als Grenzgänger

Schaffe uff de anner Seit!

Isch versteh das nit: Uff de een Seit sinn die Wackesse ganz annerschder als wie mir, unn uff de anner Seit sinn se genauso …« Grüblerisch die Stirn gefaltet, nippt Klaus an seinem Bier.

Würde ich nicht schon so lange hier leben und den Status als quasi eingefleischter Saarländer besitzen, ich wüsste nichts mit Klaus' Bemerkung anzufangen. Von wem redet der? Wer soll gleich oder anders sein als seinesgleichen?

Die *Wackesse*! Damit meint er keine Steine, denn – die älteren unter uns kennen vielleicht noch den Ausdruck *Wacken* für Feldsteine: große runde Bachkiesel, auch *Wackersteine*, die der böse Wolf in seinem Bauch zum Bach schleppte. Aber darum geht es hier überhaupt nicht, sondern um die Bewohner der ostfranzösischen Region Lothringen – was aber auch nicht ganz korrekt ist. Denn ursprünglich nannten die Badener und die Pfälzer ihre französischen Nachbarn *Wackes* oder *Wackesse* – ein Schimpfwort also für Elsässer, das vom Begriff *Wasgau* abgeleitet ist, der den nördlichen Teil der Vogesen bezeichnet. Und da die sturen Elsässer schon immer etwas dickköpfiger waren, passt *Wackesse* gut zu ihnen.

Nun wissen wir aber, dass die Saarländer mit der Geografie (zumindest außerhalb ihres eigenen Horizontes) nicht allzu gut bewandert sind: Die Pfalz dehnt sich ja nach saarländischer Vorstellung schon unmoralisch weit nach Nordosten aus.

Darum sollten wir es ihnen nachsehen, wenn sie auch zwischen Elsässern und Lothringern keine so feinen Unterschiede machen – und ihre halbfranzösischen Nachbarn eben genauso als *Wackesse* bezeichnen, wie das die Pfälzer mit den Elsässern tun.

Diese Lothringer sind den Saarländern recht ähnlich, was schon in der historischen Entwicklung begründet ist: Beide Regionen haben immer wieder mal zusammengehört und die Grenze wurde häufig hin- und herverschoben. So etwas verbindet. Zudem ist auch die soziologische Struktur vergleichbar. Beide »Völker« lebten seit Jahrhunderten hauptsächlich von der Kohle, arbeiteten hart und waren Entbehrungen gewöhnt. Auch die Küche ist ähnlich und in der Lebensart haben sie sich gut einander angepasst.

Die Lothringer fühlen sich übrigens genauso wenig als echte Franzosen, wie die Saarländer sich als urdeutsch empfinden. Wo der Lothringer als Ostfranzose in einem zentralistischen Staat wie Frankreich als Inbegriff des Provinziellen verunglimpft wird, muss der Saarländer ebenso den Spott und die Überheblichkeit vieler deutscher Landsleute ertragen. Das schweißt dann auch wieder zusammen und beide ignorieren die Häme mit stoischer Gelassenheit.

Allerdings gibt es keinen echten lothringischen Patriotismus, der mit dem saarländischen vergleichbar wäre, das aber hat mit der französischen Verwaltungsstruktur zu tun. Die ist nämlich im zentralistischen Frankreich ganz anders als im föderalen Deutschland. Noch die kleinste Entscheidung muss dort zentral abgesegnet werden: »*Das laaft alles ibber Pariss!*«

Auch in der Geschäftswelt gibt es große Unterschiede. Jeder deutsche Geschäftsmann, der mit Franzosen zusammenarbeiten möchte, sollte sich im Vorfeld genauestens informieren, wie ein geschäftliches Treffen abläuft, bevor das Vorhaben aus historisch-kulturellen Gründen gleich in die Binsen geht. Dafür gibt es sogar extra Gebrauchsanleitungen, also so etwas wie »Franzosen für Dummies«. Bei einer Geschäftsanbahnung nämlich ist es nützlich zu wissen, dass solch ein Treffen in der Regel weder in den Räumen der einen noch in der anderen Firma stattfindet, sondern auf neutralem Terrain ausgefochten wird, in einem Café oder besser einem Restaurant. Dort wird dann, bevor irgendetwas besprochen wird, erst einmal gut gegessen. Entsprechend wird auch dem Wein zugesprochen, und dabei kann es durchaus passieren, dass für die eigentliche Besprechung nicht mehr allzu viel Zeit und auch Ernst verbleibt, sodass eine zweite, dritte oder auch vierte »Besprechung« notwendig wird. Diesen Ablauf sollte man nicht abzukürzen versuchen, indem man gleich die Fakten auf den Tisch legt, wenn man den französischen Geschäftspartner nicht vergrätzen will – oder auch den saarländischen.

Denn diese unternehmerisch-kulinarische Eigenart ist schon über die Grenze geschwappt. Auch im Saarland trifft man sich gerne zu Arbeitsessen, um wichtige geschäftliche Dinge zu besprechen. Auch hier nimmt man sich für solche Abschlüsse gerne mehr Zeit als im restlichen, etwas hektischeren Deutschland. Kein Wunder, dass gerade die saarländischen Finanzbehörden Restaurant-Quittungen besonders genau unter die Lupe nehmen.

Für die Saarländer selbst ist es ebenfalls vorteilhaft zu wissen, wie das bürgerliche Leben in unserem Nachbarland abläuft, denn viele Saarländer (und noch mehr Zugereiste) nutzen die Grenznähe und wohnen nebenan in Frankreich. Das hat nämlich Vorteile, vor allem für Angestellte. Die werden dadurch automatisch in Frankreich steuerpflichtig, und das kann erheblich günstiger sein, vor allem, wenn man Kinder hat. Kindergeld gibt es zwar in Frankreich noch nicht beim ersten Kind (und zu mehr raffen sich die Deutschen heutzutage ja nicht mehr auf), dafür kann man die Kinder quasi von der Steuer absetzen. Ein Stall voller Kinder und du bist so steuerfrei wie ein deutsches Großunternehmen.

Das ist ein ganz simpler Trick, mit dem sich der französische Staat automatisch die Zukunft erhält. Wenn es einen französischen Norbert Blüm gäbe, also *Norbäär Fleur*, der lauthals verkündete: »*Die Rende is sischer!*« – in Frankreich würde man ihm das sofort glauben.

Zudem kann man im französischen Grenzgebiet auch recht günstig Immobilien erwerben, und das wird auch ausgenutzt. Da gibt es zum Beispiel, circa 30 Kilometer hinter der Grenze, den Mittersheimer Weiher – früher, in Zeiten vierstelliger Postleitzahlen, spöttisch *Saarbrigge 6* genannt. Denn rund um diesen idyllisch gelegenen See wohnen und urlauben mittlerweile fast nur noch Saarländer. Bevor eine ähnliche Landnahme in der französischen Gemeinde Spicheren, die direkt hinter der Grenze liegt, zu Verdruss in der Urbevölkerung geführt hätte, erließ man dort sogar eine Sperre, die den Ankauf von

Immobilien und Grundstücken durch Nichtfranzosen drastisch einschränkte.

So, wie viele Deutsche im Nachbarland wohnen, aber im Saarland arbeiten, ist es umgekehrt – eben nicht: kaum ein Franzose, der auf der hiesigen Seite wohnt und seine Brötchen in Frankreich verdient. Dafür arbeiten wesentlich mehr Franzosen bei uns. Ein recht ansehnlicher Teil der Belegschaft der Ford-Werke in Saarlouis, der Dillinger Hütte oder auch bei ZF-Getriebe sind französische Pendler. Ist ja auch klar: Obwohl die saarländischen Gehälter im Durchschnitt niedriger sind als die im *Reisch*, verdient man hier immer noch mehr als in Ostfrankreich. Und der Arbeiter aus dem *Wackesland* kann sich auch noch günstig gesetzlich krankenversichern lassen. So ist die Grenze zwischen Deutschland und Frankreich zwar noch irgendwie vorhanden, aber in vielen Bereichen hält sie sich mittlerweile ganz schön zurück.

Auch im Privaten gibt es natürlich bilaterale Verbindungen. Wie viele Mischehen an der Saar haben schon diverse zweisprachige Kinder zustande gebracht. In meinem Bistro verkehren immer wieder Franzosen, die fast so *schwätze* wie ihre saarländischen Freunde. Sie streuen einfach noch ein paar französische Worte mehr ein. Interessant ist, dass die *Wackesse* ihren Dialekt nicht als einen deutschen begreifen, sondern ihn *Platt* nennen und dabei steif und fest behaupten, überhaupt kein Deutsch zu können. Ich hatte schon Lothringer als Gäste an der Theke, die in ihrem typischen Dialekt den ganzen Abend mein *Büfett*-Publikum mit Witzen unterhielten, und wenn man sie spätabends lobte, wie gut man ihr Deutsch verstünde, winkten sie ab: »*Nee, mir könne kenn Duitsch, mir redde nur Platt!*« Genauso, nämlich »*Mir redde Platt*«, heißt eine Veranstaltungsreihe in Saargemünd, dem heutigen Sarreguemines – das ist die französische Grenzstadt, die man im Linienverkehr mit der Saarbahn direkt von Saarbrücken aus erreicht *(mirreddeplatt.sarreguemines.fr)*.

Dass es mit der Verständigung nicht immer so gut klappt, vor allem wenn es *rischdische Franzose* sinn, also die aus Paris kommen, habe ich mal im Nebenraum meines Bistros miterlebt, bei einer sogenannten Hilti-Party, bei der ... nein, da muss ich kurz etwas weiter ausholen.

Anfangs, in meinen ersten Jahren als Bistrowirt, beobachtete ich natürlich besonders interessiert meine Gäste und versuchte dabei stets, den typischen Kneipengänger, den »Homo alcoholis saraviensis«, zu verstehen. Dabei ging ich naiverweise davon aus, dass es gerade die Herren der Schöpfung seien, die das Leben genießen, viel mehr als die angetrauten Ehepartnerinnen. Sie feiern abends an der Theke, trinken locker ihr Bier, kommunizieren fröhlich mit und ohne Sinn und scheinen sich daran leidlich zu ergötzen. Während man die dazugehörige Frau zu Hause wähnt, bis zum Halse in Hausarbeit verstrickt, von den Kindern drangsaliert und rund um die Uhr gestresst als erbarmungswürdiges Opfer der Familie.

Doch weit gefehlt. Die Saarländerinnen, die oft genug das Heft in der Hand haben, feiern sogar noch mehr als die Männer. Das aber eher heimlich, still und leise und nicht so auffällig, wie man es von ihren männlichen Partner an der Theke kennt. Sie finden sich in konspirativen Gruppen zusammen, irgendwo bei einer Freundin, und tarnen das Ganze als Kaffeekränzchen oder Tupperabend – und da wird dann, neben dem üblichen Getratsche, der *Rätscherei*, quasi als Alibi mit diversen Plastiktöpfchen gehandelt: *»Aber das eene saahn isch dir, Hanna,* *doo halt die Wurschd dreimol so lang, unn du haschd noch 30 Jahr Garantie druff!«*

Solche Verkaufstreffen gibt es auch mit zahlreichen anderen Produkten, ob es sich dabei nun um den schwunghaften Handel mit Parfum handelt, mit Kerzen oder mit überteuerten Töpfen. Viele Dinge des täglichen Bedarfs werden so im improvisierten Wohnzimmerladen gehandelt. *»Wart emol, Willy, do gebbds noch was anneres, was die sisch aach gegeseidisch verkaafe ... ehem ... genau: Dessous!«*

Richtig: auf typisch saarländischen Dessous-Partys, die leider noch kein Mann persönlich miterleben durfte. Männer sind bei solch leicht frivolen Treffen nun mal verpönt und werden – meist unter fadenscheinigen Ausreden – in der Stammkneipe, zum Beispiel in meinem Bistro, abgegeben, so wie Kinder in einem Hort. Das kann natürlich auch Vorteile haben, denn es gibt durchaus Frauen, deren Reize durch Reizwäsche eher weniger erhöht werden. Und wenn man sich das einmal bildlich vor Augen führt: leicht ausufernde saarländische Hausfrauen *(»Ei, doo sinn bei jedem Kind zehn Kilo hängegeblieb!«)*, die in schlüpfriger Atmosphäre kichernd zusammenhocken und sich gegenseitig Reizwäsche vorführen – nein, da möchte ich meine Fantasie gar nicht bemühen. Es ist dann tatsächlich kein Wunder, wenn die zugehörigen Männer lieber am *Büfett* zusammenhängen und feiern.

Auch saarländische Männer haben gemeinsame Interessen, die sie in entsprechenden Treffen ausleben könnten. Viele verfügen zum Beispiel – mehr privat – über einen entsprechend qualitativ und quantitativ umfangreichen Werkzeug- und Maschinenpark. Kaum ein Saarländer, der nicht eine Hilti-Bohrmaschine sein Eigen nennt, den Mercedes unter den Heimwerkergeräten.

Zwar im freien Handel nicht direkt zu erwerben, aber Saarländer verfügten schon immer über sehr dicht gewebte Netzwerke und über besondere Geschicklichkeit in der Beschaffung solchen Materials. Davon wird später noch etwas ausführlicher die Rede sein.

Damit komme ich zur eigentlichen Hilti-Party. Nie werde ich vergessen, wie mich damals mein Freund Klaus, seines Zeichens genialer Hobbywerker und als ehemaliger Bergmann mit besonderen Bezugsquellen beim einstigen Arbeitgeber ausgestattet, zu dieser – sagen wir: Verkaufsveranstaltung mitgenommen hat. Ich kümmerte mich um die Getränke und stiftete drei Kasten Bier. Sollte für uns fünf Jungs ausreichen. So trafen wir uns also zur Hilti-Party beim Jupp, einer privaten Werbe- und Verkaufsveranstaltung bei Klaus' Kumpel Josef.

Und davon ist mir dieser Franzose ganz besonders im Gedächtnis geblieben, der wohl das erste Mal von einem saarländischen Kollegen mitgebracht wurde. Es handelte sich nicht um einen *vun de anner Seit*, sondern um einen »echten Franzosen« aus Paris. Auch er erkaufte sich die Einladung durch ein entsprechendes Gastgeschenk, eine Magnumflasche Asbach, und wurde entsprechend aufgenommen. Man versuchte, ihm alles genau zu erklären, und Jupp, der Gastgeber und Amateurverkäufer, mühte sich redlich, obwohl er des Französischen nicht ganz so mächtig war: *»Ei, wo bischd'n du her? Isch mään: De vous venze vous? Vun Pariss? E ganz scheener Ecken, wo dass du her bischd, une grande distance.«*

Er erklärte stolz, dass er gerade Regionalverkaufsleiter für den Privatabsatz von Hilti-Bohrmaschinen geworden sei, und versuchte, das dem französischen Gast zu erläutern: *»Moi, also, alors, moi je suis Chef de region fer Hilti*

Bohrmaschin! Bohrmaschin … ehem, machine de … ehem pour …« Händeringend versuchte er zu erklären, was eine Bohrmaschine ist, weil ihm der passende französische Ausdruck fehlte: »*Ehem, für Löscher bohre, ehem … à faire de trous in die mûr. In die Wand. Fer …*« Ein Beispiel sollte seine ausführlichen Erläuterungen unterstreichen: »*Ehem … nemmer emol aan, du hättschd e Bild an de Wand, e Bild, une, ehem, une picture! Was? Ah jo, peinture, gudd, aach egal. Unn das wär jetz schwer, sauschwer … ehem, cochon lourd …*«

Er mühte sich rührend mit seinen paar Brocken Schulfranzösisch ab. Trotzdem verstand der angesprochene Gast offenbar weniger als nichts, aber wir hatten an dieser bilateralen Vorstellung sehr viel Freude: »*Also, e ganz schweres Bild, ehem … e Rubens, jo, so e Zwei-Zentner-Määde … unn das hättschd du jetz nur mit so Stiftscher, klääne, dünne, ehem Näschelscher …*« Dem Franzosen stand das Unverständnis in Gesicht geschrieben, sodass Jupp es frankophiler versuchte, nasaler: »*Näschelschèeer … unn das hallt jo nit. Das fallt jo wie's Gewidder erunner … ça tombe!*« Das verstand der Herr nun offensichtlich und er mischte sich ins Gespräch: »*Par terre!*« »*Jo*«, honorierte Jupp die Mitarbeit, stutzte aber dann: »*Non, das muss jetz nit im Parterre, das kann aach genauso gudd im erschde Stock falle. Weil so was muschde nämlisch dübele*«, er betonte jede Silbe, »*dü-be-le, mit Dü-bel-e, Dübel, Düüüübel! Dübelle …*« Auch hier versuchte er wieder eine französischer klingende Variante zu finden, aber der Fremde verstand erst nach einigen Versuchen und erklärte seinerseits, dass es sich bei Dübeln wohl um *tampons* handelt. »*Was? Oh leck!*« Jupp war sichtlich irritiert: »*Dübel hääßt Tampon? Oh leck, wenn isch das em Hanna verzähl, dann brauch das nimmeh zum Schlecker, dann kann das gleisch mit zum Baumarkt komme …«*

Schließlich versuchte er noch, dem Franzosen klarzumachen, dass er nun zuerst eine theoretische Einweisung in den Gebrauch der Maschine geben wolle, *»weil es Hanna, also meins, la mienne … ma femme, elle a dit: Non, nix Wutzerasche im Wohnzimmer, do gebbd nit gebohrt … im Salon. Pour la Praxise, fer de praktische Teil, gehe mir dann ribber in die Garasch. Ehem … Garasch?«* Er versuchte, das dem Franzosen näher zu erläutern: *»Dans la Garasch, ehem, wie hääßt'n jetz Garasch uff Franzeesisch? Wo's Audo steht, ehem, maison de la voiture …«* Er unterstrich dies durch den Gebrauch seiner Hände. Doch der Franzose verstand offenbar sofort, nickte und sagte: *»Oui, Garage«*, was Jupp verblüffte: *»Ei gugg emol, der kann jo Deitsch, der Kerl!«*

Besonders lustig war dann, als er schließlich in seinem radebrechenden Französisch versuchte, zu erklären, dass wir es hier mit einem *Hasengespräch* zu tun hätten (*Hasengespräch* – wer es vergessen hat: das saarländische *Dummgebabbel*): *»On fait ce soir un Hasengespräsch, Haaasen-ge-sprääääch, ehem … palaver de lapin!«*

EPISODE 15

Saarländer reisen viel – weil sie so gern nach Hause kommen

Gott sei Dank, mir sinn widder dehemm!

Grüße aus Hintersudelfingen«, »Souvenire et bises du Moulin Rouge«, »Greetings from Llanfairpwllgwyngyllgogerychwyrndrobwllllantysiliogogogoch« (das liegt, wie jeder weiß: in Wales), »Saludos de Granada« … ein paar vergilbte Urlaubsgrüße auf alten Postkarten. Ich habe sie endlich mal vom Gläserschrank in meinem Bistro genommen, da sie wirklich nicht mehr sehr appetitlich aussehen. Seit Jahren kleben sie schon hier, leicht vergammelte Ansichtskarten, mit blassblauem Meer und einem Himmel in undefinierbaren Farben. Darauf eine Palme, ein behangenes Kamel oder eine überaus üppige, leicht bekleidete »Schönheit«. Die vielen bunten gedruckten Grüße, die man vor der SMS- und E-Mail-Zeit verschickte, besser: verschicken *musste*, zeugen heute noch von der unbezähmbaren Reiselust meiner saarländischen Kundschaft.

Es ist schon merkwürdig: Obwohl die Saarländer so heimatverwurzelt sind und sich beharrlich dagegen sträuben, aus beruflichen oder anderen Gründen in andere Bundesländer zu emigrieren, verreisen sie überaus gern.

Am besten mehrfach im Jahr. Es ist ja auch so einfach: Man setzt sich in den Wagen, fährt aus der Garage und ist in null Komma nix am Flughafen. Öffentliche Verkehrsmittel werden hier eher verschmäht, da sie bei diesem Vorhaben kläglich versagen. Ja, ich gebe es ungern zu, aber was öffentlichen Nahverkehr im Saarland angeht, scheint die Zeit der Pferde, Wanderer und Postkutschen noch nicht allzu lange zurückzuliegen. Außer man wohnt direkt in der Stadt.

Aber um von einem beliebigen Dorf im Saarland mittels öffentlicher Verkehrsmittel (die es trotzdem gibt), zum Beispiel zum Saarbrücker Flughafen zu gelangen – und auch wieder zurück – verplempert man schon mal ein paar Tage seines wertvollen Urlaubs, die man doch besser am sonnigen Strand oder an der Poolbar verbringt. Also lässt man sich fahren, egal von wem. So bucklig kann die Verwandtschaft gar nicht sein, dass man nicht gelegentlich die Fahrkünste derselben nutzt.

Auch wenn viele das nicht wissen, aber unsere bescheidene Landeshauptstadt besitzt tatsächlich einen echten Flughafen. Gut, er ist nicht sehr groß und es kann auch nicht jedes Flugzeug hier starten und landen, da die Landebahn auf einem Hügel liegt und nicht verlängert werden kann – für diese Beschränkungen brauchen wir nicht mal Ökos. Daher geht's von Saarbrücken (SCN) aus auch weder nach Australien noch nach Amerika, aber Mallorca ist ein sehr beliebtes Reiseziel. Überhaupt alle Destinationen am Mittelmeer, an denen man urlauben kann, sind schnell in saarländischer Hand.

Denn Saarländer fühlen sich auch auswärts wohl. Ich hatte mich lange gefragt, warum so viele meiner Landsleute eigentlich so häufig verreisen, denn sie kommen ja nicht unbedingt immer begeistert zurück: Das Essen war nicht so gut wie zu Hause, die Betten zu hart, das Wetter war auch nicht so wie daheim ... Aber es hat nicht lange gedauert, da fiel es mir wie Schuppen aus den Haaren: Das Heimkommen ist das Entscheidende. Den Saarländer zieht es immer wieder in die Ferne, weil er so gerne heimkommt. *»Dehemm is et immer noch am schennschde!«* Mit diesem Credo fährt er schon los. Kein Wunder, dass ihm das fremde Essen nicht schmeckt.

Ich erinnere mich noch gut, als *meins* ihre Landsleute mit den amerikanischen Astronauten verglich, die auf dem Mond waren und verzückt die Erde bewunderten, die über dem Horizont aufging. Dieser wunderschöne Anblick unseres Heimatplaneten trieb selbst den gestählten Raumfahrern Tränen heimatlicher Rührung in die Augen, bis die gläsernen Helme von innen beschlugen. Und genauso sieht der Saarländer seine Heimat auch. Mit missionarischem Eifer fährt er immer wieder hinaus in die Welt und erzählt voller Stolz seinen Reisebekanntschaften von den Schönheiten der Saar, von der Lyonerwurst oder dem Hasenverein, auch wenn der Fremde die Euphorie meist nicht so nachvollziehen kann ... es sei denn, er kennt das Saarland. Aber so wirklich glücklich ist der Saarländer in der Fremde trotzdem nicht. Und nach ein paar Tagen zieht es ihn wieder zurück. Das bemerkt dann sogar die Flugbegleiterin, die mit einem heimkehrenden Urlaubsflieger in Saarbrücken-Ensheim gelandet ist und zwischen dem Applaus der erleichterten Passagiere immer wieder das Stoßgebet vernimmt: *»Gott sei Dank, mir sinn widder dehemm!«*

Mein Freund Klaus *muss* auch immer wieder mal in die Ferne. Wenn es nach ihm ginge, würde er viel lieber zu Hause bleiben und im *Gaarde schaffe* oder am Häuschen rumbasteln, aber *es*, also *es Hedwisch*, will halt nicht wieder hinter der Nachbarin zurückstehen, die gerade beim Friseur so sehr von dem tollen Hotel in *Mallorga* geschwärmt hat.

Natürlich sind die Saarländer nicht so weltgewandt wie Berliner oder Hamburger, die sich selbstbewusst in jedem Luxushotel bewegen und die es nicht einmal bemerken, wenn sie auf Landsleute treffen. Es ist ihnen meist auch völlig gleichgültig. Anders die Saarländer. Da kann man schon mal den einen oder anderen sehen, der morgens um sechs Uhr vor dem noch geschlossenen Frühstücksraum ausharrt. Und nicht etwa deswegen, weil er Frühaufsteher ist, oh nein. Er kennt halt die Gepflogenheiten nicht so, hat aber mitbekommen, dass um sechs Uhr das Frühstück losgeht und sagt sich: *»Ei, die hann sisch doch gericht.«*

Häufig fühlt er sich auch etwas verloren in der fremden Welt, selbst mit Eheweib. Und wenn der Saarländer dann von irgendwoher heimatliche Klänge hört, ein lässig dahingeworfenes *Oh leck* oder ein unverkennbares *Och komm, geh fort*, dann wird ihm plötzlich warm ums Herz, er lässt alles stehen und liegen und geht traumwandlerisch auf die Klangquelle zu, um den Sprechenden freudig anzuquatschen: *»Ei, wo bischd'n du her?«* Der so Ertappte fühlt sich dann nicht einmal gestört, im Gegenteil, er freut sich ja genauso, in der Fremde einen Landsmann getroffen zu haben. Schon ist man mitten im Gespräch, in dessen Verlauf es maximal elf Minuten dauert, bis sie jemanden gefunden haben, den sie beide kennen. Und von dem Moment an ist der Urlaub gerettet. Jetzt hat man endlich jemanden, der einen versteht, der einem auch auswärts ein Gefühl heimatlicher Sicherheit vermittelt.

Um von vorneherein den vielen Unwägbarkeiten und Gefahren der weiten Welt zu begegnen, fahren daher auch viele Saarländer gern gruppenweise in die Ferne. Und so mancher Vereinsausflug geht eben nicht an die Mosel oder zum pfälzischen Weinfest, sondern an den Ballermann oder – etwas gepflegter – in einen attraktiven Ferienclub.

In der Gruppe fühlt sich der gesellige Saarländer wohler, fasst wie *dehemm*, da hat er ein Stück Heimat mit dabei. Eine solche Gruppe fällt natürlich auch entsprechend auf, und nicht nur, weil es stets die Saarländer sind, die noch als Letzte standhaft an der Poolbar verharren. Man lässt es sich gut gehen, genau wie zu Hause das ganze Jahr über. Man trinkt, isst und lässt den lieben Gott einen guten Mann sein.

Vor einigen Jahren habe ich mal auf dem Flughafen von Antalya eine Gruppe saarländischer Kegelbrüder beobachtet, ohne vorher zu wissen, dass es tatsächlich Saarländer waren. Sie waren wohl gerade gelandet, standen am Gepäckband und warteten auf ihre Koffer, die nach und nach aus der Luke kamen: Koffer, Tasche, Buggy, Koffer, Rucksack, Bierfass … Bierfass? Tatsächlich, ein Bierfass aus saarländischer Produktion rollte da vom Gepäckband und wurde von einer Gruppe fröhlich johlender junger Männer auf einen Trolley gehievt. Ob ihnen dann allerdings der Zoll das Bier tatsächlich gegönnt oder sich selbst ein schmackhaftes Bild saarländischer Braukunst gemacht hat, entzieht sich leider meiner Kenntnis. Aber ich bin mir sicher, dass die Gruppe trotzdem ihren Spaß hatte, wenngleich gewiss jeder von ihnen froh war, nach der Woche wieder heimatlichen Boden unter den Kegelschuhen zu fühlen.

Die liebenswerte Unsicherheit der Saarländer, die sich gerade in der Ferne deutlicher zeigt als in der vertrauten Heimat, rührt gewiss einerseits daher, dass Saarländer in der Regel auf dem Lande leben und sich dort einen sympathischen Rest Provinzialität bewahren konnten, zum anderen macht sich auch hier wieder die Geschichte bemerkbar, das ewige Hin und Her, sodass sich der Saarländer eben nur an einem Ort wirklich wohl und sicher fühlt: *dehemm* an der Saar. Kein Wunder, dass viele schon kurz hinter der Landesgrenze bei Kaiserslautern freudig hupen, wenn sie auf der Autobahn einen Wagen überholen, der wie sie ein saarländisches Kennzeichen trägt: *»Mama, gugg emol, die sinn aach aus Saarbrigge! Juuhuuu!«*

EPISODE 16

Stets fremdbestimmt, das kratzt am Ego

Och, was könne mir schon?

Samstag, neun Uhr. Ein sonniger Tag kündigt sich an. Ich gehe zum Briefkasten, um die Zeitung zu holen – die Post kommt, wenn überhaupt, erst ein paar Stunden später.

Viele Nachbarn haben ein spezielles Rohr unter dem Briefkasten, in den der Zusteller die Zeitung steckt. Entweder bei der Zeitung gekauft oder saarländisch traditionell selbst gemacht: ein einfaches Abflussrohr, zwei Schellen, zwei Dübel – fertig. Darauf dann so ein Aufkleber: »SZ«. Das ist normalerweise das Kürzel der »Süddeutschen Zeitung«, aber nicht bei uns. Die SZ ist nämlich unsere Haus- und Hofzeitung, die »Saarbrücker Zeitung«. Und verwechseln können die Zusteller diese Tageszeitung auch nicht. *»Haschde in de Zeidung geläās … ?«*, sagt man hier, denn es ist (leider) nicht nötig, genauer zu spezifizieren, um welche es sich dreht. Es gibt nur die eine, und das ist mir – der so häufig bemühte »geneigte Leser« hat es unschwer erkannt – etwas zu wenig. Ich denke, eine gesunde Konkurrenz sorgt für regen Austausch und garantiert auch eine gewisse Qualität. In anderen Ballungsgebieten weiß man vor Auswahl nicht, welche nehmen. Gut, wir ballen uns nur in recht bescheidenem Rahmen, aber ein paar weitere, meinetwegen auch kleine Tageszeitungen könnten da nicht schaden.

»Ach was«, sagt *meins*, *»een langt doch, dann gebbds aach beim Tratsche beim Friseur kenn Huddel! Unn een is immer noch viel besser als wie gar keen!«* Wieder einmal so eine wahrhaft demütige Art, mit Monopolismus umzugehen. *»Außerdem«*, fährt sie fort, *»frieher hat's aach nur een Fernsehprogramm genn ... unn es war besser wie heit!«* Das hat gesessen!

Die Einheimischen haben sich eben schon lange an die eine Zeitung gewöhnt – immerhin feierte sie gerade ihr 250-jähriges Bestehen, das will ja auch was heißen. 250 Jahre »Saarbrücker Zeitung«! Ups ... hoffentlich gilt das hier nicht als Schleichwerbung. Jetzt muss ich allen anderen Tageszeitungen an der Saar wohl den gleichen Raum geben (war ein Witz). Obwohl, es gibt tatsächlich noch eine, aber die kann man nicht abonnieren. Außerdem liest sie keiner – offiziell. Denn seit ein paar Jahren haben wir noch eine »Bild«-Zeitung, also eine Saarland-Ausgabe derselben. Aber eine echte Konkurrenz besteht da eigentlich nicht, da stehen doch recht unterschiedliche Dinge drin. Außer, es geschieht mal etwas wirklich Sensationelles, dann schreiben beide darüber (wenn auch aus sehr unterschiedlichen Blickwinkeln), aber wann kommt das hier schon mal vor?

Nein, ich möchte nichts Schlechtes über unsere Zeitung sagen. Sie berichtet schon so lange aus dem ganzen Land – in immerhin elf Lokalausgaben. Gut, es gibt auch einen überregionalen Teil, der berichtet aus aller Welt: Politik, Zeitgeschehen, Wirtschaft, wie sich das gehört – auch Lifestyle und Promi-News zählen heute zu den *musts*. Einen Kulturteil gibt es natürlich auch, da kann man sich informieren, was in Bayreuth so los ist oder wie die »Rosenkavalier«-Premiere in der Hamburgischen Staatsoper war – auch saarländische Journalisten reisen gerne. Dafür bleibt manchmal auch noch etwas Platz für saarländische Kultur, etwa die spannende Vorstandswahl im Männerchor Zwietracht e.V. oder das kulturelle und kulinarische Angebot beim Seniorennachmittag der Paulus-Gemeinde.

»Ach, du bischd immer nur am Motze, Willy!« Meins verteidigt natürlich alles, was saarländisch ist.

»Ja, aber schau doch mal, Sabine, hier wird über alles Mögliche geschrieben, das außerhalb passiert, und das Regionale geht total unter – als hätten wir da nix.«

»Ei, so sinn mir Saarlänner halt: ruhisch unn bescheiden!«

»Ach was, bescheiden? Duckmäuser seid ihr, unterwürfig, sonst nix!«

Sie winkt ab: *»Ei unn? Das ware mir schon immer. Was sinn mir schon? Was könne mir schon?«*

Ja, Sabine! Genauso ist es: die Folge permanenter historischer Fremdbestimmung. Immer haben hier andere Herren regiert. Das ist noch heute so. In den meisten größeren Unternehmen im Saarland sitzen tatsächlich vor allem Nichtsaarländer in den Chefetagen und bestimmten unsere Geschicke: Schwaben, Hessen, Bayern, sogar Pfälzer … und zeigen uns »kleinen Saarländern« mal, wo der Hammer hängt.

»Och was, Willy, du übertreibschd. Es gebbd aach annere Beispiele. Gugg emol unsere Ehe. Du kommschd vun drauße, aber isch aus'm Saarland. Unn wer bestimmt bei uns? He? Also.«

Ich sehe ein, es mag Ausnahmen geben, aber in der Regel ist der Saarländer fremdbestimmt und merkt es nicht einmal. Für ihn ist das eben normal. Seine introvertierte Demutshaltung hat sich mittlerweile regelrecht in den Genen festgesetzt. Sie wird dann Generation für Generation weitergegeben, dass man tatsächlich schon froh sein muss, wenn hier ein paar Pfälzer frischen Wind reinbringen.

»*Och, jetz aber!*« Sabine wird lauter. »*Willy, jetz ibbertreibschde werklisch!*« Jetzt habe ich einen neuralgischen Punkt getroffen.

Aber es ist tatsächlich so. Die Saarländer merken oft gar nicht (mehr), wie sehr sie sich selbst unterdrücken und ihr Licht unter den berühmten Scheffel stellen; ach, was heißt Licht? Grubenlampen, Straßenlaternen, ganze Feuerwerke! Und allein mit der Geschichte und einer permanenten Fremddiktion kann man dieses Devote auch nicht erklären.

Betrachten wir noch einmal die Medien. Obwohl das Land sehr überschaubar ist, leisten wir uns eine eigene Rundfunkanstalt, den Saarländischen Rundfunk, den SR. Mit vier Hörfunk-Vollprogrammen und einem Fernsehprogramm im ARD-Verbund. Mit modernster Technik, sehr leistungsfähig und damit ein wichtiger Teil der deutschen Fernsehlandschaft. Auch hier strotzt die Demut aus allen Kanälen. Denn vor der Kamera sieht man hauptsächlich Nichtsaarländer. Gerade vor Kurzem hatten wir eine entsprechende Diskussion in meinem Bistro.

»*Isch wääß nit, fer was die immer Leit vun außerhalb holle.*« Klaus spricht gerade über eine Unterhaltungssendung. »*Als ob mir hier nit aach gudde Leit hädde!*«

»Das ist eben die typisch saarländische Bescheidenheit: Wir protzen nicht mit dem, was wir haben, ganz einfach«, versucht Rolf das zu erklären, »wir nehmen teurere

Künstler von auswärts, das sieht nach mehr aus – und keiner kann behaupten, wir seien provinziell.«

»Aber gugge mol wo annerster«, jetzt mischt sich sogar unser Pfälzer Karl-Heinz in die Diskussion, selbst Zugereister, *»alla, Bayern: Do im Fernseh werd nur Bayrisch gebabbelt. Weil die nur ihr eigene Leit hole.«*

Das ist hier eben anders. Manchmal hat man im Saarland wirklich den Eindruck, die Menschen schämten sich ihrer Existenz. Man fühlt sich immer so klein und unbedeutend, dass man sich dann gerne mit großen Namen schmückt. Nach denen sucht man aber nicht in den eigenen Reihen, sondern draußen – in der großen Welt. Dabei sind gerade an der Saar viele Menschen groß geworden. Schon früh war zum Beispiel der SR eine regelrechte Talentschmiede.

Kaum jemand weiß, dass der Komiker und Jakobswegelagerer Hape Kerkeling seine Karriere beim Saarländischen Rundfunk begonnen hat, genauso wie Schnellschwätzer Dieter-Thomas Heck. Bekannte Nachrichtensprecher, die man heute überregional in den Nachrichten sieht, wie Jan Hofer oder Peter Hahne, haben sich hier ihre Sporen verdient. Und wer erinnert sich nicht gerne an die gute alte Zeit, wo man richtige Musik machte, also solche, die man auch heute noch kennt, an den »Beat-Club« oder den »Musikladen«. Von und mit Manfred Sexauer, auch ein langjähriger Mitstreiter beim Saarländischen Rundfunk. Und bei so einem deutsch-französischen Urgestein wie dem Journalisten Peter Scholl-Latour wundert man sich schon gar nicht mehr, dass der lange Zeit im Saarland, direkt im Herzen Europas, wirkte.

Wir haben sogar gute und bekannte Promis, die aus dem Saarland stammen, auch wenn das sonst nicht so bekannt ist. Das sind eben richtige, leicht devote Saarländer, die auch im Erfolg ihre Herkunft nicht so raushängen lassen.

Der bekannte Restaurant-Tester Christian Rach ist eben kein Hamburger, sondern ein gebürtiger Saarländer aus dem beschaulichen Sankt Ingbert. Die leider schon verstorbene Moderatorin Ilona Christen ist ebenso in Saarbrücken geboren wie die Sängerin Sandra (Cretu). Frank Farian, einer der bedeutendsten Musikproduzenten der Welt, hat hier im Sandkasten gespielt. Genau wie der Vorzeige-Saarländer Gerd Dudenhöffer, der mit seiner Kunstfigur, dem Becker Heinz, die saarländische Provinzialität bis in alle Welt trägt – was ihm so mancher hier tatsächlich übel nimmt: *»Do schwätze mir gar nit dribber! Geh fort!«* Die große französische Sängerin Patricia Kaas ist direkt über der Grenze geboren und hat ihre ersten Erfolge in Saarbrücken gefeiert.

Die meisten erfolgreichen Saarländer sind weggezogen, raus in die Welt, um Karriere zu machen. Nur *unser Nicole*, die lange Zeit einzige deutsche Grand-Prix-Gewinnerin, ist hier geblieben. Und nicht nur an ihrem Heimatort, sondern dabei auch noch auf dem Boden! Im künstlerischen Bereich haben wir also schon so manches aufzubieten und müssen unser Licht nicht unter den Scheffel stellen.

»Aber so sinn mir halt, Willy«, versucht Sabine mich wieder zu besänftigen.

»Ja, damit redet ihr euch immer heraus! Aber das Land könnte mit etwas mehr Selbstbewusstsein viel weiter und auch viel erfolgreicher sein, oder?«

»Ach was, das sinn doch alles Ferz. Hier isses scheen, unn das langt. Unn doo druff sinn mir stolz!«

Ja, so beendet der Saarländer gerne eine kritische Diskussion über seine Heimat: *unn doo druff sinn mir stolz!* Kein Wunder, dass es sogar ein gleichnamiges Lied gibt, dessen Text so treffend die saarländische Mentalität, diese leichte Unterwürfigkeit, aber auch das *Gradzelääds*, dieses Trotzdem, treffend beschreibt.

Als ich den Song zum ersten Mal hörte, dachte ich mir: Das kann tatsächlich nur aus dem Saarland kommen. Und es kann auch nur von einem Saarländer sein, dem Produzenten und Komponisten Bert Berger vom Duo Cindy und Bert. Vor allem die letzte Strophe ist ein echtes Bekenntnis an die devote saarländische Demut: *»Aach wenn die annere dribber lache … doo druff, sinn mir e bisje … e klääänes bisje stolz.«*

UNN DOO DRUFF

Abdruck mit freundlicher Genehmigung durch den Verlag Bawack-Music

Isch kenn' Hambursch unn Berlin,
Unn vunn Deitschland hann isch viel gesiehn.
Gebor' bin isch hier an der Saar,
Die mol deitsch unn mol franzeesisch war,
Unn so bin isch aus anner'm Holz.
Unn doo druff, doo druff, bin isch e bisje stolz.

Ei jo, mei Vadder war Berschmann.
Dehemm bei uns do hammer Geiss' gehadd,
Sie hann misch uff die Schul geschickt,
Unn mei Pullover ware selbst gestrickt,
Denn mei gudd Mudder, jo, die wollt's.
Unn doo druff, doo druff, do war se rischdisch stolz.

Unn 56 beim Joho,
Die Saar wird' widder deitsch, was war mei Vadder froh,
Er hat gesaht: »isch bin keen Saarfranzos'!«
Domols war bei uns de wahre Deiwel los,
Er was so stur wie e Ster Holz.
Unn doo druff, doo druff, do isser heit noch stolz.

Mei ältster Bruder is de Pitt.
Der war fast 12 Jahr uff de Eisehitt,
Jetz hann se'm sei Papiere genn.
Er hat geheult e ganzi Naacht dehemm:
Er hat de Stahl umsunschd geschmolz',
Unn doo druff, doo druff, do is er nimmer stolz.

Doch mei klään Schwester die hat's gepackt:
Sie hat e Bar am Sankt Johanner Markt,
Sie hat die Bud' gerammelt voll bis vier,
Unn selbst die Polizei trinkt heimlisch dort ihr Bier.
Denn vor der Dier do hat se Holz.
Unn doo druff, doo druff, unn doo druff is se stolz.

Dehemm bin isch es Schwarze Schaf:
Em Glick bin isch nur hinnerhergelaaf'.
Unn wenn isch dann mei Liedsche sing,
Unn dann die Leit so e bisje glicklisch sinn,
Do hann isch Riesefreid, was soll's.
Unn doo druff, doo druff, bin isch e bisje stolz.

Mir sinn an der Saar gebor',
Dorum hann mir de Bode aach nie verlor'.
Aach wenn die annere dribber lache,
Die könne's ganz bestimmt nit besser mache,
Denn die sinn nit aus unser'm Holz.
Unn doo druff, doo druff, sinn mir e bisje stolz.
Mir sinn halt aus annerm Holz.
Unn doo druff, doo druff, sinn mir e bisje,
E ganz klään bisje, sinn mir e kläänes bisje stolz.

EPISODE 17
Schule – lernste was, kannste was, kannste was, biste was

Dumm, aber höflisch? Im Läbe nit!

»Du lieber Gott, is des e Sauwedder!« Karl-Heinz kommt stapfend in mein Bistro, streift seinen Regenmantel ab und hängt ihn auf. Er tritt an die Theke: *»Willy, mach mer mol e Schnäpsel, was is des so kalt drauße!«*

»Oh leck, die Pälzer! ›Isch hann kalt!‹, hääßt das bei uns!« Klaus versucht, seine Vorstellung von saarländischer Kultur zu retten, doch Karl-Heinz will das nicht so akzeptieren: *»Dummschwätzer, alla: ›Isch hann kalt‹, was soll'n des soi?«*

»Das kommt aus dem Französischen, Karl-Heinz!«, versuche ich die Situation zu klären.

»Was e Quatsch, Franzeesisch? Habt ihr ko eigene Sprooch? Misst ihr eisch vun de Wackesse helfe losse?«

Vielleicht spielt auch ein gewisser Neid eine Rolle. Während ein Pfälzer vielleicht nur des Ur-Pfälzischen mächtig ist – selbst ein Helmut Kohl konnte seine Herkunft nie ganz verleugnen – ist der Saarländer durchaus mehrsprachig veranlagt: Saarländisch und – zumindest brockenweise – Französisch. *»Unn Deitsch!«* Klaus versucht's noch mal mit der Kultur. Wobei auch die Saarländer ihren Ursprung nie so ganz verbergen können. Selbst einem Erich Honecker – auch ein Ur-Saarländer, aber da reden wir nicht mehr allzu gerne drüber – hörte man seine Muttersprache nach Jahrzehnten sozialistischer Glückseligkeit bei revolutionären Durchhalteparolen noch an.

Dabei spielt auch das Französische eine große Rolle, denn das lernt man hier schon in der Grundschule und ist im Gymnasium Pflichtfremdsprache. Damit würdigt man nicht nur den direkten Nachbarn, sondern zollt auch der deutsch-französischen Freundschaft hohen Respekt. Zudem hilft das auch immer wieder beim grenzüberschreitenden Verkehr (in all seinen Bedeutungen).

Schon im Kindergartenalter werden die Kids dem westlichen Nachbarn und dessen Kultur angenähert, dadurch verfügt unser Land bundesweit sogar über die meisten zweisprachigen Kindergärten. In den Grundschulen wird ebenfalls verstärkt Französisch angeboten. Eine Besonderheit stellt auch ein zweisprachiges Gymnasium dar. Schon 1961 – tatsächlich als Zeichen der Dankbarkeit über die Aussöhnung mit dem Nachbarland, wurde das erste deutsch-französische Gymnasium in Saarbrücken gegründet, dem später ein weiteres in Freiburg folgte. Dass sich seitdem die Schüler auf dem Schulhof auch immer mal wieder deutsch-französische Scharmützel liefern, nimmt man billigend in Kauf. Ist ja auch so eine Art Annäherung.

Zunächst gab es an dieser Schule nur eine deutsche und eine französische Abteilung, eben für die deutschen und für die französischen Schüler. Letztere wurden täglich mit Bussen aus den benachbarten Regionen herangekarrt. Der Unterricht fand in den meisten Fächern in der jeweiligen Landessprache statt, dafür räumte man der Gastsprache besonders viel Raum ein. Später etablierte man einen sogenannten bikulturellen Zweig, in dem meist die Kinder aus deutsch-französischen Mischehen unterrichtet wurden. Diese sind hier häufiger zu finden als im Bundesdurchschnitt. Und ihre zweisprachigen Früchtchen bevorzugen natürlich eine entsprechende Schule. Mittlerweile hat man im DFG die zweisprachigen Klassen auf die ganze Schule erweitert, sodass heute alle Fächer mal in der einen, mal in der anderen Sprache unterrichtet werden. Als Abschluss winkt dann neben dem deutschen Abitur zusätzlich das französische *Baccalauréat*. Dadurch hat sich dieses Deutsch-Französische Gymnasium zu einer Art Eliteschule gemausert.

Ansonsten ist das Schulsystem an der Saar genauso strukturiert wie in den meisten anderen Bundesländern auch, und die Kinder lernen mehr oder weniger das Gleiche. Nur hier vielleicht etwas schneller (also die, die es auch schaffen). Denn im Zuge der Neuorientierung des Saarlandes – weg von der Montanindustrie hin zu einer Dienstleistungsgesellschaft – preschte unsere Landesregierung seinerzeit mutig voran und beglückte die verdutzte Schülerschaft mit dem G8, dem sogenannten Turbo-Abitur. Nach acht Jahren Gymnasium stand das Abi vor der Tür – sehr zum Missfallen der Betroffenen. Die Idee war von der Theorie her durchaus gut gemeint, aber, wie das mit den meisten Ideen so ist, die saarländische Regierungen heute so absondern, war die Praxis wieder mal recht unausgereift. Der Stoff wurde einfach nur schneller eingetrichtert, also die Lerndichte erhöht (um das bildungspolitisch etwas kompetenter auszudrücken). Dadurch verhalf man zahlreichen Abiturienten dazu, das Gymnasium unfreiwillig früher zu verlassen, um wenigstens die mittlere Reife zu schaffen, eine nette Lehre zu absolvieren – oder auch den Pool der Früh-Hartz-IV-Empfänger zu verstärken.

Alle anderen Länder haben sich mittlerweile diesem G8 angeschlossen, wenn auch nicht ganz so überstürzt und dadurch hoffentlich etwas überlegter. Kein Wunder also, wenn das Saarland im bundesweiten Schnitt bei der PISA-Studie nicht gerade ganz vorne mitmischt. Aber gut, man muss ja kein Streber sein wie diese Bayern oder jetzt sogar die Sachsen … Trotzdem hat man es in den letzten Jahren erreicht, diverse Defizite aufzuholen und sich im PISA-Ranking etwas nach vorne zu arbeiten. Wir rangieren nun zwar immer noch hinter den Pfälzern, und das tut schon weh, dafür haben wir es jetzt wenigstens bis ins Mittelfeld geschafft. Zudem, Deutschland selbst liegt ja auch nicht so weit vorn in der Welt – ich weiß es nicht genau, vielleicht Platz 28, irgendwo zwischen Nicaragua und Peru, wie Rolf sarkastisch meinte, aber immerhin.

Dafür ist das Saarland gegen diese Bildungsmisere einmal forsch und ganz offensiv vorgegangen. Nicht, dass saarländische Schüler jetzt tatsächlich mehr lernten, nein, das wäre doch ein wenig zu viel des Optimismus. Aber sie werden in anderen, nämlich in sozialen Kompetenzen geschult. Seit die erste PISA-Studie der saarländischen Bildungspolitik einen gehörigen Schreck einjagte, wurde tatsächlich panikartig reagiert.

Und wir erfreuten uns damals … Moment, das muss ich doch in Gänsefüßchen setzen … »erfreuten« uns damals eines Bildungsministers, selbst ehemaliger Lehrer, der eine Idee hatte, eine Vision gar! Allein das ist bemerkenswert. Welcher Politiker hat heute schon Ideen – gar Visionen? Er hatte sogar recht viele Ideen, aber die anderen konnte man, wie man hier flapsig sagt, den Hasen geben. Seine Idee war auch nicht wirklich seine, er hatte sie, sagen wir einmal: ausgeliehen. Sie kam aus Bremen. Aber egal, sie war gut. Dieser Bildungsminister befand nämlich seinerzeit: Wenn die saarländischen Schüler nicht das lernen, was sie lernen sollen, bringen wir ihnen doch einfach etwas bei, was sie später für ihr Leben tatsächlich brauchen können. Und seit dieser Zeit lernen saarländische Kinder »Benehmen«. Ja! Denn da fehlt es doch allerorten, oder?

Und von so manchem Lehrer, der entnervt die Schwelle meines Bistros kreuzte, weiß ich, dass sich viele Schüler heute einfach nicht mehr zu benehmen wissen. Wobei das wohl kein saarspezifisches Phänomen ist. Sie kämen heute zu spät zum Unterricht, würden störend in den Klassensaal brettern und ihre Tasche auf die Schulbank knallen. Das Schlimmste dabei: Sie sagten dem Lehrer nicht einmal, wo sie herkämen. Das ist doch unverschämt, oder? Ich erinnere mich noch gut an die Zeit, als ich selbst ein solcher Jüngling war, und damals war alles anders. Wenn wir zu spät zur Schule kamen – das gab es natürlich ebenso –, standen wir ängstlich vor der Tür und hatten sogar eine kreative Phase. Ja, wir zermarterten uns das Hirn: Oh mein Gott, wo war ich nur? Wir sogen uns diverse Erklärungen aus den schmutzigen Fingern: Hm, der Wecker war kaputt … nein, geht nicht, das war schon gestern. Oder, ehem … der Bus hatte Verspätung. Nein, geht auch nicht, das war vorgestern … Die Oma war wohl auch schon dreimal gestorben. Man präsentierte dem Lehrer eine schöne Ausrede. Das wusste der natürlich, aber er honorierte es, wenn man sich dabei wenigstens ein bisschen Mühe gab. Heute kommen die Kids ganz unbedarft herein, stören den Unterricht, und es juckt sie nicht die Bohne.

Daher muss neuerdings ein Lehrer im Saarland, immer dann, wenn sich ein Schüler ungebührlich verhält, seinen Unterricht abbrechen und mit dem Schüler ein spezielles, von besagtem Bildungsminister entwickeltes Benehmen-Programm durchführen. Dem hat man auch einen speziellen griffigen Namen gegeben, wahrscheinlich für viel Geld von Marketingspezialisten ersonnen: »Benimm-Baustein«. Heute würde man wohl eher von »Modul« sprechen, aber der deutsche Begriff »Baustein« tut's auch – immerhin handelt es sich bei den Empfängern ja um Kinder und Jugendliche. Wobei diese Bausteine nicht direkt kleine Bauklötze im Lego-Format sind, nein, nein. Es handelt sich dabei schon um etwas größere Kaliber. Die legt dann der Lehrer dem Schüler sinnbildlich vor die Füße und bringt ihm dadurch näher, wie er sich seinen Mitmenschen gegenüber verhalten soll.

Es hat wohl auch schon sehr viele positive Reaktionen gegeben und durchaus hoffnungsvolle Ergebnisse gebracht. Mittlerweile ist sogar der ein oder andere Lehrer aus der benachbarten Pfalz regelrecht neidisch auf den Kollegen im Saarland und bewundert ihn: *»Gugge mol, die Saarländer: dumm, aber höflisch!«*

Und so hat sich dadurch schon vieles zum Positiven verändert. Wo früher ein Schüler seinen Lehrer mit den Worten *»Ej, du alter Wichser!«* anredete, bemüht er sich heute um einen weit versöhnlicheren Ton und nennt ihn *»Herr Wichser!«* Also, wenn das nicht ein Schritt in die richtige Richtung ist, dann weiß ich es auch nicht.

EPISODE 18

Kultur an der Saar – nicht zu knapp

Die Musik is ennfach scheen!

Oh, heute habe ich ganz schönen Stress in meinem Bistro: Die Bude eh schon voll, am Stammtisch der »Club kochender Männer«, da muss ich schon bei so was Simplem wie den Frikadellen ganz besonders aufpassen. Und dann noch im Nebenraum der Männergesangverein Zwietracht e.V. Die kommen übrigens dreimal in der Woche. Also nicht der ganze Chor, nur der Vorstand. Das ist besonders anstrengend, allein, was da konsumiert wird, vor allem an geistigen Getränken. Oft weiß selbst ich dann nicht mehr, wo mir der Kopf steht.

Moment, Entschuldigung, aber ich muss dort kurz die Bestellung aufnehmen. Also drehe ich mich zu dem Häuflein älterer Herren um: »Also Männer, was darf's sein?« Acht Mann im Nebenraum beginnen sichtbar zu überlegen:

»Oh, machschd mir e Bier!«

»Jo, mir aach.«

»Ei, isch kriehn e Weize.«

»Moment«, ich muss es mir heute notieren. »Und du, Jürgen?«, frage ich den Vorsitzenden.

»Och, machschd mir aach e Pils.« Ein weiterer Strich kommt auf den Zettel. *»Nee, bass emol uff, bringschd mir kenn Bier, ehem …«* Er wendet sich an seine Vorstandskollegen und nimmt dabei automatisch eine offizielle Sprechweise an, indem er versucht, sauber zu artikulieren: *»Leute, also isch bin der Meinung, mir sollten nischt noch einmol am selben Tag, wo mir schon einen Leischenschmaus hinter uns gebrungen hotten, obends noch eine Vorstandssitzung anberaumen. Also das halte isch ennfach lebbermäßisch nischt mehr dursch!«* Dann wendet er sich erklärend zu mir, wieder regionaler nuschelnd: *»Ei, mir hann de Schneider Kurt unner die Erd gebrung, es war e scheen Feier. Unn doo hatt isch schon sechs Bier, drum will isch jetz e bissche langsam mache mit'm Alkohol, also, bringschd mir e Fernet!«*

Alles klar. Ich gehe, die Bestellung auszuführen, und eile gestresst zur Theke zurück. Mann, ist heute viel los, aber es gibt eben so Tage …

Da hat mein Freund Rolf glücklicherweise schon die Initiative ergriffen. Manchmal hilft er mir dann aus der Patsche und steht schon hinter meiner Theke. »Komm, mach mal langsam, Willy, ich helf dir ja. Setz dich erst mal.« Er stellt mir ein Glas Wein hin, den besten, den wir haben, einen fantastischen Grauburgunder aus Perl. »Die Vereinsmeier vom Männerchor kommen auch mal ohne dich klar.« Stimmt, die haben mit ihrer Sitzung genug zu tun, schließlich bereiten sie ein Konzert vor.

Von solchen Events, wie man ja heute sagt, gibt es im Saarland sehr viele, und damit meine ich nicht unbedingt den Männergesangverein Zwietracht e.V., denn auch hier sterben die Männerchöre langsam weg. Dafür haben sich viele junge Leute zu Jugendchören im Pop- und Gospelbereich zusammengeschlossen. Zahlreiche Musikvereine kann man hier immer wieder auf den diversen Stadt-, Dorf-, Sommer-, Herbst-, Frühlings-, Bier-, Wein- und sonstigen Festen erleben und bewundern. Und dabei handelt es sich nicht immer nur um bierseliges *Uff-Tataa* mit den obligatorischen Bierkrügen neben dem Notenpult, sondern es gibt bei uns auch viele sehr gute und ambitionierte Orchester.

Was das Saarland für Kunstinteressierte aber ganz besonders reizvoll macht, das ist die professionelle Kunst. Allein zwei professionelle Sinfonieorchester leistet sich unser kleines Land, einmal die Deutsche Radio Philharmonie Saarbrücken-Kaiserslautern, die aus dem ehemaligen Sinfonieorchester des Saarländischen Rundfunks hervorgegangen ist, sowie unser Saarländisches Staatsorchester, das zum Staatstheater gehört. Ein Theater mit langer, wenn auch ursprünglich etwas fragwürdiger Tradition: Immerhin war unser Musentempel ein Geschenk Adolf Hitlers. Heute findet man dort ein ausgezeichnetes modernes Programm vor, das nicht nur dem Publikumsgeschmack Rechnung trägt, sondern auch Neues wagt. Auch wenn das nicht unbedingt jedes Saarländers Sache ist.

So besuchte ich einmal mit meiner Frau Sabine eine sehr moderne Oper in einer äußerst ominösen Inszenierung … gut, ich gebe zu, die Karten habe ich geschenkt bekommen, aber egal. Obwohl während der Vorstellung tatsächlich einige Theaterbesucher murrend bis schimpfend den Zuschauerraum verließen, sind wir geduldig sitzen geblieben und haben die Zähne zusammengebissen. »Ja, ich weiß, so was gefällt uns nicht so«, flüstere ich meiner Frau Sabine zu, »aber heute machen wir eben mal auf Kunst! Wie sieht denn das aus, wenn wir hier jetzt auch unsere kulturellen Defizite heraushängen lassen?«

»*Wieso?*«, fragt da *es Sabine*, »*isch find's scheen ... is emol ebbes anneres!*«

Schon in der Pause saßen wir fast alleine da, während die Banausen empört zur Kasse eilten, um ihre Eintrittskarten gegen Tickets fürs Neujahrskonzert mit André Rieu einzutauschen.

Zum Glück gibt es hier aber auch genügend ernsthafte Kulturschaffende, die nicht unbedingt auf die Masse hören, sonst hätte der ambitioniertere Kunstfreund wohl nur noch die Möglichkeit, zwischen »Zauberflöte«, »Lustiger Witwe« und der »Fledermaus« an Silvester auszuwählen.

Manchmal muss man Menschen zu ihrem Glück zwingen. So habe ich meinen Freund Klaus mal zur Sonntagsmatinee unseres Rundfunk-Sinfonieorchesters (das nach dem Zusammenschluss mit dem Rundfunkorchester Kaiserslautern in oben erwähnter Radio Philharmonie aufging) überredet – gelockt mit einem Abend Freibier, von dem er letztlich nur die Hälfte ausgeschenkt bekam. Schließlich war er bei der Neunten von Mahler eingenickt und – das war besonders peinlich – schnarchte ziemlich arrhythmisch dazu. Aber fürwahr, das ist auch schwere Kost für Freunde leichterer Muse.

Mich interessiert das schon. Immerhin habe ich selbst früher musiziert, und zwar in einem saarländischen Laienorchester. Davon gibt es nämlich einige, die vom Niveau her durchaus vorzeigbar sind. Vielleicht auch deshalb, weil ich mich damals auf meiner Bratsche vorsorglich etwas zurückgehalten habe. Ja, wirklich: Ich habe seinerzeit der Bratsche einen flotten Darm entlockt, wobei mein Instrument gar keine echten Darmsaiten hatte, sondern mit Nylon bespannt war.

Für den musikalisch gänzlich unbeleckten: Eine Bratsche, auch Viola genannt, ist eine etwas größere Geige und gehört zur Familie der Streichinstrumente. Sie wird aber genauso wie eine Geige gespielt, ist allerdings meist dazu verdonnert, stets die zweite oder dritte Stimme zu spielen. Aus saarländischer Sicht könnte man einen Bratscher als »Pfälzer« des Orchesters bezeichnen, der wird nämlich auch immer auf den Arm genommen. Manche sind aber auch selbst schuld, wie vor Jahren ein Bratscher eines Kur-Orchesters, der vor jeder Probe und vor jeder Aufführung kurz seinen Spind in der Garderobe öffnete, hineinschaute und wieder verschloss. Egal wie oft er gefragt wurde, nie wollte er erklären, warum er dieses seltsame Zeremoniell jedes Mal abhielt. Als er eines schönen Tages ein – seiner Meinung nach – äußerst anspruchsvolles Bratschensolo zu spielen hatte, raffte ihn die Aufregung dahin. Er brach auf dem Podium unter der Konzertmuschel zusammen und spielt seitdem keine falsche Note mehr. Und noch bevor der Streuselkuchen beim Leichenschmaus angeschnitten wurde, waren die Kollegen so gespannt, was er da immer hinter seiner Schranktür zu schaffen hatte, dass sie den Spind aufbrachen. Sie fanden innen einen Zettel, auf dem in krakeliger Schrift geschrieben stand: »Bratsche links, Bogen rechts!«

Nein, das stimmt natürlich nicht. Diese Geschichte hat mir der Rolf erzählt, aber der schwätzt sehr viel, wenn der Tag lang ist. Nur heute kommt er gar nicht dazu, stattdessen hat er schon sehr brav die ganzen Getränke für den Vorstand zusammengestellt und drückt mir das Tablett in die Hand.

»Das kannst du dem Männerchor bringen!« Ich übernehme also und gehe in den Nebenraum. Dort hat sich die Debatte mittlerweile deutlich erhitzt: *»Is doch egal, was mir doo singe, de Haseverein versteht eh nix von Musik!«* Der Vorsitzende Jürgen hat sich schwer in Rage geredet: *»Also, Erwin, schickschd dene die Kassett, wo mir do uffgeholl hann, unn schreibschd debei, die solle die Kassett noch emol zerickschicke. Die hat immerhin 1,95 Euro koschd. Kammer jo noch emol brauche …«*

Ich stelle mein Tablett auf den Tisch und teile schweigend die Getränke aus. Jürgen lässt sich nicht stören: *»Übrigens, de Rudi hat mir aus de Kass zwo Euro gebb … Rudi, du krieschd noch die fünf Cent zerick. Aber doo brauch isch kenn Quittung, du, mir kenne uns schon so lang. Gebbschd mir ennfach emol e Bier aus unn dann is gudd. Apropos …«* Er greift nach dem Fernet und schaut mich an: *»Danke! Das doo, das is fer misch.«*

Das ist schon ein verrückter Haufen, dieser Männergesangverein. Jürgen hat mir mal erzählt, dass sie vor Jahren von einem progressiven Regisseur zu einem avantgardistischen Opernprojekt engagiert worden seien. Der wollte vor allem provozieren, weshalb die Männer sogar nackt auftreten sollten. Ich traute meinen Ohren nicht. Unser Männergesangverein – nackt? Bei einem Durchschnittsalter von 69? Ja, sie hätten das dann auch einstimmig im Vorstand abgelehnt, vor allem, weil sie nicht die Möglichkeit hatten, ihre Blöße mit den Händen zu bedecken, wie das die Fußballer beim Freistoß in der Mauer immer tun. Immerhin seien sie es gewohnt, vom Blatt zu singen, und das müssten sie schließlich in Brusthöhe halten. Na ja, ich wollte mir das Szenario nicht wirklich vorstellen – schon aus ästhetischen Gründen. Allerdings weiß ich heute: Jürgen hat mich damals ganz schön auf den Arm genommen.

Aber Avantgarde gibt es im Saarland tatsächlich, selbst wenn man es den Menschen nicht unbedingt zutraut. So veranstaltet der Saarländische Rundfunk jährlich die Konzertreihe »Mouvement. Musik im 21. Jahrhundert«. Das ist zwar nicht jedermanns Sache, dafür aber hochkarätig. *»Das is sogar rischdisch Kultur!«*, würde Jürgen jetzt dazu sagen.

Für den Musikgenießer, der es gerne etwas konventioneller hat, gibt es im zweijährigen Turnus die Musikfestspiele Saar mit namhaften Künstlern und Orchestern von Weltrang. Gestaltet von einem sehr rührigen Pianisten, Robert Leonardy, den man hier allerdings nur als »Pusteblume« kennt, denn sein Haupt schmückt eine füllige weiße Mähne im Afro-Look, bei deren Anblick tatsächlich schon viele Kinder versucht haben sollen, die kleinen Fallschirmchen hinwegzublasen. Er ist Klavierprofessor an unserer Musikhochschule, die auch einen sehr guten Ruf besitzt. Allerdings studieren dort nicht unbedingt besonders viele Saarländer. Wie das heute in der deutschen Musiklandschaft üblich ist, findet man selbst in unserem beschaulichen Land dort eher Russen, Koreaner oder Vietnamesen. Aber es passt wieder mal gut zum kosmopolitischen Saarland. Und wenn dann so ein chinesischer Cello-Student in einer Kneipe am St. Johanner Markt seine Bestellung aufgibt: *»Oh leck, bling mil mol e Biel!«* – dann hat das schon was von großer weiter Welt.

Leider wurde vor einigen Jahren die Schauspielabteilung unserer Hochschule geschlossen – aus finanziellen Gründen. »Wir sind halt ein kleines Land«, entschuldigte sich unsere konservative Regierung und kürzte fröhlich den Kulturetat, um dann für etliche Millionen die Moderne Galerie durch einen hässlichen Betonklotz zu vergrößern, den ein besonders gut befreundeter Architekt geplant hat und der immer teurer und immer mehr zum Stein des Anstoßes wurde – quasi unsere saarländische Elbphilharmonie.

Aber zum Glück gibt es noch andere kommunale Initiativen. Bei uns kommt auch der Theaterfreund auf seine Kosten: ob beim deutsch-französischen Theaterfestival »Perspectives« oder in den Fußgängerzonen bei den überaus beliebten »Straßentheatertagen«. Für die Filmfreunde wird jedes Jahr sogar »Klein Cannes« veranstaltet, das Max-Ophüls-Filmfestival. Dieses Nachwuchs-Filmfest ist alles andere als provinziell, sondern mit überregionaler Beteiligung und mittlerweile internationalem Ruf. Da geben sich auch bekannte Schauspieler und Regisseure die Klinke in die Hand, während sie über den roten Teppich wandeln, neben dem sogar die verschiedenen TV-Promi-Magazine ihre Kameras aufgebaut haben.

Auch in der Kleinkunst gibt es durchaus Interessantes zu entdecken: Einmal jährlich wird einer der ältesten Kleinkunstwettbewerbe ausgetragen, die »Sankt Ingberter Pfanne« – schon viele Comedians und Kabarettisten haben hier ihre Karriere begonnen. Und eine weitere klitzekleine Kleinkunstszene gibt es: in Saarbrücken bei den »Winzern«. Da sitzt man in einer alten Bibliothek und kann sich Lesungen, Kabarett oder einfach nur einen guten Wein reinziehen.

Apropos Wein, ich sollte doch mal nach den Jungs vom Männerchor schauen. Im Nebenraum doziert Jürgen immer noch: »*... weil, de Kurt hat misch druff uffmerksam gemacht*«, er senkt plötzlich die Stimme, wird langsamer und theatralischer, *»mir haben dieses Jahr noch gar kenn Toten-Ehrung gemacht.«* Oh, ich fürchte, ich komme gerade etwas ungelegen und halte mich mal diskret im Hintergrund. »*Also, dann machen mir das grad … gugg emol, Kurt, du hast die Tote-Tabell, wie viel sinn's bis jetz? Was? 2.066. Gut.*« Er steht er auf und nimmt eine offiziell-trauernde Haltung an. Acht Mann schieben laut polternd ihre Stühle zurück und stellen sich in Pseudotrauer eher gelangweilt, mehr oder weniger schwankend auf, während Jürgen mit leidverzerrter Miene verkündet: »*Männer! Bisher verließen uns seit unserer Gründung im Jahre 1876 genau 2.066 Mann! Ihnen wollen mir nun mit einer kleinen Trauerminute ehem … gedenken. Also bitte, eine Minute Stille.*« Eine undurchdringliche Stille ergreift vom Raum Besitz, man hört nur noch das Atmen der Trauernden (ein leicht unterdrücktes Rülpsen ist auch dabei) und dann erschreckend laut das Knarzen des alten Dielenbodens unter meinen Füßen. Ich zucke zusammen und neun Augenpaare drehen sich gleichzeitig in meine Richtung.

Worauf Jürgen mit einer wegwischenden Handbewegung verkündet: »*Kommt, Männer, isch denk, es langt. Schreib ins Protokoll, es wär e gudd Minut gewäähn. Mir wolle jo drauße noch was trinke. Also die Sitzung is domit beendet. Ei, Willy, mir komme grad ans Büfett!*«

EPISODE 19
Manchmal stolpert man geradezu über Kultur

Gugg emol: Kultur zum Gugge!

Mann, soll sie doch nehmen, was sie will! Manchmal können Frauen ganz schön nerven. Erst überreden sie den Mann, sie zum Einkaufen zu begleiten, dann löchern sie ihn permanent, ob sie dies oder jenes kaufen sollen, und wenn er dazu Stellung nimmt und Vorschläge macht, kaufen sie doch, was sie wollen – schrecklich! Also hab ich mich ausgeklinkt. Soll *meins* doch alleine klarkommen. Nein, ich lass mich lieber bei »Tante Maja« verwöhnen.

Nein, nein, das ist jetzt doch viel anständiger, als es klingt. Die »Tante Maja« ist eine alte Szenekneipe am St. Johanner Markt, dem gastronomischen Mittelpunkt Saarbrückens.

Heute ist Markttag, und da ist wirklich die Hölle los. Aber ich mag das gerne: die vielen bunten Stände, die Gerüche, die Geräusche. Und ich sitze mittendrin bei einem gepflegten Bier in der Sonne und lasse den irdischen Stress an mir vorüberziehen. Gerade sind Klaus und Rolf dazugestoßen. So kann man den Tag genießen. Während unsere Frauen im Einkaufsstress schwelgen, lassen wir uns lieber die Sonne aufs Haupt scheinen und den lieben Gott einen guten Mann sein.

Wenn schönes Wetter ist, haben alle Lokale ihre Tische und Stühle draußen stehen. Was sich in Deutschland erst nach und nach eingebürgert hat, gibt es hier schon sehr lange: die vielen Café-Terrassen. Dann glaubt man, man sei mitten in Frankreich: Der Markt hier hat nämlich etwas sehr Gemütliches. Er liegt in der Fußgängerzone von Saarbrücken und bildet das Zentrum der Stadt – besser gesagt ein Zentrum der Stadt, denn wir haben hier mehrere. Saarbrücken wurde als Großstadt aus den drei Teilen Alt-Saarbrücken, Malstatt und St. Johann gebildet. Und überall gibt es einen Markt, aber der von St. Johann ist der größte und schönste. Zumindest heute. Früher war das anders, da war das ein richtiger Schandfleck, voll von Schmutz und Unrat, diverses Getier und merkwürdige Gestalten trieben sich herum. Die Häuser waren außen vergammelt und innen versaut. Da hatte das Rotlichtmilieu nämlich den ganzen Bezirk in Beschlag genommen. Das mag es heute auch noch geben, aber eher vereinzelt und viel edler in Preis und Qualität.

Der Platz hat sich sehr gemacht, seit Ende der 70er-Jahre die Autos von hier verbannt wurden. Den Marktbrunnen hat man wieder in die Mitte gesetzt, gemütliche kleine Kneipen entstanden mit fast südländischem Flair, vor allem wenn des Wetter stimmt. Die *gudd Stubb* von Saarbrücken. Passend dazu ziert den ganzen Markt ein herrlicher Teppich – also jetzt kein von Kindern in fröhlicher Akkordarbeit geknüpfter Perser, sondern gepflasterte Bodenornamente. Heute sieht man allerdings nicht so viel davon, weil gerade Markttag ist, aber sonst sollte man schon einmal sein Auge auf den Boden werfen. Vorsicht: Das ist jetzt bildlich gemeint – bevor da irgendein Pfälzer sein teures Glasauge zerdeppert. Der Bildhauer Paul Schneider, der übrigens viele Kunstwerke im Saarland geschaffen hat, legte damals ein riesiges Teppichmosaik an. Schade, dass die meisten Leute gar nichts davon mitbekommen, wenn sie darauf herumtrampeln.

Doch dieses Schicksal teilen viele Kunstwerke. Da gibt es mitten in einem Kreisverkehr in Dillingen so ein Beispiel: *»Ei, wennde an de Hitt* (Hütte) *vorbeifahrschd, dann kommt so e Kreisel …«* Mein Freund Klaus, in kulturellen Dingen eh schon nicht der Hellste, war kürzlich auch in diese Kulturfalle getappt. *»… wo das komische verrostete Blesch steht.«* Kulturbanause! »Klaus, das ist kein Blech, das ist Kunst. Eine Plastik von Richard Serra.« *»Ach Quatsch, das is kenn Plastik, das is Stahl vun de Hitt, aber es muss schon älder sinn, ibberall is schon Roscht dran!«* Oh, Klaus … keine Ahnung von Kunst.

Richard Serra ist ein bedeutender amerikanischer Bildhauer, der das Werk, genannt »Viewpoint«, aus großen gebogenen Stahlplatten zusammengestellt hat. Und diese, das ist ja wohl selbstverständlich, kommen aus der Fertigung der Dillinger Hütte. *»Jo«*, sinniert Klaus, *»wahrscheinz war der Amerikaner hier, fer sisch Material zu holle, hat das Zeisch billisch uff de Hitt krieht, dann wollt er hemm, unn die Platte ware viel zu groß fer ins Flugzeisch, dann hat er se grad uff'm Kreisel stehegelosst!«*

»Da gibt es doch auf der Uni auch so was Ähnliches, eine Metallplastik«, meint Rolf. Er denkt an eine ähnliche Serra-Plastik, auch aus circa zehn Meter hohen großen Stahlplatten gefertigt, die sich nach oben verdrehen. Diesen »Torque« – zu Deutsch »Drehmoment« – findet man auf dem Gelände unserer Universität, kurz hinter dem Haupteingang. Dieses Kunstwerk wurde nur leider nie ganz ernst genommen, oder sein Sinn wurde nicht so recht verstanden. Selbst aus Reihen der Studierenden gab es anlässlich der Einweihung dieser Plastik nur Häme und Spott. Und nur weil sie ein paar lächerliche Millionen gekostet hat.

Die hatte man aber ganz schnell wieder drin, nachdem man ein paar überflüssige Uni-Institute geschlossen hatte. Aber irgendwie wollten die verwaisten Studierenden da kein so rechtes Verständnis aufbringen, und sie quittierten die Aktion damit, dass sie schon in der Nacht nach der Einweihung einen riesigen Grünen Punkt auf die teuren Stahlplatten malten, als Zeichen für die ökologische Entsorgung. Zudem installierten sie mitten im Kunstwerk eine alte Kloschüssel … die dort Monate, wenn nicht Jahre unangetastet verblieb. Niemand traute sich, sie zu entfernen, schließlich hätte sie durchaus zum Kunstwerk dazugehören können. Wer wagt da schon eine Interpretation. Die Geschichte von der unbedarften Putzfrau, die seinerzeit das »Fettecke« genannte Kunstwerk von Joseph Beuys mit Meister Proper und Lappen erledigte, war in Intellektuellenkreisen noch nicht ganz vergessen.

Und so sind auch manch stählerne Œuvres wie die von Serra vielen Saarländern schwer zu vermitteln. Es ist ja auch nicht so unmittelbar nachzuvollziehen, dass man aus montanen Überbleibseln künstlerisch wertvolle Werke schaffen kann. Eine besonders großartige Art der Resteverwertung steht heute in Völklingen – und wird da wohl noch lange ausharren. Immerhin wurde die alte Völklinger Hütte vor einigen Jahren in die UNESCO-Liste der Welterbe als Industriekultur aufgenommen.

»Jo, isch wääß«, sagt Klaus, *»doo hann se die Bruchbud doo stehe gehatt, wie se se zugemacht hadde – unn dann? Was sollde se demit aanfange?«* Das war damals tatsächlich problematisch. Man hätte den gesamten Komplex abtragen und abbauen müssen. »Das wäre alles Sondermüll gewesen. Alleine das zu entsorgen hätte unser Land immens viel gekostet!«, weiß Rolf zu berichten und Klaus meint dazu: *»Doo hann die dann ennfach e paar bunte Lampe druffgemacht, inne bissche uffgeräumt, unn schwupps … e Weltkulturerbe draus gemacht – dann durften se's ennfach stehe losse!«*

Na ja, ganz so einfach war der Kulturfindungsprozess wohl nicht. Aber praktisch, dass man das ganze Werk als Industriedenkmal erhalten konnte. Drinnen finden nun hochinteressante Ausstellungen statt, die auch viele Touristen von außerhalb ins Saarland locken … *»unn im Fernseh holle se's immer beim ›Tatort‹, wenn de Mörder am Schluss abhaue will unn dann in irgend so me Industriegelände erumkrabbelt.«* Klaus betrachtet so etwas eher vom praktischen Standpunkt aus.

Wahrscheinlich war er noch nie selbst dort, ist auf den Hochöfen rumgekraxelt und hat sich die gigantischen Anlagen mal aus der Nähe angesehen. Auch als Veranstaltungsfläche wird das »Weltkulturerbe Völklinger Hütte« gerne genutzt – wie viele andere Industrieanlagen heute auch.

»Also ich war da mal bei einem Empfang eingeladen«, weiß Rolf zu berichten, »sehr vornehm: das Essen vom Feinsten, erlesene Gäste, eine richtig mondäne Feier, nur der Geruch …« »Was für ein Geruch?«, will ich wissen und er klärt mich auf: »Du sitzt da bei Lachs und Trüffeln, bei Champagner und Pastete und hast immer noch diesen leichten Geruch nach Maschinenöl und Arbeiterschweiß in der Nase.«

So muss Industriekultur wohl auch sein: Man riecht noch, dass die wirklich echt ist. Aber wie soll man so etwas saarländischen Banausen nahebringen? Dafür gibt es auch andere Kunst, die auf ihre Besucher harret: die Straße der Skulpturen – dort kann man in der frischen Luft lustwandeln.

»Oder die Stään …«

»Was für Steine, Klaus?«

»Ei, doo gebbds doch die ›Stään an de Grenz‹ – isch war jo aach noch nit dort.«

Er meint die »Steine an der Grenze«, eine Skulpturensammlung an der deutsch-französischen Grenze. Beides Teile der »Straße des Friedens«, einer großflächigen Skulpturensammlung, weit über das Land verteilt.

»Unn was macht mer, wenn's räänt?«

Klaus ist doch ein Banause! »Dann geht ihr mal in die Moderne Galerie, da gibt's auch Interessantes zu sehen.«

Klaus scheint sich für diesen Gedanken nicht so zu begeistern, wie ich seiner Mimik entnehmen kann. Das ist ihm offenbar zu modern. *»Unn mir hann jo aach noch e Haufe alde Kram!«* Sogar antike Kunst. Allein die Römervilla in Nennig. Da gibt es das schönste und größte römische Mosaik nördlich der Alpen. Oder, genauso spannend, die Ausgrabungen in Schwarzenacker: ein tolles Freilichtmuseum mit einem kompletten gallo-römischen Dorf.

Im Saarland fällt man eigentlich dauernd über Kunstwerke, und damit meine ich nicht die neuen »Stolpersteine«, die auf das Schicksal saarländischer Juden hinweisen, die hier verfolgt wurden. Aber immer wieder findet man interessante Brunnen, Denkmäler, Kunstwerke …

»oder das komisch Oferohr vor de Europa-Galerie«. Klaus versucht gerade wieder, seine dubiose Kunstkenntnis einzubringen. »Das ist doch kein Ofenrohr, Klaus.« Auch Rolf schüttelt verwundert den Kopf: »Das ist ein Periskop, ein Werk der Studierenden unserer Hochschule der Bildenden Künste.«

»Ja, Klaus, das ist sogar was zum Gucken. Da kannst du unten reinschauen, was oben los ist«, pflichte ich ihm bei.« *»Ei, das is jo emol praktisch: Kunschd fer die Klääne unn fer die ennfache Leit. So wie das uff'm Molschder Markt!«* Er meint eine Bronzeplastik auf dem Marktplatz zu Malstatt, einem Saarbrücker Stadtteil: *»Ei, doo is doch das Kunschdwerk mit der nackisch Mudder!«* Immerhin hat Klaus wohl doch noch eine kleine Ader für Kunstwerke im öffentlichen Raum entdeckt.

Auf dem Markt von Malstatt gibt es tatsächlich eine Bronzeplastik mit einer Küchenszene: Eine Mutter, offenbar nicht mehr ganz nüchtern, liegt auf einem Sofa und schwingt angeheitert eine Weinflasche. Dahinter auf einem Tisch stapelt sich das ungewaschene Geschirr und unterm Tisch tanzen vier Kinder herum. Der Standort ist optimal gewählt, wenn auch vielleicht unfreiwillig, denn gerade in Malstatt wohnen besonders viele sozial schwache Familien. Vielleicht wollte man denen auch mal ein Denkmal setzen.

»Nee, nee«, meint Rolf, »das ist kein Denkmal, das ist Kunst!« Klar, sage ich mir, das muss moderne Kunst sein: Immerhin sind Mutter und Kinder alle nackt.

»Aber das gefallt mir«, sagt Klaus dazu, *»weil das emol ebbes aus'm rischdische Läbe is, das könnde die grad bei uns dehemm abgeguggt hann!«*

»Bei euch zu Hause, Klaus?«

Der nickt, winkt aber gleich wieder ab: *»Also faschd! Es stimmt jo aach nit so ganz!«*

»Warum? Weil deine Frau nicht nackt trinkt?«, lacht Rolf.

»Nit deswesche, nee: Aber wer hat heit schon vier Kinner – unn das im Saarland?«

Ach so.

Kultur im Saarland

Das **UNESCO-Weltkulturerbe Völklinger Hütte** ist eine gigantische Hüttenanlage aus der Blütezeit der Eisenindustrie. Besuchern werden ein hochinteressanter Rundgang und immer wieder spannende Veranstaltungsreihen und Ausstellungen geboten.

Rathausstraße 75–79, 66333 Völklingen,
www.voelklinger-huette.org

Zwischen restaurierten Hochöfen, Gebläsehalle, Wasserturm und Stummscher Reithalle erstreckt sich das **Alte Hüttenareal Neunkirchen** – eine einzigartige Kulisse, die nachts durch ihre Beleuchtung einen besonders imposanten Anblick bietet. Kultur, Gastronomie und heiße Nächte mit Disco, einer Erlebnisbrauerei und einem amerikanischen Hooters-Diner.

Altes Hüttenareal, 66538 Neunkirchen,
www.neunkirchen.de

Das größte erhaltene Mosaik aus römischer Zeit nördlich der Alpen findet man in der **Römischen Villa Nennig**.

Römerstraße, 66706 Perl-Nennig,
www.vorgeschichte.de

Auch im **Römermuseum Homburg-Schwarzenacker** fühlt man sich in einer restaurierten Siedlung wie bei den alten Römern.
Homburger Straße 38, 66424 Homburg, April bis Oktober täglich 9–17 Uhr; November, Februar, März täglich 10–16 Uhr (Dezember und Januar geschlossen),
www.roemermuseum-schwarzenacker.de

Wer sich die Skulpturen des amerikanischen Bildhauers **Richard Serra** ansehen möchte, besucht entweder den **Uni-Campus in Saarbrücken** (Im Stadtwald, 66123 Saarbrücken) oder fährt zum Kreisverkehr am Torhaus in Dillingen.

Die Verbindung von körperlichem und geistigem Genuss erlebt man auf der **Straße der Skulpturen**, einem 17 Kilometer langen Skulpturenweg zwischen St. Wendel und Baltersweiler.
Infos: *www.sankt-wendel.de*

26 Skulpturen, genannt **Steine an der Grenze**, gibt es auf der Strecke zwischen den saarländischen Orten Büdingen und Wellingen und dem französischen Launstroff zu entdecken.
Infos: *www.ferien-im-saarland.de*

Bei schlechtem Wetter besuchen Kulturinteressierte die **Moderne Galerie** in Saarbrücken.
Bismarckstraße 11–15, 66111 Saarbrücken,
www.saarlandmuseum.de

Doch am allerbesten erlebt man saarländische Kultur am *Büfett* bei einem Glas Urpils, zum Beispiel bei **Tante Maja**.
St. Johanner Markt 8, 66111 Saarbrücken, *www.tantemaja.de*

Diensdaachs kommt de Jungfraueverein!

»Bist neu du hier und ganz allein, da gibt's nur eins: den Verein!« Diesen Rat habe ich schon mehreren meiner Gäste gegeben, die Schwierigkeiten hatten, Anschluss zu finden. Zwar fällt es in der Regel leicht, flüchtige Bekanntschaften zu machen, aber wenn man wirklich tiefer in die saarländische Seele eindringen will, ist die Mitgliedschaft in einer Interessensgemeinschaft wie einem Verein durchaus zu empfehlen. Dort blühen die Saarländer auf. Vielleicht gibt es auch deswegen gerade hier die meisten Vereine in ganz Deutschland. Laut Statistik ist jeder Saarländer Mitglied in 2,4 Vereinen.

»Oh leck, das sinn jo mehr Vereine als wie Leit!«, meinte Klaus kürzlich mal an der Theke. Es war tatsächlich an einem Abend maximaler Vereinsmeierei. Immerhin fanden drei Vorstandssitzungen gleichzeitig statt!

»Ei, isch bin jo aach im Hundeverein, bei de Naturfreunde unn im Kirschechor, aber doo geh isch nimmeh hin. De Chorleiter hat gesaaht, isch wär immer en Halbton ze tief! Du lieber Gott, wesche me halbe Ton!« Ja, Klaus, ganz schön kleinlich.

Für den normalen Saarländer ist sein Verein auch eine Heimstatt. Dort fühlt er sich wohl und oft besser verstanden als zu Hause in seiner Familie. Und dort hat er auch als Mann noch was zu sagen, wohingegen er sich zu Hause seit Gleichberechtigung und Frauenpower oftmals nicht mehr so wirklich durchsetzen kann. Selbst wenn er gar kein besonderes Amt innehat, wie die meisten Mitglieder, die die Verantwortung eher scheuen und lieber aus der Masse heraus motzen und kritisieren.

Auch wenn im Saarland wie in vielen anderen Bundesländern die Vereinstätigkeit zurückgeht, hat sich in dieser überwiegend ländlichen Region immer noch ein recht aktives Vereinsleben gehalten. Das zeigt sich auch deutlich im Lernatlas 2011 der Bertelsmann-Stiftung. Hier erreichte das Saarland beim »sozialen Lernen« hinter Bayern einen überraschenden zweiten Platz. Wenn man aber weiß, dass dabei das soziale Engagement betrachtet wird, im Ehrenamt oder eben im Verein, kann man dieses Ergebnis durchaus nachvollziehen, sind doch gerade besonders viele Saarländer vereinsmäßig engagiert.

Und das kann für viele Menschen wichtig sein, die vielleicht alleine leben und dort interessante Aufgaben finden. So kann selbst ich immer noch dazulernen, wenn sich in meinem Bistro mal wieder Vereinsvorstände bei ihren Sitzungen die Köpfe einschlagen – und ich kann praktischerweise an der flüssigen Grundlage verdienen.

Wenn man das Vereinsregister im Saarland mal genauer betrachtet, staunt man schon, wer sich da alles zu welcher Art Gemeinschaft zusammenschließt. Es gibt offenbar Vereine für alles und jeden und meist kann man am Vereinsnamen die Tätigkeit der entsprechenden Gemeinschaft erkennen: Im Schützenverein schießt man, im Fußballverein wird gekickt, beim Gesangverein singt man oder versucht es zumindest, bevor die Kehlen am *Büfett* geölt werden. Im Turnverein wird geturnt und Taubenvereine sind für diejenigen, die nichts hören … aber es gibt durchaus auch Vereine, bei denen man sich schon fragt, was dort passiert.

In meinem Bistro tagt einmal die Woche der Vorstand des Karnickelvereines Rammelslust e. V. Und da dessen Training nicht in meinem Nebenraum stattfindet (Gott sei Dank), weiß ich nicht so genau, was und wie bei denen eigentlich trainiert wird. Irgendwie züchten die Kaninchen, aber wie das jetzt im Einzelnen abgeht, wie man die Tiere dazu animiert, wer da wann mit wem darf, um ein bestimmtes Produkt zu erreichen, das entzieht sich leider meiner Kenntnis und regt eher zu wilden Spekulationen an. Vielleicht ist es auch besser, wenn man das alles gar nicht so genau weiß. Selbst wenn man sich als Mann im vorgerückten Alter da diverse Tipps und Anregungen erhofft. So ist es ja nicht ganz uninteressant zu spekulieren, wie man einen Rammler dazu bekommt, sich zu einer festgelegten Zeit mit einer speziell dafür ausgewählten Karnickelin zu vergnügen. Doch wenn ich mir dann die Vorstandsmitglieder dieses Vereines an unserem Stammtisch anschaue, frage ich mich doch ganz unwillkürlich, ob das Wort »Vergnügen« dort überhaupt angemessen ist.

Da stelle ich mir die Arbeit eines Skat- oder Schachvereines schon weitaus fröhlicher vor. Und wenn gar der Jungfrauenverein tagt, da soll es ja ganz besonders hoch hergehen. Das zumindest erzählt *es Tanja*, die mal in meinem Bistro bedient hat und die noch das traditionelle Vereinsleben aus ihrem kleinen nordsaarländischen Heimatdorf kennt. Wobei ich mich tatsächlich frage, ob sie mich da nicht auf den Arm nimmt. »Jungfrauenverein? Bei euch im Dorf? Ja, gibt's denn so was überhaupt noch?« Doch, doch, meinte sie, den gäbe es schon noch. Allerdings hätte er keine Mitglieder mehr.

Über die Vereine, bei denen es eigentlich am lustigsten zugehen sollte, wundert man sich oft, wie ernst es dort in Wahrheit ist: in den Karnevalsvereinen. Die haben im Saarland übrigens etwas ungewöhnliche Namen, die mehr nach Motto als nach Vereinsname klingen. Vielleicht wollte man damit auch diverse Karnevalsgegner besänftigen.

Was soll ein Name wie *»M'r sin nit so«* sonst bedeuten? So heißt die größte Saarbrücker Karnevalsgesellschaft. Bleibt zu hoffen, dass es auch so ist. Andere Gesellschaften heißen *»mir bleiwe so«* oder auch *»Mir sin do«* – tja, wo auch sonst. Mein Freund Klaus meinte spöttisch, wenn er einen Karnevalsverein gründen würde, dann wohl unter dem Namen *»Mir könnde im Läbe nie so gewäähn sinn«* (Wir könnten nie im Leben so gewesen sein). Sein Vorschlag stieß leider im Verband Saarländischer Karnevalsvereine auf Widerstand. Dort fehlte einfach der entsprechende Humor.

Dafür gibt es genügend andere lebenslustige Gemeinschaften, die nicht alles so verbissen sehen, zum Beispiel im kulturellen Bereich. Dort gibt es zahlreiche und auch sehr gute Vereine. Semiprofessionelle Chöre oder Orchester prägen die Kulturlandschaft an der Saar mit und bieten vielen musikbegeisterten Akteuren wie Zuschauern ein qualitativ hochwertiges Zuhause. Immer mehr Jugend- und Gospelchöre entstehen und zeigen, dass man bei entsprechender Qualität keine Nachwuchssorgen zu haben braucht, wenn man vielleicht auf die veralteten Vereinsstrukturen verzichtet.

Dafür sterben die Männergesangvereine langsam aus. Das kann man durchaus wörtlich nehmen. Das Durchschnittsalter steigt rapide an, die Mitgliederzahlen sinken, ein richtiges Konzert können daher viele nicht mehr anbieten. So beschränkt sich die Arbeit solcher Gemeinschaften nur noch darauf, neben feuchtfröhlichen Vorstands- und Generalversammlungen, bei denen die Ämter hin- und hergeschoben werden, auf Beerdigungsfeiern die kürzlich noch aktiven oder auch die schon länger nicht mehr aktiven, nun aber definitiv nicht mehr mitsingenden Vereinsmitglieder auf dem letzten Weg zu begleiten. Auch wenn es musikalisch dann nicht mehr vom Hocker reißt, es kommt von Herzen und der Verblichene hört es wohl auch nicht mehr. Vielleicht ist er im Himmel ja auch schon längst überlastet, weil er sich dort gleich wieder um das Amt des zweiten Schriftführers der himmlischen Heerscharen beworben hat.

Kürzlich durfte ich Zeuge eines denkwürdigen Abends werden, bei dem der Vorstand des örtlichen Männergesangvereines Zwietracht e.V. über die Vergabepraxis der Goldenen Ehrennadel diskutierte: über *die Noodel*! Das Problem war, dass ein treuer Sangesbruder so schwer krank war, dass er die geforderten 50 Jahre Mitgliedschaft wohl nicht mehr erreichen würde. Er hätte sich aber – laut seiner Frau – so sehr auf die Nadel gefreut, dass sie nachfragte, ob man nicht eine Ausnahme machen könne, um ihm diesen letzten Wunsch doch noch zu erfüllen, obwohl er erst seit 48 Jahren singt und davon sogar zwölf Jahre bei der verfeindeten Concordia Mitglied war. Damit würde er schließlich auch ein positives Bild für den eventuellen Nachwuchs abgeben – wobei ich mir da nicht ganz sicher bin, ob das jetzt tatsächlich so viele Neumitglieder zieht. Also wurde einer Satzungsänderung zugestimmt, die für solche Fälle die Schaffung einer Ehrennadel, genannt *Gnade-Noodel*, vorsieht: gold, mit einer schwarzen Schleife verziert. Leider war der Abstimmungsakt dann wiederum so langwierig, dass besagter Sänger ohne Gnadennadel vors Himmelstor treten musste. Doch zum Glück konnte ich die trauernde Witwe davon überzeugen, dass ein solcher Nachweis für die Aufnahme in die himmlischen Chöre sicher nicht unbedingt erforderlich ist. So hatte auch diese liebe Seele Ruh!

Ei, de Paschdor hat gesaaht!

Von allen Vereinen habe ich den größten noch gar nicht vorgestellt. Gut, es handelt sich auch nicht um einen Verein im eigentlichen Sinn, aber die Strukturen, die Befindlichkeiten, die inneren Kämpfe und das nach außen stets hochgehaltene positive Bild lassen sofort an einen Verein denken: die Kirche.

Im saarländischen Fall geht es vornehmlich um die katholische Kirche. Denn die ist hier absolut in der Übermacht. Wo sich andernorts in jedem Dorf eine evangelische und eine katholische Kirche gegenüber stehen, gibt es in vielen saarländischen Gemeinden nur eine, nämlich die katholische. Durch stetigen Mitglieder- und vor allem Priesterschwund hat sich natürlich einiges verändert. Viele Priester müssen heute sonntags ganz schön malochen, von Kirche zu Kirche eilen, um überall die Messe zu zelebrieren. Und das vor sehr überschaubarem Publikum. Unter der Woche, in der Frühmesse: kein Mensch. Lediglich am Sonntag sitzen ein paar alte Mütterchen mehr da. Und warum? Auch nur, weil da der Doktor zu hat. Aber das ist eben wie überall, der Kirchenbesuch hat in den letzten Jahren stetig abgenommen, und die Institution Kirche ist daran nicht ganz unschuldig.

Dafür ist an Weihnachten die Hölle los, denn das gehört im katholischen Saarland zur Tradition. Nach der Bescherung ist der Besuch der Christmette angesagt, also der Mitternachtsmesse, meist um 17 Uhr nachmittags, als Reminiszenz an eine immer mehr schwindende Herde.

Ich beobachte den Kirchenbetrieb natürlich auch aus beruflichem Interesse, immerhin ist mein Bistro nicht weit von unserer Pfarrkirche entfernt, und manchmal fühle ich mich sogar als eine Art seelsorgerische Zweigstelle. Gerade sonntagmorgens, wenn die Gläubigen (weiblich) nebenan im Gottesdienst weilen, um ihre Seele zu erquicken, während sich die Gläubigen (männlich) erfrischen, indem sie bei mir ihren Frühschoppen einnehmen. Auch der Kirchenchor kommt immer wieder zu mir in die Kneipe und nutzt meinen Nebenraum. Weniger zum Singen, sondern eher, um die vielen Vorstandssitzungen abzuhalten. Das kann zwei-, dreimal die Woche vorkommen. Denn genau wie in einem Verein muss beim Kirchenchor jedes kleinste Problemchen hin und her diskutiert werden: was gesungen wird, ob man dem Präsidenten vom Hasenverein zum 70sten ein Ständchen bringen soll und auch, ob und wie viel man dem evangelischen Kirchenchor zu dessen 50-jährigem Jubiläum spendet, obwohl dieser bei der letzten eigenen Feier tatsächlich so dreist war, einen leeren Briefumschlag zu überreichen!

Auch unser Pastor kommt gerne in meine Räumlichkeiten. Gerade die katholischen Priester gelten ja durchweg als lebensfroh und einem guten Essen sowie einem geistigen Getränk nicht abgeneigt. Da ist auch unser

Pastor kein Kind von Traurigkeit, na ja, er hat ja auch sonst nicht allzu viel vom Leben – offiziell.

Übrigens, das dürfte im Saarland eine Besonderheit sein, heißt hier der katholische Priester Pastor, während der evangelische der Pfarrer ist. Denn in den meisten Gegenden Deutschlands ist es ja umgekehrt. Uns ist das erst aufgefallen, als mein pfälzischer Freund Karl-Heinz neu ins Saarland kam und durch diese regional etwas außergewöhnliche Definition verunsichert war: *»Aber eigentlisch isses mir egal und isch merk mir des eefach so: Zum katholische derf halt jeder Vatter sage, außer seine eigene Kinner net!«*

In seiner ehemaligen Heimat, der Vorderpfalz, ist es nämlich anders, obwohl die Pfalz kirchenrechtlich dem Saarland viel näher liegt als entfernungsmäßig oder gar mental. Denn der Saar-Pfalz-Kreis, das ist der Landkreis, der direkt an der Landesgrenze zu Rheinland-Pfalz liegt, gehört zum Bistum Speyer, und das entspricht genau der Region, die mal zum Königreich Bayern gehört hat. Im Gegensatz zum preußischen Teil, eben den anderen Landkreisen, die dem Bistum Trier unterstehen.

Leider ist das Saarland heute zu klein, um ein eigenes Bistum zu bilden. Ein eigener Bischof, das könnte den Saarländern wohl gefallen. Und sie hätten es sogar verdient, immerhin gibt es hier tatsächlich die meisten Katholiken. Das wird nämlich sehr oft verwechselt: Auch wenn sich die Bayern viel frommer gebärden und ihre Religion traditionell besonders betonen, ist das Saarland das katholischste Bundesland: 64 Prozent aller Saarländer sind katholisch, während es im vermeintlich gläubigeren Bayern tatsächlich »nur« 56 Prozent sind.

Böse Zungen behaupten, dass die Saarländer Gottes Segen und Fürsorge viel nötiger hätten als andere. Und im Grunde kann ich dem auch nicht widersprechen. Denn nicht nur, was die etwas großzügige Auslegung von Eigentum angeht, über die noch einiges zu sagen sein wird, sondern auch das vermeintliche Lotterleben, das man den Saarländern gerne unterstellt – das ist alles nicht so ganz von der Hand zu weisen. Immerhin führen sie die bundesdeutsche Liste der Seitensprünge an – ist ja auch was.

Vielleicht spielt da auch die katholische Mehrheit eine Rolle, die Bayern sind ja nun ebenfalls nicht gerade als Moralapostel bekannt. Durchaus möglich, dass die katholische Kirche sogar zu dem ein oder anderen Fehlverhalten beiträgt, zum Beispiel durch den besonderen Service der Beichte. Schnell sind ein paar Sünden weggebeichtet.

Schon als Kind – ich selbst bin katholisch erzogen worden – stellte ich mir den Beichtstuhl wie eine Dusche vor, bei der das heilige Wasser die besudelte Seele ruck, zuck wieder reinwäscht. Man fühlte sich danach sauber, rein, frei, und man wusste ganz genau: Jetzt kann ich gerade wieder von vorne anfangen. Das ist schon eine elegante Möglichkeit. Wenn die Seele zu voll geladen ist, mit ein paar Reuegebeten ist sie in Minutenschnelle wieder entlastet. Ähnlich, wie man mit einer Reset-Taste den Computerspeicher leert.

Da taten mir schon immer die Evangelischen leid, die konnten sich eben nicht so einfach von ihren Sünden befreien, die sie nach und nach – das ganze Leben lang – auf ihren Buckel geladen hatten. Die mussten sich dann immer wieder neu überlegen: »Hm, passt das jetzt noch drauf? Oder ist mein Konto schon voll?« Der Katholik hat es da einfacher. Der sagt sich: »Ach was, ist doch egal. Am Samstag wird gebeichtet und alles ist wieder gut.«

Vielleicht gehen die Evangelischen deswegen auch immer so gebückt, oder wie es mein Freund Klaus kürzlich an der Theke auf den Punkt brachte: *»Oh leck, gugg emol: Bandscheibevorfall, das is doch e typisch Protestande-Krankheit!«*

Maria von Marpingen

Es war 1999 der Versuch einer illustren religiösen Gruppierung, das Saarland touristisch mithilfe des Glaubens aufzuwerten. Beruhend auf der Legende einer Marienerscheinung im saarländischen Marpingen im Jahre 1876 erschien Ende des Jahrtausends die Gottesmutter wieder einmal beziehungsweise 13 Mal. Leider spielte der zuständige Bischof in Trier nicht mit und wollte diese Erscheinungen partout nicht als echt bestätigen, der Spielverderber!

Marpingen hätte sich zu einem saarländischen Lourdes entwickeln können mit Millionen von Pilgern, einem neuen Großflughafen, einem riesigen Hotelkomplex, »Mary's Inn«, sowie einem Themenpark für die ganze Familie, »Holy Land«. Und dort wäre Maria nicht nur drei Seherinnen erschienen, wie weiland im Marpinger Härtelwald, nein, sie wäre täglich um Punkt zwölf Uhr zur Parade gekommen, man hätte sich mit ihr fotografieren lassen können wie mit der Micky Maus im »Euro-Disney« bei Paris. Aber leider ist dieser üppig gefüllte Krug am armen Saarland vorbeigegangen. Nix mit Schuldenabbau und Aufschwung. Nur weil sich der Bischof wieder auf nichts einlassen wollte.

Auch der Kapellenverein Marpingen hatte sich ganz umsonst ins Zeug gelegt und gerade wieder so ein aufwendiges Happening inszeniert. Gut, es war tatsächlich dilettantisch planlos organisiert: keine Parkplätze für die Hunderte von Reisebussen mit glaubenswilligen Pilgern aus aller Welt, keine sanitären Anlagen für die bis zu 50.000 betenden und singenden Sünder (das Verb »singen« wurde hier sehr frei ausgelegt).

Das Einzige, was bei diesen Marienerscheinungen tatsächlich hervorragend funktionierte, war der ganze Kleinkommerz drum herum, die Andenkenverkäufer: *»Ei, wollener en original Merpinger Marienerscheinungs-Dösje?«* (Das ist jetzt nur ein Aufbewahrungsgegenstand!) Und natürlich auch die überaus agilen Gastronomen mit ihren fahrbaren Zapfanlagen und wohlgefüllten Imbisswagen, im Angebot die »letzte Rostwurst vor der Erscheinung« – im Weck mit extra eingeschnittenem Kreuz.

Ein alternder Pfarrer zelebrierte dann das gelungene Theater. Ein wuseliger Organisator, der Vorsitzende des veranstaltenden Kapellenvereins, führte Regie – er wollte irgendwann sogar eine eigene Basilika errichten: kein Geld für Dixi-Klos, aber eine Basilika!

Drei recht bodenständige Laiendarstellerinnen mimten die Seherinnen, die die von der Mutter Gottes angeblich empfangenen Botschaften mit piepsiger Stimme in ein Diktiergerät sprachen. Das wurde dann der staunende Gläubigenschar immer wieder vorgespielt, entpuppte sich allerdings als recht allgemeines Geschwafel – dafür hätten sie nicht gleich die Gottesmutter schicken müssen. Es war nur deswegen etwas Besonderes, weil die drei Mädels in ihrem mühevoll artikulierten Pseudohochdeutsch doch stark an die Familie Heinz Becker erinnerte und dadurch bei den Umstehenden für unfreiwillige Komik sorgten. Und das sogar ganz ohne Eintritt! So kam die Show jeweils sehr gut an, außer bei der Amtskirche, die den Marpingern dann leider einen dicken Strich durch die Rechnung machte.

Schade. Dabei war das eine so überaus moderne Maria, die immer wieder pünktlich den »Seherinnen« erschien. Denn sie bediente sich zeitgemäßer Marketingstrategien und sorgte stets dafür, dass die nächste Erscheinung auch direkt angekündigt wurde. Wahrscheinlich wollte sie auch nicht stunden- oder tagelang im Wald herumhängen, nur weil keiner mitkriegt, dass sie da ist. Ihr Terminplan ist womöglich recht eng, und wer weiß, wo sie noch alles erscheinen muss. Es war ein bisschen wie beim Zahnarzt, frei nach dem Motto: »Mädels, holt euren Kalender heraus, dann schauen wir mal, wann's das nächste Mal am besten klappt. Dann könnt ihr's auch im Fernsehen und in den Zeitungen ankündigen – so kriegen wir die Bude doch wieder voll, was?« Eine Maria, die auf Termin erscheint – das war neu. Das gab es weder in Lourdes, in Fatima, noch in Medjugorje.

Das klappte alles wunderbar, bis es bei einer der letzten Erscheinungen dann doch zu einer Terminüberschneidung kam. Maria war wieder mal in Marpingen zugange, Zigtausende von Fans hofften auf eine unbeschwerliche Vergebung ihrer Sünden und die drei »Seherinnen« plapperten wie gehabt banale Botschaften in ihr Gerät, bis die heilige Frau das Meeting wieder mit einem Veranstaltungshinweis beendete. Sie nannte Datum, Ort und Zeit, wann sie wieder auftauchen wolle – damit sich die Organisation danach richten und die Werbetrommel entsprechend rühren könne. Man war allseits froh und die Kunde verbreitete sich in Windeseile unter all den vielen Sündern, die sich für die nächste beschwerliche Anreise ins Saarland im Fünf-Sterne-Luxusbus ein warmes Plätzchen sichern wollten.

Am Tag darauf fiel es jedoch einem Mitglied des Marpinger Gemeinderates wie Schuppen von den Augen: *»Oh leck, wann kommt dat Maria widder? Wat? Nee, dat geht nit, an dem Wocheend hann mir doch schon Kirmes!«* Das war natürlich äußerst ungünstig. Und da zeigte sich die Maria von Marpingen von ihrer flexibelsten Seite und sagte, oder ließ sagen, das mache gar nix, dann käme sie halt ein Wochenende später. Toll! Dass daraufhin der Trierer Bischof nur noch seinen konservativen Kopf schüttelte und den Daumen langsam nach unten senkte, liegt auf der Hand.

Seitdem ist im Marpinger Härtelwald der ganze Spuk endlich vorbei und die Marpinger selbst sind recht froh, dass wieder Ruhe eingekehrt ist und nicht an jedem Wochenende Tausende Pilger ihre Notdurft in ihren Vorgärten verrichten.

EPISODE 22

Heiraten wie vor 100 Jahren

Hauptsach, das doo is jetz unner!

Aaaaa-weeeeeh, Maaariiiiiiaaaaah!« Oh, es tut in den Ohren weh und ich fürchte, dass da selbst der liebe Gott übermäßig viel Geduld aufbringen muss, um diesem »Kunstgenuss« zu Ehren seiner Mutter wenigstens den guten Willen abzukaufen. Muss denn eigentlich in jedem Hochzeits-Gottesdienst das »Ave Maria« gesungen werden? Kann eine Ehe nicht auch ohne diesen liturgischen Superhit glücklich werden?

Es ist bestimmt nicht nur im Saarland so, aber gerade hier scheinen Generationen von Hochzeitspaaren immer mit der gleichen musikalischen Auswahl getraut worden zu sein: beginnend mit Mendelssohns »Hochzeitsmarsch«, den mein Freund Klaus übrigens mal mit dem »Gefangenenchor« verwechselt hat (musikalisch bedenklich, inhaltlich aber verblüffend nahe beieinander). Sodann hört man »Großer Gott, wir loben Dich«, »Lobe den Herren«, und als Krönung quält sich eine Callas vom Kirchenchor durch »Ave Maria« von Bach/Gounod – oft in so fragwürdiger Qualität, dass sich viele Hochzeitsbesucher bei der Vorentscheidung zu »Deutschland sucht den Superstar« wähnen statt in einem katholischen Gotteshaus. Davon gibt es eben viele, daher dürfte die Dichte an Kirchenchören besonders groß sein, ebenso wie die Wahrscheinlichkeit, dass sich das in einer weiteren schrägen Interpretation des bekannten Marienliedes zeigt.

Vor allem, weil Saarländer sehr traditionsbewusst sind. Man feiert eben so, wie die Mama das schon gemacht hat, die Oma oder die Uroma. Vielleicht ist das auch der Grund, weshalb ich Hochzeitsfeste nicht so gerne mag: Sie sind nämlich immer irgendwie gleich. Selbst in der heutigen Zeit. Da färben sich die jungen Leute die Haare grün, tackern sich allerlei Metall ins Gesicht und hotten am Wochenende nächtelang bei wummernder Technomusik. Aber wenn es ans Heiraten geht, sucht man das langweiligste Hochzeitskleid aus, in jungfräulichem Weiß, selbst wenn sich der Bauch darunter schon überdeutlich wölbt. Freunde und Familie werden geladen, es gibt »Hochzeitsjungfern«, meist ältere Semester, die keinen mehr abbekommen haben, aber trotzdem nicht »ungebraucht« sind. Das Essen ist sehr traditionell-deftig und die Musik kommt von einer der üblichen Coverbands, die von »Marina« bis zu »Marmor, Stein und Eisen bricht« alle gängigen Standards draufhat.

Geheiratet wird wohl aus den gleichen Gründen wie überall: wegen der Steuer, wegen der schönen Feier, wegen des tollen Kleides und vor allem: *wesche de Leit*. Früher »musste« man auch. Heute ist das allerdings auch im Saarland kein entscheidender Grund mehr, vor allem, wenn man bedenkt, dass unserem kleinen Bundesland eh kein großer Kindersegen mehr beschieden ist. Umso mehr freuen wir uns doch, dass es noch Paare gibt, die sich um die Zukunft sorgen und eine richtige Familie gründen – zumindest so lange, bis das wieder auseinanderfällt und neu zusammengefügt wird und irgendwann als schwer durchschaubare Patchwork-Konstruktion endet.

Es ist noch nicht lange her, da war ich zu solch einer richtigen Hochzeitsfeier eingeladen. Meine Bedienung, *es Tanja*, war so weit, in den Stand der Ehe einzutreten. Oder, wie man es hier nennt: *Sie wollt heirade gehe* – sprachlich eine Verlaufsform, wieder mal ein Relikt aus frankophoner Zeit. Und die Verbindung von *unserm Tanja* und *em Karl-Heinz* war sogar eine ganz besondere, nämlich eine sogenannte Mischehe. Das heißt im Saarland aber nicht unbedingt, dass es sich dabei um etwas Ökumenisches handelt, nein: *es Tanja aus Sankt Ingbert unn de Karl-Heinz aus Böhl-Iggelheim.* Eine solche Verbindung zwischen einer Saarländerin und einem Pfälzer lässt auch heute noch manchen Eingeborenen die Nase rümpfen. Dabei passen die zwei gut zusammen und Karl-Heinz zeigte sich als Pfälzer vor dem Traualtar sogar von einer überraschend pfiffigen Seite. Als nämlich der Pastor mit warmer väterlicher Stimme verkündete: »Von nun an seid ihr Mann und Frau«, rutschte Karl-Heinz in seinem typisch pfälzischen Singsang heraus: *»Alla, unn was ware mir vorher?«*

Aber auch wenn es sich um eine grenzüberschreitende Mischehe handelte, die weltliche Feier hinterher gestaltete sich genauso langweilig, wie sie wohl schon bei den Ahnen beiderlei Linien ablief – und wie ich sie überhaupt nicht mag. Aber leider konnte ich nicht kneifen, immerhin fand die Hochzeit im Nebenraum meines Bistros statt.

Bei einer typisch saarländischen Hochzeit fühlt man sich tatsächlich – wenn man von manchen Geschenken küchendigitaler Art absieht – um 100 Jahre zurückversetzt. Alles wird auf vornehm getrimmt: feiner Damast, edles Porzellan, erlesene Gläser, Tischkärtchen werden in mühe- und kunstvoller Kleinarbeit erstellt und zwingen Verwandte nebeneinander, die sich auf der Straße nicht einmal grüßen würden. Man sitzt also mitten in der *buckelisch Verwandtschaft*, eingequetscht zwischen Tante Lisbett – ständig bemüht, ob des feinen Ambientes ihren ländlichen Dialekt zu kaschieren – und Onkel Franz, der einem mit seinen nicht enden wollenden Erzählungen über seinen Garagenausbau auf die Nerven geht. Dabei interessiert das niemanden. Vor lauter Frust schiebt man sich dann ein Stück Buttertorte nach dem anderen herein, bis es irgendwann heißt: *»Die Braut is fort!«* Da ist mir auf der Hochzeit von Tanja und Karl-Heinz doch tatsächlich herausgerutscht: »Gott sei Dank!« Woraufhin mich Karl-Heinz, der Bräutigam, aufklärte: *»Nää, die is entführt worre!«* Sagte ich jovial: »Ei, freu dich doch!« Er schüttelte nur verwundert den Kopf. Die meisten brauchen dann doch zehn Jahre, bis sie diese Spitze verstehen. Nun, nachdem die entführte Braut aus irgendeiner Kaschemme ausgelöst wurde und man dem Brautpaar und den beteiligten Freunden den Alkohol schon deutlich anmerkte, wurde zum Tanz aufgespielt. Später wurden der Brautschuh versteigert und das Strumpfband. Bräuche, Musik, Essen, Getränke – es ist alles immer das Gleiche.

Einmal war ich auf einer Hochzeit zu Gast und stellte nach etwa vier Stunden verblüfft fest: Es war die falsche! Ja, den Bräutigam kannte ich nicht und die Braut hätte ich vermutlich sowieso nicht erkennen können. Die meisten Bräute verbringen nämlich vorher ein paar Tage unter der Fuchtel einer Freundin, die mal einen Kosmetikkurs absolviert hat, und lassen sich stylen. Niemand erkennt sie wieder und mancher Bräutigam sitzt dann ängstlich auf dem Armesünderbänkchen vor dem Traualtar und erschrickt bei ihrem Anblick: *»Ei, wer is dann das doo?«*, und lässt sich daher vorsorglich den Pass zeigen, bevor es zum Jawort geht.

Wo mir diese Hochzeitstradition tatsächlich schon mehrfach negativ aufgestoßen ist: beim Hochzeitsessen. Es gibt doch wirklich so viele raffinierte Rezepte, es gibt die schmackhaftesten *Büfetts* und neuerdings kulinarisches Fingerfood, auch im Saarland. Nur wenn es um so etwas Wichtiges wie die Hochzeit geht, *»doo mache mir kenn Experimende!«* Da setzt sich wohl immer die Mutter oder Schwiegermutter durch (so wie es schon deren Mutter oder Schwiegermutter getan hat) und es wird das übliche Hochzeitsmenü gereicht. Bei jeder Hochzeitsfeier, die in meinem Bistro stattfindet, habe ich im Vorfeld diese unselige Diskussion über das Essen. Aber gut, der Gast ist König, also: Essen wie vor 100 Jahren.

Das beginnt mit der *Rindfleischsupp*. Wobei man darauf achten sollte, dass in diesem Wort die *supp* betont ist. Genau wie in *Gemiesesupp* oder *Grumbeersupp* (also Kartoffelsuppe). Schließlich ist ja auch die Suppe das Wichtigste, denn Rindfleisch findet sich nicht sehr viel darin. Dafür diese typischen kleinen weißen Klößchen, allgemein als Markklößchen bekannt. Im Saarland sagt man dazu *Marschkleescher*. Möglicherweise aus phonetischer Notwendigkeit, habe ich mir überlegt. Welcher Saarländer ist schon in der Lage, die zwei »k« in *Markkleesjer* sauber hintereinander zu artikulieren? Karl-Heinz meinte dazu, dass der saarländischen Aussprache vielleicht sogar eine symbolische Bedeutung zugrunde liegt, *»weil nooch de Hochzeit em Bräutigam de Marsch geblose werd!«*

Auf diese Suppe folgt der Hauptgang, der aus mehreren Komponenten besteht. Da gibt es zunächst einmal eine Auswahl an Fleisch: Rinderbraten, Schweinebraten, Kalbsbraten. Dazu *helli Soß unn dunkli Soß* – und mehrere Beilagen: *Grumbeere*, also Kartoffeln, Pommes und Kroketten. Gemüse darf natürlich auch nicht fehlen: Erbsen, Bohnen und Karotten, die man hier als *Geeleriebe* oder *Möörscher* kennt. Auf so vielen Hochzeiten habe ich exakt diese Zusammenstellung erlebt und frage mich: Muss denn Tradition kulinarisch immer so langweilig sein? Wo bleibt die Fantasie? Wobei mich da einmal ein Brautvater – schon ordentlich abgefüllt – aufgeklärt hat. Es wäre ja eine Auswahl, die man frei kombinieren könne. Sein Monolog war zwar eher gelallt, aber trotzdem verstand ich, dass er versuchte, mir mehrere Kombinationsbeispiele aufzuzählen: *»Also, du kannschd e Rinderbrate esse mit dunkli Soß, mit Pommes, aber mit ohne Gemies! Du kannschd aber aach …«* Ich winkte ab, denn ich verstand schon, was er meinte. Er rechnete es mir dann sogar vor, wobei er sich beim Rechnen fast die Finger brach. Was ich verstand, war, dass er – offenbar in einem nüchternen Moment – die Zahl der Kombinationen ausgerechnet hatte. Erst hinterher erfuhr ich, dass es sich bei diesem arithmetischen Brautvater um einen Lehrer gehandelt hat: *»Also, du haschd genau 2.048 Kombinatione. Doo kannschde also jeden Samschdaach uff e Hochzeit gehe, 48 Johr lang, unn eschd immer was anneres!«*

Oh nein! Das wäre eine echte Strafe: 48 Jahre lang Hochzeiten besuchen – gewiss nicht! Zum Glück kam auf dieser Hochzeit zu später Stunde ein Onkel mit Schnaps vorbei – auch ein häufiger Hochzeitsbrauch – und trank sich durch die ganze Gesellschaft. Er hatte einen Sechserträger mit Mineralwasserflaschen dabei, deren Etiketten mit Kugelschreiber ungelenk beschriftet waren: *Quetsch* (siehe Glossar, Seite 272), *Mirabell* (siehe Seite 271), *Framboise* (siehe Seite 268) …

Ich weiß nicht, ob nur mir das auffällt, aber fast jede Hochzeit im Saarland läuft so ab, und endet meist am *Büfett*. Da hängen dann gegen Morgen die Reste der Hochzeitsgesellschaft rum, der Bräutigam bekommt seinen moralischen Anfall: »*Oh, isch wollt jo noch gar nit heirade, aber es hat so lang an mir rumgeschwätzt, bis isch Ja gesaaht hann!*« Und der Einzige, der solch einer Festivität offensichtlich etwas Positives abgewinnen kann, ist dann der Brautvater, der fröhlich und deutlich erleichtert auf seine neu vermählte Tochter deutet: »*Oh leck! Das doo hammer jetz unner.*«

Selbst die Sitzordnung scheint sich seit dem Mittelalter nicht geändert zu haben. Bei jedem anderen Fest: Geburtstag, Taufe, sogar beim Leichenschmaus ist die Anordnung der Tische vollkommen gleichgültig, nicht aber bei einer Hochzeit. Wenn eine solche in meinen Räumen ansteht, muss ich immer alles umstellen, denn da sitzt die Familie gern in der klassischen Hufeisenform zusammen, genauer: die Famili*en*. Und genau das, dass es sich nämlich um zwei Familien handelt, dürfte auch der Grund für die Sitzordnung sein. An der Stirnseite thront das Brautpaar: sie und er, oder richtiger: *es* und er, wie es saarländisch heißt. Daneben gibt es dann *ihm sei Seit* und gegenüber *ihm sei Seit*. Das ist – die Tischkarten weisen es aus – strikt getrennt. Und das merkt man auch deutlich, denn die beiden Familien reden häufig nicht allzu viel miteinander. Und das nicht nur an diesem Tag: oft monatelang, jahrelang wird nicht miteinander gesprochen – in vielen Familien hält das sogar bis zum Leichenschmaus an. Aber dafür geht's dann dort richtig ab. Vielleicht sind mir deswegen auch Leichenschmäuse viel lieber als Hochzeiten.

EPISODE 23

Von der Wiege bis zur Bahre – es gibt immer was zu feiern

Ohne Krimmelkuche is mer nit rischdisch doot!

Stell dir das doo emol vor, Willy: Mir hann sellemols uff de Dische gedanzt, es war saugudd.« Der geneigte Leser sollte diese Aussage meines Freundes Klaus mittlerweile auch ohne wörtliche Übersetzung verstehen – vielleicht mit Ausnahme des Wortes *sellemols*, was einfach »damals« bedeutet oder »seinerzeit«, also etwas länger her. Nun, ich verstehe eigentlich jedes Wort, nur inhaltlich kann ich seine Euphorie nicht ganz so nachvollziehen. Immerhin spricht er von einer Trauerfeier! Und die muss tatsächlich feuchtfröhlich verlaufen sein, ein Umstand, der mich schon etwas an der Glaubwürdigkeit meines Freundes zweifeln lässt. »*Doch, Willy, es war rischdisch luschdich!*« Wir stehen an der Theke meines Bistros und Klaus führt gerade sein viertes Bier zum Mund. »*So was is meisdens viel luschdischer als wie e Hochzeit*«, pflichtet Karl-Heinz ihm bei. Zwischen Hochzeiten und Leichenschmäusen gibt es aber schon erhebliche Unterschiede. Dachte ich zumindest bisher, bis Karl-Heinz erzählt: »*Alla, isch war sogar mol uff 'rer saarländisch Leichefeier, die wo se genauso gefeiert habbe wie e Hochzeit.*« Das überrascht mich jetzt, aber bei Saarländern ist tatsächlich vieles möglich. Das will ich genauer wissen. *»Ei joh, die habbe sogar de Sarsch entführt, do war was los.«* Nein! Ich würde ihm ja gern glauben, aber das klingt doch sehr abstrus. Und dann setzt er noch einen drauf: Man hätte sogar den Trauerstrauß geworfen, und der Fänger wäre tatsächlich der Nächste gewesen. Spätestens jetzt weiß ich: Er hat mal wieder maßlos übertrieben.

Wobei ich wirklich die Erfahrung gemacht habe, dass solch eine Totenfeier im Saarland mitunter lockerer gehandhabt wird als anderswo. Immerhin gab es davon schon eine ganze Reihe im Nebenraum meines Bistros, daher kann ich das beurteilen.

»Das kommt bestimmt vum Glaube her«, vermutet meine Frau Sabine, und das kann ich nachvollziehen: Die Saarländer sind überwiegend katholisch und lernen schon als Kind, dass nach dem Tod eben nicht alles vorbei ist. Man kommt ins Paradies, das sich der gemeine Saarländer als ein rechtes Schlaraffenland vorstellt, in dem am Ufer eines Urpils-Sees die Schwenkbraten an den Bäumen wachsen und es Lyonerwürste regnet, und vor allem: in dem man essen und trinken kann nach Herzenslust, ohne zuzunehmen.

Gut, wenn ich mir das so vorstelle, dann braucht man sich um einen Verstorbenen keine Sorgen mehr zu machen, oder wie Karl-Heinz das mal auf den Punkt brachte: *»Ei joh, ihr seid doch alle nur neidisch, wenn eener in de Himmel kimmt, unn ihr misst all im Saarland bleibe!«* Das war zwar ganz schön frech, aber es ist was dran und erklärt auch, warum man als gläubiger Mensch mit einem Verblichenen nicht unbedingt so viel Mitleid haben muss wie mit den Hinterbliebenen.

Ich bin mir auch nicht sicher, ob das jetzt typisch saarländisch ist, dass eine Trauerfeier auch mal ausufern kann. Bevor ich hierherkam, hatte ich mit solchen Feiern noch sehr wenig Erfahrung. Ich war ja noch jung, da ist die Einladung zu einer Leichenfeier eher die Ausnahme. Später ändert sich das und die Zahl der Leichenschmäuse steigt proportional zum eigenen Lebensalter.

Aber Saarländer feiern sowieso gerne und ausgelassen. Oftmals auch ganz unabhängig vom Grund – und häufig ganz ohne Grund. Ich erlebe das immer wieder in meinem Bistro, dessen Nebenraum gerne für Familienfeiern aller Art genutzt wird. Da werden Freunde und Bekannte eingeladen, die ganze bucklige Verwandtschaft, und man feiert alles, von der Geburt bis zum Tod. Halt, nein, noch mehr. Viele fangen schon vor der Geburt an. Da kommt eine hoffnungsfrohe Jungschwangere im dritten Monat vom Gynäkologen heim und deutet glücklich auf das Ultraschallbild: *»Gugg emol, der doo klääne graue Punkt, das isser!«* Darauf wird erst mal ein Kasten Bier spendiert: das erste Fest im Leben eines pränatalen Saarländers. Und so geht's weiter, Geburt, Taufe, Einschulung, Sitzenbleiben – alles wird gefeiert – Kommunion, Konfirmation, schließlich die Verlobung, die Hochzeit, die Silberne Scheidung. Im Saarland gibt es nichts, was man nicht feiern könnte. Neuerdings sogar das zehnjährige Arbeitslosen-Jubiläum – das dann allerdings bedeutend bescheidener gefeiert wird, vielleicht an der *Roschdwurschdbuud*, also einem wohnwagenähnlichen Bratwurst-Etablissement.

Ich erinnere mich noch gut, als der erste Leichenschmaus in meinem Bistro stattfand. Ich war etwas überfordert, weil für mich diese Art des fröhlichen Abschiednehmens noch sehr neu war, und verwechselte zunächst sogar den Anlass. Da kam eine Gruppe von Menschen herein ... ich dachte unwillkürlich an den Obst- und Gartenbauverein, der roten Nasen wegen. Aber nein, man stellte sich als Kirchenchor der benachbarten Gemeinde vor, was mir gleich einen Schreck einjagte. »Mein Gott, reicht überhaupt mein Getränkebestand?« Denn das wusste ich schon vom Hörensagen, dass gerade saarländische Kirchenchöre zu exzessivem Alkoholgenuss neigen – vor allem die katholischen. Alles zur Ehre Gottes! Da muss man als Wirt gerüstet sein.

Diese Gruppe fiel also heuschreckenartig in mein Bistro ein, stellte ungefragt die Tische zusammen, und ein älterer Herr, der sich als Vorsitzender vorstellte, erklärte, dass man ein kleines spontanes Fest für den Freund und Sangesbruder Kuno veranstalten wolle. Nun gut, ich freute mich auf einen schönen Tagesumsatz, suchte irgendwo nach Kerzen, um improvisatorisch einen rasch aufgetriebenen Marmorkuchen zu schmücken – mit einen richtigen Geburtstagskuchen konnte ich leider nicht dienen –, da winkte der Vorsitzende ab: Nein, es sei kein Geburtstag, sondern eher – er druckste etwas herum – das Gegenteil. Es handele sich um einen Leichenschmaus.

Den Begriff kannte ich wohl, war aber in der Ausrichtung desselben noch ganz unbedarft. Außerdem gibt es Gegenden, und das Saarland sowie die angrenzende Pfalz gehören dazu, wo weniger gut gegessen, sondern mehr getrunken wird. Dieser Brauch wird im Saarland gepflegt. Ist jemand verstorben, den man gut kannte, mit dem man befreundet oder verkracht war, dann begleitet man ihn nicht nur auf seinem letzten Weg, sondern auch »bei seinem letzten Glas«. Das heißt dann Leichenimbiss, abgekürzt *Leischeimbs*. Anderenorts wird das *Fell versoffen* oder man findet sich zum *Tröster* oder zum *Reue-Essen* zusammen. Damals lernte ich auch, dass solche Treffen ganz schnell einen fröhlichen Verlauf nehmen können. Anfängliche Verlegenheiten werden dabei rasch durch entsprechende Gaben alkoholischer Getränke überwunden und verhelfen der Feier dann oft noch zu einem heiteren Ausgang.

Zu Beginn, wenn die Gäste gerade vom Friedhof kommen, sind sie recht schweigsam und pflegen ihre Trauer. Das sind die Momente, in denen man der Witwe etwas Mut zusprechen kann und ihr was Positives mit auf den Weg gibt: *»Och, das hädd schlimmer komme könne!«* – ja, selbst eine solche Plattitüde kann aufbauend wirken. Man muss alles auch in einem positiven Licht sehen und es gilt, Optimismus zu verbreiten: *»Schad um dein Mann, aber mer wääß nit, fer was es gudd gewäähn is!«*

Die Männer trauern zunächst an der Theke, in der einen Hand ein Glas frisch gezapftes Bier und in der anderen ein belegtes Brötchen, das sogenannte Schnittchen, als *Leischeimbs*. Traditionell belegt mit Schinken, Käse oder Mett – Letzteres dann aber mit Maggi, der im Saarland stets im Übermaß genutzten Allzweckwürze.

Die Frauen sitzen währenddessen mit echter oder bemüht gespielter Trauermiene an den Tischen vor einer Tasse Kaffee – die meist mit einem guten Schuss Cognac versetzt wurde. Das hat auch eine wichtige Funktion: Der Cognac dämpft den Schmerz und der Kaffee ist notwendig, um den typischen Streuselkuchen hineinzutunken, hierorts *Krimmelkuche* genannt. Der gehört zu einem *Leischeimbs* unbedingt dazu. Auch wenn es vielleicht erschreckend klingen mag, aber nichts zeichnet den Pragmatismus des Saarländers so deutlich aus wie der Kommentar von Klaus: »*Ei, ohne Krimmelkuche is mer halt nit rischdisch doot! Mer könnt eher uff die Leisch verzischde als uff de Krimmelkuche!*«

Besagter Kirchenchor trifft sich übrigens seit jener Zeit jedes Jahr regelmäßig zu einer ähnlichen Festivität in meinem Bistro, nämlich immer pünktlich am Karfreitag, um nach dem Gottesdienst *de Leischeimbs fer de Jesus* zu feiern, ungelogen! Aber mittlerweile bin ich bestens gerüstet, genügend Getränke stehen zur Auswahl bereit und schon am Abend des Gründonnerstag verströmt der Geruch nach frisch gebackenem Streuselkuchen meine Räumlichkeiten und wartet auf die Trauernden – alle Jahre wieder …

EPISODE 24
Gourmets und arme Schlucker

Hauptsach gudd gess!

Komm, Willy, mach mir noch e Bier, unn haschde noch e bissche Lyoner?«

»Moment, Klaus …«

»Wääschd jo, Hauptsach gudd gess …«

»Ja, das haben wir jetzt schon häufiger gehört.«

Wenn man dem typisch saarländischen *Hasengespräch* lauscht, also der üblichen Konversation, die man ebenso mit Dummschwätzen übersetzen kann, hat man oft den Eindruck, Saarländer seien immer nur am Essen. Das stimmt nicht – ganz! Aber das Essen, vor allem das gute Essen, ist ein wesentlicher Bestandteil saarländischer Kultur. Die unmittelbare Nähe zu Frankreich ist daran übrigens nicht ganz unschuldig. Logisch, da es der Saarländer nicht weit hat, eine exzellente Küche zu genießen und problemlos die delikatesten Zutaten im Lande der Gourmets einzukaufen, ist er im Lauf der Zeit recht anspruchsvoll geworden und verstand es dabei, diese verschiedenen Einflüsse mit seiner eigenen, eher rustikalen Küche zu etwas ganz Neuem und Besonderem zu verbinden.

Und dass die Saarländer in puncto Essen ziemlich wählerisch sein müssen, zeigt allein die Tatsache, dass es in unserem Lande überproportional viele Sternerestaurants gibt – vor allem in der Königsklasse: von neun Drei-Sterne-Restaurants in Deutschland befinden sich alleine zwei an der Saar! Daran muss nicht einmal der französische Einfluss schuld sein, immerhin hat sich hier schon lange eine eigene Küche entwickelt, die ursprünglich sehr deftig und kalorienreich war, dabei aber sehr schmackhaft.

Obwohl die Saarländer eigentlich immer ein recht armes Volk waren, wussten sie stets etwas Delikates aus dem Wenigen zu machen, das ihnen zur Verfügung stand. Man hatte ja nicht viel: Der Mann arbeitete unter Tage im Bergwerk oder schwitzte am Hochofen der Hütte, und das oft die ganze Woche lang, bevor er für ein, zwei Tage *hemm* konnte, die Frau kümmerte sich derweil um Haushalt und Kinder. Sehr oft waren die beiden auch noch nebenher als Hobbybauern aktiv. So zumindest würde man heute sagen, damals nannte man das tatsächlich Bergmannsbauern. Als ob der Beruf des Bergmanns den Mann alleine nicht schon ausfüllen würde. Vor allem damals, in einer Zeit, in der es keine 40-Stunden-Woche gab, es waren eher 60.

Die Frau hütete die Kinderschar und diverse Haustiere und kümmerte sich um ein Stückchen Land oder ein Gärtchen, in dem sie allerlei Gemüse anpflanzte. Vor allem die Kartoffel war – und ist immer noch – ein Hauptbestandteil der saarländischen Küche: die *Grumbeer*. So versuchte die Hausfrau schon immer kreativ zu sein und aus der *Grumbeer* etwas Neues zu zaubern, damit *ihrer*, also der Mann, stets wieder heimkäme. Er nahm ja jedes Mal nach einer harten Arbeitswoche den oft sehr langen Fußweg nach Hause auf sich. Und bevor er dann irgendwo *nääbenaus* ging, wo es vielleicht besser zu essen gab, musste die Hausfrau immer wieder zusehen, dass sie aus dem, was das kleine Äckerlein hergab, was ganz Besonderes zauberte.

Daher gibt es bei uns Kartoffelgerichte in vielen schmackhaften Varianten, meist in Form von Knödeln (oder, wie man hier sagt: *Klöß*) in diversen Formen, aber auch als Salzkartoffeln, *Pellgrumbeere* oder auch *Brootgrumbeere* (Bratkartoffeln). Ein sehr typisches Gericht sind *Gefillde*, gefüllte Kartoffelklöße, die meist Leberwurst enthalten, welche oft genug – pscht! – sogar aus der Pfalz kommt. Dazu gibt es eine feine Sahnesoße mit ausgelassenem Speck, die *Specksoß*. Sahne und Käse wurden auch lange Zeit selbst gemacht, schließlich hatten viele Bergleute in ihrer kleinen Landwirtschaft neben Ackergärtchen, ein paar Hasen, einem Hund, Katzen, diversen Mäusen auch eine Ziege, die sogenannte *Bergmannskuh*. Zu den *Gefillde mit Specksoß* gab es traditionell Sauerkraut.

Eine fast unüberschaubare Palette unterschiedlicher Klöße kann eine durchschnittliche saarländische Hausfrau formen: *Geheirade* oder *Mehlkneppscher* (die bestehen, wie der Name richtig vermuten lässt, aus Mehl), *Hoorische* (quasi *ungefillde Gefillde*), auch als *Stragge* bekannt. Wir haben ja schon gelernt – der konzentrierte Leser mag sich daran erinnern, anderenfalls sollte er am besten noch einmal von vorne anfangen – dass es im Saarländischen das Homonym *stragg* gibt, das mehrere Bedeutungen in sich vereinigt: faul, besoffen oder auch steif (Wisst ihr noch? Der Grabstein, auf dem stand: *»Doo leiht de Karl, wie er immer geläbt hat: stragg!«*). Nun werden *Stragge* auch aus Knödelteig geformt, sind aber nicht kugelrund wie die *Gefillde*, sondern eher länglich geformt: etwas mehr als daumendick und acht bis zehn Zentimeter lang. Dadurch haben sie eine Form, die bei manchen nicht ganz jugendfreie Assoziationen wecken könnte, aber …

»Grad Fraue denke immer, das sieht aus wie en …«

»Klaus, bitte. Hier gibt es vielleicht auch empfindsame Leser aus feineren Gefilden.«

»Ei, isch saahn's doch nur, wie's is. Es Hedwisch hat sogar schon emol bei mir Maß geholl.«

»Genommen! Maß genommen! Klaus, bitte, wir brauchen jetzt keine schlüpfrigen Details. Es wird auch so verstanden, worum es geht.«

»Ei jo, drum häässe die jo aach Stragge, weil se …«

Er meint damit jetzt nicht faul oder betrunken.

Eine harmlosere Version gibt es natürlich auch, man nennt diese Form des Knödels auch *Bubespatze* – der Ursprung ist übrigens der gleiche, wobei der besagte Knödel dann eher etwas kleiner in den Ausmaßen ist. Manchmal hört man auch den Ausdruck *Hoorische*, doch was das nun mit Haaren zu tun hat, also nein, so weit möchte ich auch gar nicht denken.

Es gibt noch viele andere kulinarische Köstlichkeiten, darunter einige, die zunächst Verwunderung auslösen: »*Ei*, passt so etwas überhaupt zusammen?« Zum Beispiel die *Bibbelsches-Bohnesupp*. Da weiß zwar niemand so genau, wo der Name herkommt, da sie allerdings manchmal auch *Schnippelsches-Bohnesupp* heißt, wird der Name auf die klein geschnippelten Bohnen zurückgehen. Egal, diese Suppe schmeckt sehr lecker. Und was im Saarland dann unbedingt dazugehört, ist *Quetschekuche*, also Zwetschgenkuchen. Klingt zwar recht exotisch, aber schmeckt richtig gut, also *saugudd*!

Was fast noch besser ist und worauf der Saarländer ganz besonders stolz ist: die Lyonerwurst. Wobei die nicht einmal so typisch saarländisch ist. Es handelt sich um eine Fleischwurst in Ringform – die mit Lyon übrigens nichts zu tun hat. Eine echte *saucisse lyonnaise* ist nämlich eine Hart- oder Dauerwurst. Aber die Eingeborenen bestehen halt darauf: Die Lyoner gibt's nur im Saarland und sie kommt aus Lyon – *ei gudd!*

Egal, woher sie tatsächlich kommt, ich weiß, wo sie oft genug hinkommt: auf den Grill. Sie wird dabei komplett, mit Haut und Haaren – also genau genommen nur mit der essbaren Haut, auf dem typisch saarländischen Schwenkgrill gebrutzelt, *geschwenkt*. Das ist eine sehr traditionelle Zeremonie. Saarländer sind nämlich ein Volk von Grillern, wie wir später noch hören werden. Aber auch viele, viele andere Rezepte gibt es mit der Lyoner, ganze Bücher voll wurden da erdacht. Die Lyoner gehört zum Saarländer eben genauso wie die Weißwurst zum Bayern. Weswegen böse – natürlich auswärtige, das heißt in der Regel pfälzische – Zungen lästern, der saarländische Adventskranz wäre nichts anderes als ein Ring Lyoner mit vier Fläschchen Maggi. Dass diese Würzmischung im Saarland durchaus zu den Grundnahrungsmitteln gehört, wissen wir bereits.

Den Abschluss dieser kulinarischen Exkursion in den Westen der Republik soll eine ganz typische regionale Spezialität bilden: *Dibbelabbes*. Ein Kartoffelgericht, bei dem geriebene Kartoffeln in einem Topf mit Dörrfleisch, Zwiebeln und Muskat angebraten und immer wieder gewendet werden. Gegessen wird das besonders gerne mit Apfelmus. Eine Variante davon kennt man im pfälzischen Raum unter dem Namen *Schales*. Das ist auch ein sehr schmackhaftes Gericht, aber die Optik könnte für den ein oder anderen vielleicht etwas gewöhnungsbedürftig sein. Wenn man nämlich als Fremder ins gastfreundliche Saarland kommt und das erste Mal mit dieser Speise konfrontiert wird, dabei auf den Teller blickt – immerhin isst das Auge mit –, kann es durchaus vorkommen, dass man innerlich stutzt und sich denkt: »Hm, sieht aus wie gebraucht!« Alleine die grünliche Färbung und die recht weiche Konsistenz des Gerichtes könnten die Fantasie in diese Richtung lenken. Trotzdem sollte man es unbedingt probiert haben, es schmeckt wirklich lecker. Außerdem, in anderen Gegenden gibt es auch Speisen, die im ersten Moment abschrecken: Labskaus, Kutteln, Rote Grütze, Maultaschen oder gar Pinkel – auch so etwas weckt Assoziationen in den falschen Gefilden. Meist möchte man schon vom Namen her gar nicht mehr wissen, was das alles überhaupt ist.

Nehmen wir als Beispiel den Pfälzer Saumagen. Auch da mag der empfindliche Gast zunächst stutzen und sich vielleicht sogar bildlich vorstellen, wo das alles vorher mal gewesen ist. Dabei ist das eine sehr delikate Spezialität, von der man weiß, dass seinerzeit der Pfälzer Bundeskanzler Helmut Kohl 16 Jahre lang versuchte, dieses Gericht international, quasi global bekannt zu machen. Jeder Staatsmann, jeder König, jeder Präsident, der in Deutschland auf Staatsbesuch war, musste, ob er wollte oder nicht: ab nach Deidesheim, in den Deidesheimer Hof und Saumagen essen! Man erzählt sich dort heute noch vom damaligen französischen Präsidenten Mitterand, der nach vier Jahren gesagt haben soll: *»Non, zu die Chancelier Kohl isch fahre nie mèhre hin – Schlüss!«*

Rezepte

Stellvertretend für die saarländische Küche habe ich ein Gericht ausgewählt, das wie kein anderes repräsentativ für unsere kulinarische Heimat ist: was *Guddes*, Deftiges aus Kartoffeln. Hier kann man sich regelrecht reinknien – in die *Gefillde.*

Am liebsten würde ich jetzt jeden Interessenten zu mir nach Hause einladen, denn *meins*, meine Frau, macht tatsächlich die besten *Gefillde*. Und das sage ich nicht aus Angst vor Repressalien, sondern, weil es wirklich so ist. Da ich aber nicht jeden Hungernden zu uns zum Essen bitten kann, hat *meins* ihr Rezept für uns aufgeschrieben – sie hat es dabei für drei Personen konzipiert (auch, wenn die meisten Kochbücher heute immer noch von der irrigen Annahme ausgehen, die Durchschnittsfamilie bestünde aus vier Personen).

1. Vorbereitung

Für drei Portionen *Gefillde* nehme man:

1 Packung	fertigen Kloßteig (500 g)
400 g	grobe Leberwurst (die darf ruhig aus der Pfalz sein, denn wenn die Pfälzer – ungeachtet aller Streitigkeiten – etwas können, dann ist es *eschd Pälzer Lebberwurschd*)
800 ml	Sahne
300 g	Dörrfleisch
500 g	Sauerkraut
	Öl, Muskat, Salz und (immerhin ist es ein saarländisches Rezept): Maggi

Für die Klöße teilt man den Kloßteig in 6 gleiche Teile, halbiert diese und formt sie zu Kugelhälften. Sodann zerschneidet man die Leberwurst auch in 6 Teile und knetet Kugeln daraus. Diese legt man in die Kloßhälften, setzt jeweils den Deckel drauf und formt schöne runde Klöße.

Da es fast so viele *Gefillde*-Rezepte wie saarländische Hausfrauen gibt, wurden natürlich immer wieder die verschiedensten Variationen ausprobiert:

2. Klöße selbst machen (ganz wie früher)

250 g Kartoffeln kochen, pellen und zerdrücken. 250 g rohe Kartoffeln reiben und in einem Spülhandtuch ausdrücken – die Flüssigkeit dann aber nicht wegschütten, sondern in einem Topf aufbewahren und etwas absetzen lassen. Sodann das Wasser aus der abgestandenen Flüssigkeit abgießen. Schließlich die verbleibende Kartoffelstärke mit den rohen und den gekochten Kartoffeln mischen, mit etwas Muskat und Salz würzen und durch Zugabe von Wasser zu einem glatten Teig verrühren. Damit dann so verfahren wie mit dem fertigen Kloßteig.

3. Füllungen

Statt reiner Leberwurst kann man diese auch mit Hackfleisch mischen, nach Belieben gewürzt, oder auch nur Hackfleisch verwenden, während Vegetarier gerne zu Frischkäse und Spinat greifen.

4. Klöße kochen

Die Klöße dann in kochendes Salzwasser geben und 20 Minuten leicht köcheln lassen. Wenn die Klöße nach oben kommen und schwimmen, noch 5 Minuten ziehen lassen.

5. Soße

Für die Sahnesoße schneidet man das Dörrfleisch in kleine Würfel und brät diese scharf an – am besten in einem Topf mit sehr wenig Öl. Wenn die Würfel schön kross geworden sind und das Fett ausgelassen ist, ein paar Spritzer Maggi dazugeben und dann die Flüssigkeit komplett verdunsten lassen.

Nun die gesamte Sahne dazugeben, das Ganze kurz aufkochen und bei kleinster Flamme wenige Minuten eindicken lassen. Schließlich abschmecken und eventuell noch ein wenig salzen, aber meist gibt das Dörrfleisch bereits genug Würze ab.

Anstelle von Dörrfleisch kann man auch gewürfelten rohen Schinken oder Speck verwenden.

Auch bei der Soße gibt es verschiedene Möglichkeiten:

Vegetarier arbeiten mit Gemüsebrühe und Sahneersatz, allerdings sollte die Soße trotzdem noch würzig, dickflüssig und sahnig im Geschmack sein.

Manche Köchinnen verwenden auch eine gebundene, gestreckte Form anstelle der reinen Sahnesoße.

Man kann aber auch auf braune Fleischsoße zurückgreifen, anstelle der Sahnesoße.

6. Sauerkraut

Auch beim Sauerkraut darf man variieren und kauft entweder fertig verpacktes oder frisches Sauerkraut beim Metzger. Das kann man zusätzlich mit Gewürzen und/oder Dörrfleisch oder Kassler geschmacklich aufpeppen.

Bei uns zu Hause wird die reine saarländische Form bevorzugt: Maggi, Sahne, Leberwurst, Fertigkloßteig und Fertigsauerkraut – ohne viel Pipapo ;-). Das steht in 30 Minuten auf dem Tisch und ist das Rezept für den modernen saarländischen Ein-Kind-Haushalt.

Danke an Marion Schönauer-Philippi für das Rezept!

Kulinarische Tipps

Unsere saarländischen Sterneköche:

Drei-Sterne-Koch **Christian Bau** verwöhnt den anspruchsvollsten Gast in **Victor's Gourmet-Restaurant.**
Schloßstraße 27–29, 66706 Perl-Nennig, Tel.: 0 68 66 / 7 91 18,
www.victors-gourmet.de

Der mehrfach ausgezeichnete Drei-Sterne-Koch **Klaus Erfort** lädt zum Mahle in Saarbrücken, **Gästehaus Klaus Erfort.**
Mainzer Straße 95, 66121 Saarbrücken, Tel.: 06 81 / 9 58 26 82,
www.gaestehaus-erfort.de

Schlemmen beim saarländischen Sternekoch **Alexander Kunz** in Bliesen, **Restaurant Kunz.**
Kirchstraße 22, 66606 St. Wendel-Bliesen, Tel.: 0 68 54 / 81 45,
www.restaurant-kunz.de

Saarbrückens neuer Stern am Küchenhimmel: **Jens Jakob & Martin Stopp, Le Noir Restaurant & Bar.**
Mainzer Straße 26, 66111 Saarbrücken, Tel.: 06 81 / 9 68 19 88,
www.lenoir-restaurant.de

Außerdem mit einem Stern geehrt: **Cliff Hämmerle** in Blieskastel, **Hämmerles Restaurant.**
Bliestalstraße 110a, 66440 Blieskastel, Tel.: 0 68 42 / 5 21 42,
www.haemmerles-restaurant.de

Und weil es im Saarland einfach dazugehört, zum Essen auch auf die andere Seite zu fahren, *ribber nooch Frankreisch*, geht es dann zur

Sterneköchin **Isabelle Egloff** in die **La Bonne Auberge**.
15, rue Nationale, F-57350 Stiring-Wendel, Tel.: +33 (0) 38 78 / 75 27

In der **Auberge Saint-Walfrid** in Grosbliederstroff gibt sich Sternekoch **Stéphan Schneider** die Ehre.
58, rue Grosbliederstroff, F-57200 Sarreguemines-Welferding,
Tel.: +33 (0) 38 79 / 8 43 75, *www.stwalfrid.fr*

Wer zudem günstig tanken will, noch Zigaretten braucht, der fährt nach Luxemburg. Auf dem Heimweg bietet sich der Besuch des Sternerestaurants von **Léa Linster** an: **Restaurant Léa Linster**.
17, route de Luxembourg, L-5752 Frisange,
Tel.: +35 (0) 22 36 / 6 84 11, *www.lealinster.lu*

Und hier noch zwei Geheimtipps von mir:

Der schönste Biergarten des Saarlandes liegt mitten im Wald bei Riegelsberg. Dazu gibt es erlesenes Essen: **Restaurant Forsthaus Neuhaus.**
Tel.: 0 68 06 / 99 45 66, *www.forsthaus-neuhaus.de*

Die besten Steaks, nicht nur im Saarland, sondern weit darüber hinaus, gibt es bei **André Folschweiller** im **Restaurant Grill au Bois**.
Zweibrücker Straße 88, 66538 Neunkirchen,
Tel.: 0 68 21 / 8 99 99, *www.grill-au-bois.de*

EPISODE 25

Der Schwenker raucht, von Januar bis in den Advent

Mir grille nit, mir schwenke!

Was dem Berliner seine Curry-, dem Bayern seine Weiß-, dem Franken seine Nürnberger und dem Thüringer seine, na, eben Thüringer Wurst, das ist dem Saarländer seine *Roschdwurschd.* Nicht zu verwechseln mit der Lyoner. Das ist ja eine Fleischwurst, die roh gegessen, aber auch mal gebraten oder gegrillt wird. Eine *Roschdwurschd* ist nicht geringelt wie die Lyoner, auch nicht so dick, und eigentlich ist an ihr nur der Name typisch saarländisch. Die Wurst selbst ist eine normale Bratwurst, die auf einem Grill zubereitet wird und die man zwischendurch *uff de Hand* isst. Der Grill ist dabei eingebaut in einem wohnwagenähnlichen Gefährt, der *Roschdwurschdbuud*, einem Imbissstand eben. Solch ein Stand steht in jedem Dorf, an der Hauptstraße, auf dem größten Platz, neben der Kirche.

Viele dieser Grillstationen haben schon etliche Jahre auf dem Buckel, also auf dem Rost, und das sieht man ihnen auch deutlich an. Manchmal schon sehr heruntergekommen, bildet das Ambiente häufig einen verblüffenden Kontrast zum überschwänglichen Namen des Etablissements, der oft nostalgisch per Hand auf ein schlichtes Pappschild gemalt über dem Ganzen thront: Grill-Gourmet, Herbert's Wurschd-Paradies oder etwas zeitgemäßer Mona's Inn. Dort bekommt man die Bratwurst in ein aufgeschnittenes Brötchen gelegt, drapiert mit einem ebenso langen Strang Senf, der spätestens dann auf der Hose landet, wenn man versucht, mit der freien Hand das Wechselgeld in den Geldbeutel zu befördern. Man wählt dabei zwischen zwei verschiedenen Bratwürsten: *de Weißi* oder *de Roodi*. Daneben gibt es häufig (Frankreich beziehungsweise die ehemaligen Besitzungen in Nordafrika lassen grüßen) die scharfe Merguez, dazu natürlich die Currywurst, und häufig auch *Frikadelle aus de Soß*, also Fleischklopse, die seit Stunden in einer Art Bratensoße dümpeln. Pommes bilden die übliche Beilage – oft genug in antikem Fett frittiert. Eine saarländische Besonderheit ist das Brötchen, in dem die Wurst serviert wird. An *Roschdwurschdbuude* gibt es nämlich meist das sogenannte *Doppelweck*, oder vielmehr *den Doppelweck*, was nichts anderes ist als zwei aneinandergebackene helle Brötchen. Von der Frage *»Mit em halbe oder mit em ganze Weck?«* sollte man sich nicht irritieren lassen. Wer eine *Roschdwurschd im ganze Weck* bestellt, bekommt ein doppeltes, also zwei Brötchen.

Mein Freund Klaus steht gerade mit seinem Bier an meiner Theke und schüttelt ungläubig den Kopf: *»Wo sieschd'n du überall Roschdwurschdbuude?«* Ja, ich muss zugeben, ich beschreibe einen mehr nostalgischen Zustand. Vor 30 Jahren, als ich ins Saarland kam, war das alles noch so. Auch wenn das entsprechende Dorf nur aus fünf Häusern, einer Kirche, einem Misthaufen und zwei Kneipen bestand, eine *Roschdwurschdbuud* gab es immer.

Diesbezüglich hat sich im Saarland vieles verändert. Nicht nur, dass es immer weniger Dorfkneipen gibt, auch die *Roschdwurschdbuude* werden mehr und mehr von Kebab-Ständen verdrängt, wobei das auch nicht ganz korrekt ist. Denn die äußere Umgebung, der alte Wohnwagen, das vergammelte Interieur, eventuell ein wackliger Stehtisch, sind anscheinend vom Vorbesitzer übernommen worden: vom Becker'sch Heiner zum Tarik Suleiman. Selbst das Pappschild findet man manchmal noch, einfach umgedreht und mit krakeligen Buchstaben in verschiedensten Versionen bemalt: *Kebab, Kebap, Kepap* oder *Döner*. Viele mögen diese kulinarische Form der Integration missbilligen.

Doch der Saarländer ist da ganz pragmatisch, lässt sich nicht von fremder Kultur überrollen und nennt die türkische Spezialität nicht Kebab, sondern spricht einfach vom *geschnetzelte Lamm in flache Weck*. Dann muss er eben seine alten Imbiss-Gewohnheiten etwas umstellen und geht zum Burger-Amerikaner oder er freut sich einfach auf Samstag. Irgendein Saarländer wird ihn da schon zum privaten Grill-Event einladen – zur Not grillt er auch selbst. Denn dieses saarländische Einheitshobby, das Grillen im heimischen Gärtchen, lässt er sich nicht nehmen. Da liegen dann auch noch richtige Würste auf dem Rost oder sogar der berühmte *Schwenker*.

Egal, was das Wetter sagt, am Wochenende wird gegrillt. Halt! Klaus sieht mich schon recht vorwurfsvoll an – ja, ich weiß: Es wird *geschwenkt* oder *geschwenkert*. Ein hier fast schon heiliges Ritual. Beim Saarländer hat man sogar den Eindruck, er beginnt seine Grillsaison Mitte Februar, wenn der letzte Schnee weggetaut ist (da wird *angeschwenkt*), und *schwenkt* dann Wochenende für

Wochenende durch bis in den Advent hinein (beim *Abschwenken*). *Schwenken* heißt es deshalb, weil das typische Grillgerät ein Schwenkgrill ist: ein Dreibein mit einer Kette, an der unten ein Rost hängt, den man hin- und herbewegen (schwenken) kann. Die Kette ist oben im Schnittpunkt der drei Stangen meist über eine Rolle beweglich, sodass man die Höhe der Rostes über der Glut verändern kann. Die Glut selbst kommt von verbrennendem Buchenholz, das sehr trocken sein sollte, damit es beim Anzünden nicht allzu viel qualmt. Daran erkennt man nämlich den richtigen ambitionierten saarländischen *Schwenker* – nicht nur das Dreibein heißt so, auch der Bediener und sogar das Grillgut, der Schwenkbraten.

Also, da steht der *Schwenker* am *Schwenker* und macht *en Schwenker*. Das macht – denke ich – die Überschrift dieser Episode verständlich. Was die Feuerstelle mit dem Buchenholz angeht, auch da gibt es eine alte Tradition: Die befindet sich in einer ausrangierten Waschmaschinentrommel unter Dreibein und Rost. Saarländer hatten schon immer einen Hang zum Recycling.

Wenn man sich solch einen Schwenkgrill genauer ansieht, dann wird auch deutlich, dass dieses Grillgerät meist in Eigenarbeit entstanden ist, allerdings selten zu Hause, sondern traditionell irgendwo auf einer Nachtschicht, *uff de Grub* oder *uff de Hitt.* Zumindest das Dreibein, Kette und Rost. Oft genug aus rostfreiem VA-Stahl gefertigt. Und das natürlich ohne das Wissen der Geschäftsleitung. Auch das ist eine alte montane Tradition, das *Organisieren*, dem aber – ob seiner Wichtigkeit – ein eigenes Kapitel gewidmet ist.

Beim Entzünden des Feuers unter dem Schwenkgrill sollte man übrigens erfahren sein, denn immer wieder passiert es Neu-Saarländern, dass sie dabei eine Rauchwolke erzeugen, die den Kühlturmschwaden eines Atomkraftwerkes in nichts nachstehen. Und im Saarland fallen solche Dilettanten natürlich sofort auf, schließlich gab es dort noch nie ein Kernkraftwerk. Vielleicht zur Warnung: Eine der übelsten Beschimpfungen für einen Saarländer ist es, wenn es heißt: *»Ei, dei Vatter hat schon nit schwenke könne!«*

Denn das ist durchaus eine Kunst: Die Glut muss genau die richtige Hitze haben, die Höhe muss stimmen und dann kommen die Rostwürste drauf, vielleicht auch *Häähnschebäähnsche*, also Hühnerkeulen. Aber das Wichtigste ist der *Schwenker*, der Schwenkbraten. Ein mariniertes Schweinesteak, gut gewürzt. Mit einer speziell geformten Gabel, die nur einen rundgebogenen Zinken hat, kann man den *Schwenker* dann herumdrehen. Leider weiß ich nicht, wie man dieses Ding nennt. *»Ei, doo kannschde Wender saahn«*, meint Klaus belehrend, *»oder Schwenkerschwenker, weil de doodemit jo de Schwenker kannschd rumschwenke …«* Das ist dann der Moment, in dem ich Klaus am liebsten den Mund verbieten würde: *»Dummschwätzer!«*

Den *Schwenker* isst man auch gerne in einem *Weck* (also einem Brötchen) und dazu gehört natürlich das saarländische Bier. Denn das alles zusammen ist des Saarländers größtes Glück: mit Familie und Freunden draußen im Garten um den Schwenkgrill versammelt, gutes Bier in der Hand, der Duft des Fleisches in der Nase.

Das erinnert übrigens auch an alte Zeiten. Man könnte sich die Saarländer gut in der Steinzeit vorstellen, wie sie genüsslich ihren *Schwenker* mampfend um Feuer und Dreibein herumsitzen und dabei unverständliche Laute hervorbringen. Wäre jetzt Klaus nicht hier bei mir – er schaut eh schon etwas *wiedisch* (wütend), würde ich sogar ein wenig frotzeln, denn daraus sieht man schon recht deutlich, dass sich an so manchen Essgewohnheiten im Saarland seit der Steinzeit nicht allzu viel verändert hat.

Das größte Unglück, übrigens, darauf sollte ich kurz eingehen, der Super-GAU des grillenden Saarländers, passiert auch immer mal wieder: Da liegen zehn Schwenkbraten auf dem Rost, sind fast durch, und dann reißt die Kette. Das ist dann richtig tragisch. Davon werden noch Generationen von Nachkommen erzählen: »*Wääschde noch, wie sellemols de Opa ...*«

Schwenker und Marinade

Wie mariniert man einen richtig guten saarländischen Schwenkbraten? Bei der Beantwortung dieser Frage sind mir dann noch etliche andere Dinge eingefallen, die man beachten sollte, wenn man das Vergnügen »*Schwenken* im Saarland« optimal genießen möchte.

1. Die Vorbereitung: das Fleisch

a) Der versierte Saarländer überlegt zunächst, wen er alles eingeladen hat, wer davon üblicherweise auch kommt und welche Volumina diese Gäste in der Regel verspeisen. Damit schätzt er die Menge des benötigten Fleisches und die Zahl der Kästen Bier ab, die er besorgen muss. Als Sicherheitsmarge schlägt er 50 Prozent drauf.

Gehen wir beispielsweise von 6 Personen aus. Andere Besetzungen können dann durch einfachen Dreisatz (zur Not einen Lehrer aus der Nachbarschaft befragen – ihn aber dann, samt Frau, einladen!) berechnet werden.

Er besucht den Metzger seines Vertrauens und kauft dort 12 nur leicht fettdurchzogene Nackenkoteletts ohne Knochen (der Einfachheit halber nehmen wir hier pro Gast 2 Stück). Fernerhin besorgt er sich für die Marinade, in die das Fleisch später eingelegt werden soll: 12 Zwiebeln, 5 Knoblauchzehen sowie ein paar Wacholderbeeren. Zudem braucht er 400 ml Öl. Ein wenig Thymian und Oregano können auch nicht schaden. Senf, Curry, Paprika und Pfeffer dürften sich in der Küche finden. Nachdem er das Fleisch trocken getupft hat, schneidet er die Zwiebeln in Ringe. Für die Marinade vermischt er das Öl mit den zerdrückten Knoblauchzehen, 2 EL Senf, den Kräutern und Gewürzen. Sodann legt er das Fleisch in einen Steinguttopf, übergießt es mit der Marinade und belegt es mit den Zwiebelringen. Er deckt es mit einem trockenen und sauberen Spülhandtuch ab und stellt den Topf für mindestens 24 Stunden kühl.

b) Der auswärtige Neuling kauft eingeschweißte Schwenk-Nackensteaks – am besten in der Tankstelle – samt Fett und leichtem Knorpelansatz und riskiert damit die zart erblühte Freundschaft zum saarländischen Nachbarn, den er später gewiss noch gut brauchen kann.

2. Das Gerät

a) Der versierte Saarländer holt seinen gepflegten Schwenkgrill aus der Garage und baut ihn geschickt auf: Drei Beine werden ins Kopfteil geschoben und fixiert, die Rolle im Kopfteil mit einem Tropfen Maschinenöl gängiger gemacht und die Kette aufgelegt. Anschließend den Rost an die Kette gehängt und mit einer Drahtbürste gesäubert. Zudem wird die leere und ausgebürstete Waschmaschinentrommel unter dem Rost aufgestellt.

Alternativ nutzt er seinen rostfreien VA-Stahl-*Schwenker*, der bei Wind und Wetter draußen steht, und poliert ihn mit Lappen und Bürste kurz auf.

b) Der auswärtige Neuling ärgert sich über seinen verrosteten Schwenkgrill, der noch vom letzten Gebrauch fettig und verkrustet ist, und ersteht daher im Baumarkt einen neuen. Nach dem Auspacken ist er entnervt über die japanische Gebrauchsanweisung und darüber, dass zwei Schrauben fehlen und eine Bohrung an der falschen Stelle ist. Mit viel Müh und der Improvisationskunst des hinzugezogenen saarländischen Nachbarn schafft er es schließlich nach Stunden, ein *schwenkerähnliches* Gestell im Garten zu installieren.

3. Das Brennmaterial

a) Der versierte Saarländer geht zum Anbau am Haus und zieht unter dem speziellen Schutzdach ein paar Scheite langjährig getrocknetes Buchenholz hervor. Diese schichtet er kreisförmig in der Waschmaschinentrommel-Feuerstelle über einer Handvoll Sägespäne und ein paar kleineren Holzscheiten auf. In Ermangelung dieser Anzündhilfen kann er auch auf zwei Bögen Zeitungspapier zurückgreifen – aus der »Saarbrücker Zeitung«, nicht der »Bild« (die ist einfach zu schwarz – auch von der Druckerschwärze her). Diese werden jeweils eng zusammengerollt und in die so entstandene Wurst wird ein Knoten gemacht. Dieser lässt sich am Rand leicht anzünden und brennt doch so lange, bis das Buchenholz entzündet ist.

Die Späne werden mit einem Einwegfeuerzeug entzündet, das auch beim Öffnen der unverzichtbaren Bierflaschen gute Dienste leistet.

Nach einigen Minuten fängt das Buchenholz Feuer, der Brennvorgang wird durch Anblasen mit biergeschwängertem Odem des Schwenkmeisters unterstützt – der modern ausgestattete Saarländer verwendet zu diesem Behufe auch ab und an einen Föhn (kalt, ohne Ondulieraufsatz).

b) Der auswärtige Neuling schüttet einen halben Sack Grillkohle aus dem Baumarkt auf seine Feuerstelle, übergießt das mit ein paar Litern flüssigem Grillanzünder und verbrennt sich mit seinem Dupont-Feuerzeug die Finger in der irrigen Hoffnung, durch diese typischen Wundmale am nächsten Arbeitstag vonseiten saarländischer Kollegen kollegiales Lob als erfahrener *Schwenker* zu ernten.

Ist er allerdings schon etwas erfahrener, überlässt er die Grillkohle samt Anzünder den pfälzischen Outdoor-Banausen und greift – eventuell unter Anleitung des saarländischen Nachbarn – auch zu echtem Holz, wobei er dabei leicht Tanne oder Kiefer mit Buche verwechselt. Auch kann es durchaus vorkommen, dass seine Geduld nicht ausreicht, dem Holz die notwendige Trocknungszeit zu gönnen, sodass es, sollte er es überhaupt zum Brennen gebracht haben, in den ersten Stunden weit stärker qualmt als brennt. Die dann herbeieilende freiwillige Feuerwehr lässt sich übrigens leicht mit ein paar Kasten Bier und zwei Flaschen gutem Schnaps besänftigen.

4. Die Glut

a) Der versierte Saarländer wartet, bis sein Holz so weit heruntergebrannt ist, bis es eine einheitliche rauchfreie Glut bildet und kein Feuer mehr züngelt.

b) Der auswärtige Neuling denkt: Feuer ist gut, orientiert sich an der Werbung einer amerikanischen Burgerkette, bei der die Hackfleischfladen (oder was da auch immer drin sein mag) brutzelnd in lodernden Flammen verbrennen, und legt sein Grillgut viel zu früh in die selbst entfachte Feuersbrunst. Die entstehenden Karzinogene ignoriert er geflissentlich und redet sich ein, der würzige rauchige Geschmack hätte etwas mit Freiheit und Abenteuer zu tun.

5. Das Schwenken

a) Der versierte Saarländer fixiert mit der Kette den Rost eine Handbreit über der roten Glut und platziert die *Schwenker* von der Mitte her auf dem Rost. Daraufhin nimmt er dicht bei seiner Feuerstelle Platz, am authentischsten auf einem Kasten Bier.

Ab und zu gibt er dem Rost einen Schubs, um ihn in Bewegung zu setzen. Dieser Schubs wird mit einer leichten Seitwärtsbewegung kombiniert, die dem schaukelnden Rost einen gewissen Effet gibt, damit selbiger sich transversal und rotatorisch über die Glut bewegt – der Mathematiker spricht bei dieser Bewegung von einer Zykloide, der Saarländer von »eiern« oder korrekter: *schwenken*. Die Bewegung sollte dabei nicht zu schnell und zu heftig erfolgen, ein kleiner Impuls, jeweils zwischen zwei Schlucken Bier, reicht völlig aus.

Mit einem speziellen *Schwenkerwender* (einer einzinkigen Gabel mit gekrümmtem Dorn) dreht er geschickt den Schwenkbraten, um den Grillvorgang ständig zu kontrollieren.

Er wendet die *Schwenker* mehrfach, bis sie auf beiden Seiten knusprig braun geworden sind. Das ab und zu ins Feuer spritzende Fett kann dabei kleine Flammen bilden, aber die ignoriert er und erfreut sich stattdessen an der Atmosphäre, die durch das zischende Geräusch erzeugt wird.

Nach dem Grillvorgang, der kaum länger als 10 bis 15 Minuten und zwei Flaschen Bier dauert, platziert er die *Schwenker* auf einem Teller und serviert sie am Tisch der gespannten und hungergeplagten Gästeschar mit einem knackigen Salat.

Weitere Beilagen bleiben der Fantasie des Schwenkmeisters (beziehungsweise seiner Gattin) überlassen.

b) Der auswärtige Neuling versetzt den *Schwenker* in wilde unkontrollierte Bewegung und riskiert aufgrund auftretender Zentrifugalkräfte den Verlust zumindest außen liegender Fleischstücke. Den Rest rettet er, indem er sich zunächst vergeblich bemüht, das mittlerweile verkohlte Fleisch mit einer Gabel zu durchbohren, was aufgrund der Härte misslingt. So sammelt er die Reste mit einer Würstchenzange ein und serviert diesen »saarländischen *Schwenker*« seinen Gästen – ebenfalls mit entsprechenden Beilagen wie Kartoffelsalat, Nudelsalat und französischem Weißbrot.

Er entschuldigt sich höflich dafür, dass das Fleisch leider etwas durch ist, was aber wegen Salmonellengefahr, Schweinepest und sonstiger Unwägbarkeiten fleischlicher Lust eh viel gesünder wäre.

Dann wundert er sich allerdings, dass seine Gäste schon kurz darauf die Flucht ergriffen haben, nebenan beim saarländischen Nachbarn fröhlich um dessen *Schwenker* herumsitzen und sich auf ein schmackhaftes Stück Fleisch freuen.

Guten Appetit!

EPISODE 26
Zehn Gebote?
Im Saarland gibt's nur neun

Mir klaue nit, mir organisiere!

Na, wie wär's nächsten Sonntag? Kommt ihr?« Also wenn das Wetter hält, werde ich am Sonntag grillen. Normalerweise ist ja Samstag *Schwenkertag*, aber da muss ich hinterm *Büfett* stehen. Und bei mir spielt auch das Wetter eine Rolle, schließlich bin ich als Zugereister nur ein *Gelegenheitsschwenker*, nicht wie der echte Saarländer, der bei Wind und Wetter Fleisch auf den Rost wirft. Vor allem am Samstag, dem arbeitsreichsten Tag in der Woche. Denn getreu seinem Motto: *Hauptsach gudd gess, geschafft hann mir schnell* ist der Saarländer nicht gerade der Fleißigste. Außer eben am Samstag: Da wird die Straße gekehrt, das Auto gewaschen und der Rasen gemäht, bevor dann – Ritual! – das Grillfest vorbereitet wird.

Wer im Saarland nur über zwei Quadratmeter Garten verfügt – nix Stiefmütterchen, nix Kräutergärtlein, da steht der Schwenkgrill. Überall sieht man das, an jedem Haus. Selbst der Saarländer in der Fremde bewahrt sich dieses heimatliche Relikt und punktet in Berlin, Hamburg oder München, wenn er den staunenden Einheimischen dort einen echten saarländischen Schwenkbraten kredenzt. Selbst, wenn er gar nicht mal so versessen aufs *Schwenken* ist, hat trotzdem jeder Saarländer solch ein Grill-Dreibein zu Hause. Sonst gehört man einfach nicht dazu. Und wenn man mal herumfragt, wo man so einen Schwenkgrill am besten kauft, wird man eher mitleidiges Gelächter ernten statt einer ehrlichen Antwort: »Gekauft? Einen *Schwenker*? Wer macht denn so was?« Ja, ich zum Beispiel.

Ich war noch keine drei Wochen an der Saar, da war mir klar: Ich brauch so ein Ding. Auch wenn ich es noch nicht bedienen kann, es muss zumindest vorm Haus stehen. Also kaufte ich mir ein Gerät im Baumarkt. Viele Saarländer sind vielleicht jetzt überrascht zu erfahren, dass man so was kaufen kann, denn man hat hier normalerweise andere, sagen wir mal: privatere Bezugsquellen. Also gut, mein Grill war damals auch von eher fragwürdiger Qualität: dünne Rohrstangen, die man irgendwie zusammenfriemeln musste, dran hingen ein schwindsüchtiges Kettchen und ein mickriger Rost, aber immerhin ein *Schwenker*, wenn auch etwas obskurer Herkunft – die Kohlenwanne made in Taiwan und der Rest ließ auch unschwer erkennen, dass es sich um ein importiertes Gerät handelte. Bei meinem ersten Fest bekam ich auch gleich die Quittung. Als nämlich mehrere Saarländer um dieses wacklige Gerät herumstanden, sich gegenseitig in die Seite boxten, mich dann zwischen mitleidig und vorwurfsvoll ansahen, bis Klaus den Mund aufmachte: *»Ei, warum haschde dann nix gesaaht? Isch hädd dir doch eener gemacht!«*

Nun, das wusste ich ja bis dato nicht, dass so was sonst in saarländischer Heimarbeit hergestellt wird. Aber auch da musste mich Klaus korrigieren: »*Nix Heim-Arbeit! Uff de Hitt oder uff de Grub, je nochdem, wo du schaffschd oder wen du kennschd!*« So gesehen, denke ich mir, dass es den Saarstahl-Betrieben heute weit besser gehen würde, wäre nicht ein Drittel der Produktion als Schwenkgrills bei der Belegschaft sowie deren Freunden und Verwandten verschwunden.

Ich erinnere mich gut, als ich in meinem ersten Jahr einen Berliner kennenlernte. Er hieß, wenn ich mich recht entsinne, Günther und verbrachte einen Abend in meinem Bistro. Er war hier bei einem Freund zu Besuch und wir redeten über Gott und die Welt und kamen schließlich auch auf die Spezies Saarländer zu sprechen. Unter denen fühlte er sich sichtlich wohl: »*Also det is ja knorke, wa? Wohn ick da bei mein Freund Heinz, der hat so'n kleenet Häuschen, in ehem*«, er überlegte angestrengt, »*Nackt-Arsch oder so ähnlich …*«

»Ah, *Kaltnaggisch*, Herrensohr« (siehe Episode 8, Seite 67), konnte ich ihn korrigieren.

»*Jenau, und da bei mein Freund ha'ck watt entdeckt. So 'n Jejenstand aus Metall. Sacht der Heinz, Jünther sacht der, so watt jibt et in jeden saarländischen Haushalt. Det jehört dazu. Hätt jeder stolze Saarländer, wo watt uff sich hält, wa?*« Na ja, ich dachte, er spricht vom Schwenkgrill …

»*Nee, den kenn ick ja noch von letzten Jahr, wo der Heinz mir eenen mitjejeben hat: jewiss der jrößte Schwenker in janz Berlin! Den hat der Heinz selber jemacht – uff seine Arbeetsstelle!*«

»Klar«, sagte ich wissend, »das ist hier normal, so was wird auf der Nachtschicht zusammengeschweißt.«

»*Also mir hat det janz schön jewundert, wa? Ha'ck zu ihn jesacht, sach mal, habt ihr keene Arbeet – sacht mein Freund*

Heinz, wieso? Det wär doch Arbeet! Und er hätt noch ville davon! Hatt er mir die Liste jezeigt – so 'ne Latte für sein janzen Jesangverein – bis Ostern wär er beschäfticht. Vorher könnten se ihn jar nich entlassen!«

Aber der Berliner hat bei seinem Freund etwas ganz anderes gefunden und beschrieb es als eine Art Laterne, 30 Zentimeter hoch: *»Sacht der Heinz, det wär 'ne Jrubenlampe. Watt? Sach ick, mit so 'ne Funzel beleuchtet ihr die Jänge oder Schächte da unter Tage – in Bergwerk? Habt ihr noch keen elektrischet Licht?«*

Da musste ich echt lachen. Es ist immer witzig, wenn ein Fremder das erste Mal mit einer saarländischen Grubenlampe konfrontiert wird und denkt, das wär eine Leuchte.

Nein, die dient vornehmlich der Sicherheit, aber lassen wir Günther weiterreden: *»Also der Heinz sachte, klar hätten se elektrischet Licht, aber so 'ne Jrubenlampe wär auch jar nicht zu'n Beleuchten. Nee, die hätten da extra jemand, der looft mit diese Lampe unter Tage durch die Tunnel oda Stollen oda wie det heeßt, und der kiekt nach 'n Wetter.«*

Er meinte die »schlagenden Wetter«, also wenn Methangas austritt und es gefährlich wird. *»Jenau, der kiekt vorher, ob det nachher explodiert, wa? Und dafür brauch der diese Laterne. Looft damit da unten rum, steigt ruff, steigt runter, deswejen heeßt der wohl ooch Steijer.«*

Oh, oh … da musste ich aber einschreiten. Der Steiger heißt nicht Steiger, weil er mit einer Laterne wie ein Nachtwächter da unten rumsteigt, der Steiger im Bergbau, das ist so etwas wie ein Polier, ein Vorarbeiter. Wie auch immer, dieser Günther war offenbar sehr von dieser Grubenlampe begeistert, die tatsächlich bei vielen Saarländern im Wohnzimmer steht.

»Also diese Funzel hat mir echt jut jefallen. Würd prima bei mir uff'n Kamin passen. Sach ick zu'n Heinz: Sach mal, wo kricht man denn so watt, kann man det koofen? Sacht der zu mir: Kamma schon koofen, aber – det macht hier keena. Aber man keene Bange, sacht er, er besorcht mir eene. Sach ick: Is jut – unn watt kost mich det? Sacht der eenfach: Och, lass man. Wie, lass man? Kost det nüscht?«

Er hatte diese regionaltypische Kunst des Eigentumserwerbs offensichtlich immer noch nicht so ganz begriffen, aber im Saarland geht man eben mit dem Begriff »Eigentum« großzügiger um als anderswo.

»Jenau«, meinte er, *»unn det hat mir verblüfft, ick kieke mein Freund Heinz an: Sach mal, du klaust det doch nich? – Nix da, sacht der! Een Saarländer klaut nich, der orjanisiert! Ha'ck ihn jefracht, watt der Untaschied wäre, sacht der: praktisch keen, aber theoretisch. Weil klauen, det wär kriminell und orjanisiern wär pfiffig!«*

Zugegeben, ich brauchte auch meine Zeit, bis ich den Wink meines Freundes Klaus verstanden hatte, nämlich, dass es im Saarland nur neun Gebote gibt, denn: »Du sollst nicht stehlen« wäre nicht dabei und von »Du sollst nicht *organisieren*!« hätte selbst Jesus noch nichts gehört.

Der Klaus erklärte mir stolz und traditionsbewusst, dass es unter Bergleuten üblich war, mal eine Zange mit nach Hause zu nehmen oder anderes Werkzeug. Aber nicht, um zu stehlen, sondern man lieh sich das quasi aus: *»Och, isch hann se mol mitgeholl, damit se nit fort kommt!«* Klaus selbst erzählte mir, wie verblüfft er mit zwölf Jahren war, als sein Opa ihn mal mit in die Stadt genommen hatte und er das erste Mal mit eigenen Augen sah, dass man Werkzeug auch kaufen kann.

Aber es ist ja auch nicht ungewöhnlich, dass man von seiner Arbeitsstelle mal etwas »ausleiht«. Und gut, vielleicht auch mal vergisst, es zurückzubringen, vor allem dann, wenn es sowieso nicht vermisst wird. So etwas gibt es doch im Grunde überall: Da wird hier mal etwas Druckerpapier mitgenommen, dort ein paar Kugelschreiber. Man telefoniert auf Firmenkosten oder man kopiert auf Firmenkosten. Das ist doch überall gang und gäbe. Allerdings gibt es einen entscheidenden Unterschied: Fragt man einen Berliner, einen Hamburger oder einen Münchner, ob man bei ihnen so etwas tut, wird der immer abwinken: *»Mei, dös sog i dir, bei uns do gibt's so was fei net!«* Aber frag mal einen Saarländer, der wird entwaffnend grinsen und zugeben: *»Ei allemol, isch bin doch nit bleed!«* Das ist eben das Liebenswerte an ihm. Er steht zu seinen Fehlern und merkt nicht einmal, dass er diese hat.

Im Laufe der Zeit hat sich das natürlich grundlegend gewandelt. Auch bei den großen Montanbetrieben ist der Schwund immer mehr aufgefallen, und man postierte dann an den Eingängen Pförtner, die nebenher als Spitzel arbeiteten und ganz genau prüften, wer das Werksgelände verließ und was er dabei so rausschmuggelte.

Natürlich gab es in der Vergangenheit auch solche Kameraden, die das Organisieren von Material und Werkzeug weiterentwickelt und verfeinert haben und irgendwann sehr professionell betrieben. Noch vor zwei Jahren hat man einen ehemaligen Bergmann ertappt, der dabei besonders aktiv gewesen sein musste: Drei Lkw-Ladungen voller Werkzeug, Bergmannsbekleidung und Maschinen schleppte man aus seiner eigenen und zwei extra angemieteten Garagen heraus. Das war schon gewerbsmäßiges Organisieren im großen Stil.

Klaus erzählte mir mal eine nette Geschichte von einem Kollegen, den es wohl auch immer wieder in den Fingern juckte. Der Mann, nennen wir ihn Jupp, war Hauer, also quasi Bergmannsgeselle, und der kam eines Abends von der Schicht, ging am Pförtnerhäuschen vorbei, wo damals ein ganz scharfer Spitzel Dienst hatte. Dabei schleppte er einen Sack voller Sägespäne an der Pforte vorbei. Der Pförtner schaute hinein und ließ ihn passieren. Sägespäne haben die Jungs damals häufiger mitgenommen. Das war auch erlaubt, immerhin war das nur Abfall. Und zu Hause nutzte man das für die Karnickel, als Katzenstreu oder zum Feueranmachen im heimischen Herd.

Am nächsten Tag kam Jupp wieder mit Sägespänen, noch mehr als am Tag zuvor. Er musste dafür sogar extra eine Schubkarre benutzen. Wieder prüfte der Pförtner den Berg Sägespäne, fühlte hinein, ob der Jupp da drunter irgendwas verborgen hatte: nein. Gut, also: »Schönen Feierabend!« So ging das mehrere Tage hintereinander. Der Pförtner prüfte jedes Mal sehr genau. Der wusste nämlich: Irgendwann, wenn er mal nachlässig ist, wird der Jupp seine Sorglosigkeit ausnutzen und mit diesem Trick eine Hilti-Bohrmaschine oder sonst etwas Wertvolles herausschmuggeln. Aber nein, der schleppte immer nur Sägespäne mit nach Hause. Nach drei Wochen war's der Pförtner endlich leid und er fragte: *»Saah mol, Jupp, du schleppschd jetz jeden Daach Sägespän mit hemm, doo stimmt doch was nit. Komm, isch verrat disch aach nit, aber was schaffschde doo werklisch raus?«* Schaute sich der Jupp prüfend um, senkte die Stimme und zischte: *»Schubkarre!«*

Ich meinte zu Klaus, das wär ja schon eine abstruse Geschichte, was will denn einer mit 20 Schubkarren? Da erklärte er mir: Na ja, der Kumpel habe sich eben auf Schubkarren spezialisiert. Andere nehmen Schaufeln, wieder andere Bohrmaschinen. Dann wird getauscht: Und so hätte am Ende jeder alles. Das hat mich dann schon etwas stutzig gemacht, und ich sagte: »Klaus, sag mal, ihr Saarländer, ihr seid ja wohl alles Schmarotzer!« Da winkte er aber sofort ab: *»Oh, oh, oh … das hat bei uns was mit Tradition ze tun!«* Sein Opa hätte so geschafft, sein Vater hätte so geschafft, und er genauso. Denn der Saarländer wäre im Grunde ein guter Mensch. Dem ist ja auch überhaupt nicht bewusst, dass so etwas irgendwie Diebstahl ist.

Man arbeitete eben früher in der Regel als Bergmann oder Hüttenarbeiter. Die Saarbergwerke und die großen Hütten, das waren die größten Arbeitgeber, und die bestimmten dabei auch das ganze Leben, weit mehr als heute. *»Genau«*, triumphiert da Klaus, *»drum hääßt das jo aach: unser Hitt, unser Grub, unser Material, unser Werkzeisch … unser Saarland! Alles unser!«* Das ist ja schon eine richtig sozialistische Einstellung: alles unser! Sollte das Saarland vielleicht doch irgendwie ein versteckt sozialistisches Land sein? Kein Wunder, dass Erich Honecker aus dem Saarland kam. Oskar Lafontaine auch, und wenn dann erst mal die Sarah Wagenknecht hier einheiratet … Ein wahrer Grund für den etwas laschen Umgang mit dem Eigentum – vor allem im montanen Bereich – liegt bestimmt auch darin begründet, dass die Saarbergwerke immer in staatlicher Hand waren, oder wie es viele Saarländer ausdrücken: *»Das is jo em Staat, unn de Staat sinn mir!«* Da sieht man das nicht so eng.

Aber das ist Schnee von gestern. Heute sieht das alles etwas anders aus: Der Bergbau wurde drastisch heruntergefahren und läuft bald aus, und auch in den Hüttenbetrieben wird kaum noch ein privater *Schwenker* hergestellt. Klaus kennt sich da nämlich aus, nach 30 Jahren unter Tage als Bergarbeiter und heute in der Frührente. Das ist für ihn natürlich auch eine traurige Entwicklung: *»Jo, es ist halt alles nimmeh so scheen, wie's emol war. Weil gugg emol, unner uns, uff de Agentur fer Arbeit, ei, was willschde doo mitholle?«* Tja, armes Saarland.

EPISODE 27

Das Land der Eigenheime

Das doo hann isch selber gebaut!

Das Saarland ist das Tor zu Frankreich«, sagt der Saarländer, der böse Pfälzer behauptet dagegen: *»Alla, des Saarland leiht am Rand der Republik, als Wurmfortsatz vor de Gallier.«*

Kein Wunder, dass so wenige von auswärts zu uns ins Saarland kommen. Dabei sagt jeder Zugereiste, und von denen sind auch fast alle hier geblieben, dass es ein wunderschönes Land ist, mit herrlicher Landschaft, offenen, freundlichen, leicht genusssüchtigen Menschen und einer ausgezeichneten Küche. Dafür ist vieles aber auch ziemlich exotisch und gewöhnungsbedürftig und unterscheidet sich grundlegend von anderen deutschen Gegenden.

Kommt man zum Beispiel aus der Pfalz und überquert kurz hinter Waldmohr die Landesgrenze, merkt man schnell, dass man im Saarland ist. Dazu muss man noch nicht mal aus dem Auto aussteigen, ach was, man muss noch nicht mal anhalten: Man sieht es an den Häusern. Die sind nämlich schon deutlich anders als in der benachbarten Pfalz. Häufig ordnet man bestimmte Bauformen entsprechenden Regionen zu. So kennt man reetgedeckte Backsteinhäuser im Norden oder das typische Schwarzwaldhaus in Baden. An der Saar fällt das schon etwas schwerer, eine einheitliche Bauform gibt es im Grunde nicht. Man könnte jetzt bösartig behaupten, dass hier einfach nichts zusammenpasst. Man kann es aber auch durchaus positiv ausdrücken: Das ist eben die individuelle saarländische Knauberstil-Architektur.

Das Saarland war die meiste Zeit Produktionsstandort für Kohle und Stahl. Eine Knochenarbeit, die viel Kraft, Ausdauer und handwerkliches Können erfordert. Da liegt es nahe, dass der Saarländer sein handwerkliches Geschick auch in der Freizeit nutzt. Jeder hat *dehemm* seine kleine Werkstatt im Keller oder in der Garage – mit gekauftem oder *organisiertem* Werkzeug, meist von beidem etwas. Und jeder kann am Häuschen alles reparieren. Auf der Grube (im Saarland arbeitet man immer auf etwas: *uff de Grub, uff de Hitt, uff de Regierung*) hat man sehr robust bauen müssen. Die Stollen unter Tage wurden massiv verschalt und abgestützt. Das musste so haltbar sein, dass es auch mit 700 Meter Berg darüber nicht in die Knie geht, denn das wäre lebensgefährlich. Also verwendete man immer die dickeren und groberen Grubenhölzer. Aufs Aussehen kam es dabei überhaupt nicht an: *»Es muss halle* (halten)*!«* Und genauso arbeitet der Saarländer in anderen Bereichen auch. Man nennt das im Fachjargon *knauben*. Wenn einer an seinem Häuschen genug *herumgeknaubt* hat, dann sieht man das auch, und meine Frau Sabine drückt das in ihrer etwas lockeren Art entsprechend aus: *»Das doo is halt geknaubt. Es sieht beschisse aus, aber es hallt!«*

Noch heute sieht man am Wochenende viele Saarländer an ihrem Eigenheim herumknauben. Sie reparieren, vergrößern, verschönern … und sonntags beim Feierabendbier höre ich in meinem Bistro dann immer von den handwerklichen Erfolgen meiner Gäste. Wenn die Jungs mit ihrem Bier in der Hand stolz an der Theke stehen, und es geht einmal nicht um Finanzkrise, ums Wetter oder um die Bundesliga, nein, sonntags höre ich immer nur Fachbegriffe wie Dachlatte, Rohrschelle, wo gibt's günstig Verbundsteine. Denn das Wochenende nutzt der Saarländer meist sinnvoll und baut ein bisschen weiter an seinem Häuschen. Das ist ja auch das Schönste und das Erbaulichste (vielleicht kommt dieses Wort auch daher), was sich ein Saarländer vorstellen kann: Er kommt freitags von der Schicht nach Hause, springt in seine Arbeitshose, die *Schaffbux*, die *Schaffschuh* an, und los geht's. Dann wird an-, um- und ausgebaut, unterstützt vom krankgeschriebenen Nachbarn und drei Kasten Bier. Der Schwenkgrill im Garten und die *Speismaschin* im Hof. Und dann wird ein kleiner Grubenschaden repariert. Früher gab es für solch einen Schaden lukrative Entschädigungen, davon konnte man seinerzeit noch die Garage ausbauen. Ein typischer Grund dafür hieß: *»Es Klään geht heirade!«* In vielen saarländischen Haushalten war es früher nämlich üblich, dass die Kinder später mit ihrem Ehepartner im Elternhaus wohnen blieben, dafür wurde dann einfach angebaut, umgebaut oder auch *uffgestockt*.

Und genauso sehen die Häuser auch aus, alle bunt, manchmal etwas unförmig, sagen wir: leicht heterogen. Nichts will da so recht zusammenpassen. Obwohl ursprünglich in vielen Dörfern Häuser gebaut wurden, die alle gleich aussahen. Die Grubenverwaltungen stellten immer wieder entsprechende Bergmannssiedlungen zur Verfügung. Im Gegensatz zum Ruhrgebiet wurden im

Saarland in der ersten Hälfte des letzten Jahrhunderts die auswärtigen Bergleute nämlich besonders dadurch gelockt und auch gehalten, dass sie in einer solchen Siedlung ihr eigenes Haus zu sehr günstigen Bedingungen erwerben konnten. Und kaum war das Häuschen im Privatbesitz, wurde schon daran herumgeknaubt. Es wurde verbessert, vergrößert und verschönert. Und dass dabei dann immer mal wieder firmeneigenes Material oder Werkzeug *verschafft* wurde, darüber hat man jahrhundertelang großzügig hinweggesehen. Hauptsache, die Bergleute blieben und garantierten für die nächsten Jahrzehnte eine blühende Montanwirtschaft.

Die Häuser in diesen Siedlungen waren ziemlich winzig, dafür hatten sie ein kleines Gärtchen, in dem die Hausfrau Kräuter und Gemüse anbauen konnte. Kurz nach Fertigstellung einer solchen Siedlung sahen die Bauwerke noch recht schmuck aus, eins wie das andere, alle nach den gleichen Plänen erstellt. Aber lass mal einen saarländischen Heimwerker drei Jahre lang wirken. Dann wird tatsächlich alles sehr individuell und der ursprüngliche Grundriss ist kaum wiederzuerkennen. Und nach einigen Jahren passen die Häuser dann kaum noch zusammen.

Aber das ist eben wiederum darauf zurückzuführen, dass auf der Grube nicht immer das gleiche Material zur (»freien«) Verfügung steht. Da »findet« man mal rote Klinker, mal Waschbeton, mal graue Platten, die dann ganz unbesonnen im eigenen Bau *verschafft* werden. Natürlich hatte der ein oder andere Bauherr etwas Muffe, dass man gleich sähe, woher besagtes Material stammte. So gab es damals einmal einen findigen Knauber – ich weiß es nicht wirklich, aber ich könnte mir schon vorstellen, dass der aus dem Saarland kam –, der erfand die Eternitplatten. Ich stelle mir die Situation geradezu bildlich vor: »*Ei, die nagel isch dir drauße druff, do siehschde nimmeh, wo das Material drunner her is!*« Es fällt nämlich auf, und das charakterisiert schon den saarländischen Baustil, dass die meisten Häuser, zumindest an der Wetterseite, mit reichlich Eternit verkleidet sind. Man sollte sich die Häuser mal alle unter diesen Gesichtspunkten anschauen, wenn man durch saarländische Straßen schlendert. Nur eine Bitte: Man möge nicht zu laut »Glück auf!« rufen – sonst stürzt alles ein.

Der Vorteil dieser individuellen Eternitplatten-Romantik: Saarländische Städte und Dörfer sehen einfach interessanter aus. Da gibt es eben nicht viele Wohnblocks oder Mietskasernen, wie man sie aus den Städten des Ruhrgebietes kennt, sondern hier dominieren die kleinen verbauten Eigenheime. Es sind sogar – wenn man sie auf die Bevölkerung umrechnet – die meisten, was man wohl eher von den Schwaben vermutet hätte, deren Motto *Schaffe, schaffe Häusle baue* lautet. Im Saarland heißt es dagegen, wie ich von meinem Freund Klaus weiß: *Klaue, klaue, uffgestockt!*

Die Subventionierung der Eigenheime für die Angestellten hatte für die Saarbergwerke mehrere Vorteile. Die Bergmänner konnten dann nicht mehr so leicht den Arbeitsplatz wechseln, aufmucken oder gar streiken. Schwupps wäre der Traum vom eigenen Häuschen geplatzt. Der saarländische Bergmann hat übrigens schon immer viel weniger verdient als seine Kumpel im Ruhrgebiet. Doch diesen Verlust wusste er durch gelegentliche Reprivatisierungsmaßnahmen in Form von Werkzeug, Baumaterial oder dem obligatorischen Schwenkgrill auszugleichen. Die Grube drückte da schon mal ein Auge zu.

Wie schon erwähnt, hat sich das alles sehr verändert: Heute muss auch der Saarländer alles selber kaufen – sogar das Werkzeug. Wohl deshalb entstanden hier die meisten Baumärkte und viele Einheimische mussten sich langsam damit anfreunden, dass das mit dem *Organisieren* nicht mehr so zeitgemäß ist.

Die harte und entbehrungsreiche Arbeit unter Tage, die liebevolle Knauben *dehemm* haben den Saarländer aber auch sehr bodenständig gemacht und erhalten. Er bleibt stets auf dem Teppich. Sogar in Liebesdingen. Hier gibt es keinen solchen Schmus wie in schnulzigen Filmen oder Telenovelas. Kein Saarländer würde so was sagen, wie: »Ich hole dir die Sterne vom Himmel!« Nix da, die würden doch nur zu Hause rumliegen. Wie's im Herzen des Saarländers pocht, findet man sehr schön in einem Liebeslied des saarländischen Mundart-Liedermachers Schorsch Seitz, in dem es heißt: *»Du bischd die Fraa, fer disch dääd isch was klaue, isch könnt dir ganze Reihenheiser baue!«* Das ist saarländisch, hier denkt man praktisch. Man *organisiert* Material und Werkzeug und baut ein bescheidenes Reihenhäuschen. Statt »Ich bau dir ein Schloss!« heißt es: *»Isch bau dir es Dachgeschoss aus, damit de mol e Zimmer fer disch haschd!«* Da stehen dann die Waschmaschine drin und das Bügelbrett …

Ja, beim Bauen und beim Lieben blitzt die pfiffige Mentalität des Saarländers ganz besonders durch. So macht er auch ganz andere Komplimente als die Liebhaber andernorts. Er sagt nicht: »Mit dir kann man Pferde stehlen.« Was soll er oder sie mit einem Pferd? Vielleicht Eternitplatten, ja. Aber wenn er erst einmal zu ihr sagt: *»Mit dir könnt isch mei Häusche uffstocke!«*, das ist ein wahres Kompliment.

EPISODE 28
Die Saarländische Lösung

Mer kennt eener, der wo eener kennt

»*Hier trefft mer sisch, hier kennt mer sisch, hier helft mer sisch!*« Das war die kurze Darstellung eines saarländischen Regierungsmitgliedes über die Regierungsarbeit an der Saar. Was andernorts einfach »Filz« heißt, wird hier nonchalant mit Saarländische Lösung überschrieben, dem Prinzip der kurzen Wege und der Bekanntschaften. Oder sollte man gar »Seilschaften« sagen? Jeder kennt hier jeden oder er kennt zumindest jemanden, der jemanden kennt. Bei einer Million Einwohner ist das auch gar nicht so weit hergeholt. Zudem feiern die Saarländer recht häufig und laden dazu immer Leute ein, sodass man sich notgedrungen immer wieder mal über die Füße läuft. Das Saarland ist wie ein kleines Dorf: *»Die ään Hälft is verwandt, unn die anner is verkracht!«*

Dieses Netzwerk aufzubauen ist allerdings für einen Nicht- beziehungsweise Neu-Saarländer nicht unbedingt einfach und braucht seine Zeit. Als Bistrowirt hat man da schon leichteres Spiel als andere Zugereiste. Doch obwohl ich nun schon seit mehr als 30 Jahren hier lebe, bin ich deswegen noch lange kein Saarländer. Selbst ein fehlerfrei ausgesprochenes *»Oh leck, hann isch die Freck«*

(Mich hat eine Erkältung erwischt) oder die Fähigkeit, einen *Dibbelabbes* perfekt zuzubereiten, macht mich nicht automatisch zum Saarländer. Obwohl ich mich in vielerlei Hinsicht schon besser eingelebt habe als so mancher Eingeborene. Sicher, *gudd esse, gudd trinke unn doodebei wenisch schaffe*, das übernimmt man schnell.

Aber das mit dem *Organisieren* ist mir dann doch noch nicht so leicht von der Hand gegangen, dafür muss man tatsächlich lange Jahre – besser sogar über mehrere Generationen hinweg – im montanen Bereich *uff de Hitt* oder *uff de Grub geschafft* haben. Wobei ich mich dann doch rühmen darf, mittlerweile Besitzer eines immerhin echten Edelstahl-*Schwenkers* zu sein, welcher tatsächlich *uff de Naahtschischt* (Nachtschicht) bei Saarstahl entstand. Quasi *handorganisiert*. Wenn auch nicht von mir, es war tatsächlich ein Geschenk. Und so sehe ich mich – nicht ganz ohne einen gewissen Stolz – zumindest als kleiner Möchtegern-Hehler und arbeite mich so immer mehr an eine saarländische Identität heran. Dafür habe ich das mit der Saarländischen Lösung recht schnell gelernt und profitiere heute – wie viele andere auch – von den kurzen Wegen und den intensiv verflochtenen Beziehungen. Auch wenn dabei vieles schon sehr nach Filz riecht: Es ist ja auch nichts anderes!

Ich weiß noch, als ich ganz neu an der Saar war und einen Behördengang vor mir hatte, da habe ich das, unbedarft wie ich seinerzeit war, tatsächlich genauso geregelt, wie man das andernorts zu tun pflegt. So richtig spießig. Ich habe mich informiert, wohin ich muss, wann die Sprechstunden sind, bin dort früh genug erschienen und war mit der notwendigen Zeitreserve ausgestattet. Zur Not wartet man auch bewaffnet mit einem Märkchen, wie man es von der Fleischtheke her kennt. Bis mir dann mal aufgefallen ist, dass auf den harten Behördenbänken eigentlich immer nur »Fremde« warteten: Pfälzer, Franzosen, oder auch mal ein Mitbürger mit dem berühmten Migrationshintergrund … nur eben keine Saarländer.

»Ja, müssen die denn nicht auch mal aufs Amt?«, fragte ich mich unwillkürlich. Aber ja doch! Das müssen sie schon, aber sie nutzen andere Wege. Man geht eben nicht normal zum Haupteingang hinein, sondern man geht *hinnerum*! Bald hatte ich den Dreh raus. Man kennt jemanden, der jemanden kennt, ja, und der hilft. Praktisch sieht das so aus: Man muss zum Beispiel zum Finanzamt. Also überlegt man sich: Wen kenne ich? Hm … ah! Der Schwager meiner Frau hat eine Nichte, die mit einem Typen geht, dessen Mutter eine Freundin hat, deren Ex *uff'm Finanzamt schafft*. Und der hilft, klar! Auch wenn er dort nur Parkplatzwächter ist, egal, der regelt das. Dafür wird er zum nächsten *Schwenkerfeschd* eingeladen. So einfach läuft das hier ab.

Und so funktioniert nicht nur mein Behördengang oder das Organisieren einer Baugenehmigung. Diese Saarländische Lösung funktioniert in allen Bereichen, bis hinein in die hohe Politik. Die Regierung funktioniert genau nach diesem Prinzip. Auch da kennt man jemanden, der wieder jemanden kennt … und der kennt auch … irgendwann kommt man dann bis zum Ministerpräsidenten. Und der regelt das! Ich sollte ihn mal *zum Grillfeschd inlade*. Wobei es bei uns auch durchaus mal eine Ministerpräsidentin sein kann, aber die kennt ja auch Gott und die Welt.

EPISODE 29

Montane Tradition: Kohle und Stahl

Und wir tragen das Leder vor dem Arsch

»Unn bring dei Bohrmaschin mit! 10er-Bohrer unn Dübel, wenn de haschd!«

»Ja, Klaus, mach ich. Also, bis gleich.« Kopfschüttelnd lege ich auf – genauer: Ich drücke die rote Auflegetaste meines Handys.

Klaus braucht mal wieder meine Hilfe. Das heißt, er braucht vor allem meine Bohrmaschine. Dabei sollte er eigentlich – als ehemaliger Bergmann – werkzeugmäßig gut bestückt sein. Na ja, ich habe ihm versprochen, bei seinem Balkongeländer zu helfen. So ist das eben im Saarland: Hier kennt man sich, hier hilft man sich ... so mache ich mich auf den Weg zum Knauben.

»Hallo, Klaus, unn?«

»Och, jo ... komm rinn!«

Schnell habe ich den Vorgarten durchschritten und trete in sein kleines Häuschen ein. In der Diele hänge ich vorsichtig meine Jacke an die Garderobe beziehungsweise über einen Berg anderer Kleidungsstücke – von Haken sieht man schon lange nichts mehr – und schmunzele dabei über diesen kitschigen Bergmann, der mir da so ernst und erschöpft entgegenschaut. Damit meine ich jetzt nicht den Klaus. Nein, er hat da so ein typisch saarländisches Traditions-»Kunstwerk« an der Wand hängen: den schwitzenden Bergmann in silberfarbenem Plastikguss auf einem Rahmen aus künstlich veredeltem Holzimitat – made in Taiwan – furchtbar!

Aber zu Klaus' Entschuldigung gehe ich einfach ganz optimistisch davon aus, dass er diesen geschmacklosen Schatz nicht auf einem Flohmarkt erstanden hat, sondern dass er ihn geschenkt bekam und den Schenker nicht brüskieren wollte, wenn dieser fragt: *»Ei, Klaus, wieso haschde das scheene Bild nit uffgehängt, das wo isch dir geschenkt hann?«* Solche Traditionskunst findet man häufiger in saarländischen Haushalten. Meist im Flur, direkt neben der Garderobe – vielleicht damit sie das Wohnzimmer nicht zu sehr verschandelt …

Manchmal findet man regelrechte Bergmanns-Altäre: eine alte Kommode, darüber besagtes Bild, wahlweise auch etwas kunstvoller in Öl oder als Holzschnitt. In Aquarell wurde die raue Bergmannswelt unter Tage weniger festgehalten – wäre wohl auch ein Stilbruch. Mitten auf der Kommode thront dann eine Heiligenfigur, alle anderen Grubenrequisiten beherrschend. Dabei handelt es sich nicht um die Madonna aus Lourdes. Denn die steht ja schon – in Gips, Holz oder Plastik – direkt neben der gläsernen Gondel aus Venedig und dem kleinen Eiffelturm aus Metall im Wohnzimmerschrank. Nein, über den saarländischen Bergmannsaltar wacht natürlich die Schutzpatronin der Bergleute, die heilige Barbara. Direkt daneben ist eine alte Grubenlampe platziert, von der ja schon die Rede war. Diese ist meist auch etwas ganz Besonderes, nämlich ein Original – oft ein Geschenk zum

50. Geburtstag oder zum Ruhestand, je nachdem, was früher kommt. Mit der Grubenlampe kontrollierte der Steiger den Methangehalt in der Luft unter Tage anhand der Größe der Flamme.

Zu einem richtigen Bergmannsaltar gehört natürlich auch ein Stück vom schwarzen Gold, ein guter Brocken Steinkohle, der auf einem liebevoll gehäkelten Deckchen auf der Kommode ruht. Sehr zum Ärgernis der Frau, die dadurch jedes Mal beim Staubwischen schwarze Finger bekommt.

Daneben findet man oft noch ein sogenanntes Steigerhäckel. Das ist auch ein Utensil, das der Steiger bei sich trug. Es sieht in etwa so aus wie ein Spazierstock mit einer Hacke oben dran, und genau das ist es auch. Wobei sich der Steiger damit unter Tage weniger einem geruhsamen Spaziergang widmete. Die Hacke nutzte er, um das Gestein oder die Kohlenflöze zu prüfen, also die Schichten, in denen die Kohle liegt. Oftmals ist diese Hacke kunstvoll ziseliert und der Stiel aus edlem Gehölz. So ein Steiger unter Tage war ja schon was Besonderes und recht gut bezahlt.

Neben diesen ganzen Requisiten finde ich auf dem Bergmannsaltar von Klaus noch ein rundliches Holzscheit, ein sogenanntes Mutterklötzchen, das war ursprünglich ein … Aber Klaus' Rufen reißt mich jäh aus meinen Gedanken: *»Haschde die Bohrmaschin mitgebrung?«* Er kommt mir im Flur entgegen.

»Ja, Klaus, aber entschuldige, ich war gerade so sehr in Gedanken an deinen Bergmannsaltar vertieft … da, die Kohle, die Lampe …«

»Jo, haschde hier schon das scheene Arschledder gesiehn?«

»Das was?«

»Ei, doo, nebe an de Kommod, das Stick Ledder?« Er greift an die Seite der Kommode, wo an einem Nagel das »Arschleder« hängt. Es handelt sich um ein dreieckiges Ledertuch, das sich der Bergmann um die Hüfte band, um die rückwärtige Verlängerung seiner Wirbelsäule zu schützen. *»Nee«*, winkt Klaus da ab, *»das is hauptsäschlisch, fer de Buxeboddem nit so schnell dorschzuwetze!«*

Heute wird ja die Kohle mit großen »Schrämmaschinen« gebrochen und auf Förderbändern transportiert. Aber es ist noch nicht lange her, dass die Bergleute das von Hand machen mussten. Sie kauerten oft in sehr engen Stollen unter Tage, kamen dort nur auf allen vieren voran und schlugen sitzend mit Schlegel oder Brechstange die Kohle aus dem Flöz. Damit nun der Hosenboden nicht zu schnell durchgescheuert wird, trugen sie hinten dieses Ledertuch, auf dem sie dann auch saßen; es schützte dabei ebenso vor Feuchtigkeit und Kälte.

Jeder Saarländer – auch derjenige, der noch nie unter Tage war – kennt dieses bergmännische Utensil, zumindest den Namen. Denn es kommt in der inoffiziellen Saarlandhymne vor: »Glück auf, der Steiger kommt«, dessen Text hier im Lande jedem geläufig ist. Obwohl das Lied nicht saarländischen Ursprungs ist. Es wird in jeder Bergbauregion gesungen. Und nicht nur von Bergleuten. Bei Spielen des FC Schalke 04 oder auch bei Rot-Weiss Essen hört man es, genauso wie bei manchen SPD-Veranstaltungen.

Wenn nämlich seinerzeit Ministerpräsident Oskar Lafontaine seinen Neujahrsempfang abhielt, oder sollte ich sagen: zelebrierte … das war natürlich in der Zeit, als er noch der SPD angehörte. Dabei handelte es sich um das traditionelle »Schweinskäs-Essen« in Dillingen-Pachten, seiner Heimatgemeinde. Das hatte einen regelrecht zeremoniellen Ablauf. Zunächst tranken die Gäste sich warm und hielten dabei das typisch saarländische *Hasengespräch*, bis die Bergmannskapelle den Steigermarsch intonierte. Auf einen Schlag wurde es andächtig still, alle standen von ihren Bierbänken auf, den Bierkrug stolz vor der Brust, und der Ministerpräsident (von allen immer nur als *de Oskar* bezeichnet) hielt Einzug, dass es sogar einen Napoleon beeindruckt hätte. So schritt er gemächlich durch den Saal zur Bühne. Eine Zeremonie, die man sonst nur aus Bayern zu Zeiten Franz Josef Strauß' kannte. Dabei winkte Oskar würdig mit der Rechten, was ihm offenbar nicht nur die englische Queen, sondern auch so mancher Papst abgeschaut hat. Als Krönung dieses Einmarsches sangen dann alle andächtig das Steigerlied: »Glück auf, der Steiger kommt. Und er hat sein helles Licht bei der Nacht schon angezündt'.« »Glück auf!« ist übrigens der allgemeine Bergmannsgruß.

In einer Strophe, die bei jedem sich bietenden Anlass schon von den Jüngsten voller Begeisterung mitgeschmettert wird, heißt es: »Und wir tragen das Leder vor dem Arsch bei der Nacht und saufen Schnaps!« Dieses alkoholhaltige Ritual pflegt man schon seit Jahrhunderten. Was deutlich zeigt, dass dieser Song jetzt nicht unmittelbar schuld ist an der modernen Kultur des Flatrate-Trinkens jugendlicher Koma-Säufer.

»Ist wirklich hochinteressant, Klaus.« Ich deute beeindruckt auf seinen Bergmannsaltar. *»Ei, so was muss mer hann, das is doch unser Tradition!«* Ja, der Bergbau hat nicht nur im Land, sondern auch bei den Menschen viele Spuren hinterlassen. Jahrhundertelang lebte man mit, vom und auch für den Bergbau. Schon zu Zeiten der Römer schürfte man hier das schwarze Gold aus der Erde. Der noch aus jener Zeit stammende Emilianusstollen ist dabei einzigartig in ganz Europa.

»Doo, das hann isch noch im Keller gefunn«, Klaus greift den rundlichen Holzscheit und hält ihn mir unter die Nase, *»e scheenes Mudderklötzche!«* Ja, kenne ich, Klaus – das kann sogar ich erklären: Zum Abstützen wurde früher nämlich Holz verbaut, bevor es hydraulische Stempel gab. Für die, ehem, ich denke nach, für die Stollen, ja. Das hat mir doch erst Rolf beigebracht: Die waagerechten Tunnel unter Tage, das sind die Stollen. Und das Grubenholz wurde damals entsprechend zugeschnitten, um damit das darüberliegende Gewölbe, »den Berg«, abzustützen. Nun hatten die Saarbergwerke ihren Mitarbeiten schon seit geraumer Zeit ein Jahreskontingent Kohle zum Heizen zur Verfügung gestellt, aber der Bergmann brauchte natürlich noch entsprechendes Holz zum Anzünden. Holzwolle, Sägespäne durfte er sich *vun de Grub mitholle*. Denn das gab es reichlich. Auch kleine Holzstücke in Form der »Mutterklötzchen« wurden ihm zugebilligt. Täglich einen circa 25 Zentimeter langen Abschnitt eines solchen Balkens Grubenholz konnte er in einer extra dafür eingenähten Tasche nach Hause »zur Mutter« tragen. Daraus konnte man sich dann einzelne Späne Spalten.

Dabei war eigentlich klar, dass der Scheit nur vom Ausschuss genommen werden durfte. Doch der war oft beschädigt, hatte Astlöcher und Verwachsungen, was das Spalten sehr schwierig machte. So wurde dann eben der entsprechende Balken zuerst einmal auf seine Eignung als Mutterklötzchen geprüft und ein passendes reines Stück gern auch mal aus der Mitte herausgesägt. Da die

Reste zum Stollenausbau dann meist zu kurz waren, konnten diese dann, jetzt mit viel weniger Gewissenspein, genauso in private Hand überführt werden, als Mutterklötzchen. Damit die *Mudder*, also die Frau, zufrieden sei, wenn zu Hause der Herd glüht, und sie nachts dann ihren Bergmann im warmen Bett entsprechend belohne. Denn das weiß ich von Klaus: *»Ei, das Mitbringsel doo hääßt Mudderklötzche, weil, wenn de das nit mit hemmgebrung haschd, dann is naahts bei de Mudder nix mehr gelaaf!«* Er schüttelt dabei sinnierend den Kopf und sein Gesicht nimmt einen sentimentalen Ausdruck an. So gerne erzählt er nämlich von früher, vom Bergbau, von der Vergangenheit unter Tage, von der Kameradschaft ... von allem, was das Land ausmacht und was nun bald vorbei ist. Fast kommen ihm die Tränen, während er liebevoll das Mutterklötzchen auf dem Häkeldeckchen platziert: *»De Uropa war Berschmann, de Opa war Berschmann, de Vadder, isch, mei Bruder ... unn mei Bub muss jetz uff die Uni gehe!«*

Tja, so ändern sich die Zeiten. Das Land lebte lange sehr gut vom Bergbau, dann lebte es nur noch vom Bergbau, nicht mehr so gut, aber dank vieler Subventionen immer noch so gut, dass Bergleute nie entlassen wurden, sondern oft genug in Frührente geschickt werden konnten. Ein sozialverträgliches Auslaufen des Bergbaus war ihnen garantiert. Und viele haben davon wirklich profitiert.

»Denk an den Richard, Klaus, der hat's doch gepackt, oder?« *»Och, die arm Wutz«*, winkt Klaus ab. Richard war Markscheider unter Tage, das ist ein Vermessungsingenieur. Als Studierter schon etwas Besseres – und dabei gut bezahlt. Wegen seiner Rückenschmerzen wurde er früher entlassen, ging mit 49 in Frühpension. *»Jo, der arm Deibel«*, jammert Klaus, *»unn was macht er jetz de ganze Daach? Tennis spiele, is im Golfclub, fahrt Fahrrad – is jo aach nix!«* Tja, ein kaputter Rücken kann auch entzücken. So wurden viele Kollegen in den letzten Jahren einfach in den Vorruhestand geschickt, dabei aber finanziell ganz gut abgesichert.

Den meisten Mitbürgern war es irgendwann nicht mehr zu vermitteln, warum die Kohle so hoch subventioniert wird. Eine merkwürdige Vorstellung, dass es für den Steuerzahler billiger gewesen wäre, wenn die Bergleute bei gleichbleibender Bezahlung die Kohle einfach unten gelassen und zu Hause eine ruhige und viel ungefährlichere Kugel geschoben hätten. Also wurden die Subventionen immer weiter heruntergefahren und der Auslauf des Bergbaus beschlossen.

Als es dann 2008 im Saarland zusätzlich zu erheblichen grubenbedingten Erdbeben kam, die nicht nur Häuser beschädigten, sondern auch für die Menschen bedrohlich wurden, hat man die Auslaufzeit des Bergbaus verkürzt und für 2012 endgültig einen Schlussstrich gesetzt. Die letzte verbleibende Grube wurde eh schon von der Essener Ruhrkohle AG gemanagt und einige Bergleute mussten sogar von der Saar an die Ruhr umsiedeln. Bald ist auch dort Schicht im Schacht. Dann ist dieses Kapitel nach vielen Jahrhunderten endgültig geschlossen.

EPISODE 30

Nach dem Bergbau: Blick nach vorn

Mir sinn Aufsteigerland!

Du, Willy, alla basse mol uff: Wäässt du eigentlisch, was des einzige Schild is, was es Wende uff der Autobahn erlaubt?« Karl-Heinz stellt sein leeres Bierglas auf die Theke und grinst. Wahrscheinlich kommt jetzt wieder so ein berühmt-berüchtigter Witz.

»Nein, tut mit leid, gibt's so etwas?«

»Ei alla, des is des Schild ›Willkommen im Saarland‹, ha ha ha … do derfste wende!«

»Dummschwätzer!«, brummelt Klaus, der danebensteht, und hat recht. Vor allem, weil dieser Spruch schon so lange out ist.

Außerdem gibt es ein solches Schild gar nicht mehr. Da werden immer wieder neue montiert. Das hängt immer von der gerade regierenden Mehrheit ab. So wollte nämlich in der »Nach-Oskar-Zeit« eine eher konservative Regierung unser Land im Schweinsgalopp in die Zukunft führen. Fast mit Gewalt. Nix mehr *Schwenker*, nix mehr Bergbau, keine »Saartümelei« mehr, nein, alles Alte, alles Traditionelle: ab in die Tonne.

»Unn? Wie hannse 's genennt: Aufsteigerland, du lieber Gott.« Klaus findet das gar nicht komisch. Aber tatsächlich, genau so stand es lange bei uns auf den Begrüßungs-

schildern an der Autobahn. *»Noch dezu mit so moderne Bilder druff, wo kee Wutz wääß, was die bedeute solle«*, lästert Klaus, aber er hat auch recht. Da wähnte sich der Einreisende plötzlich in einem hypermodernen Silicon Valley.

Und kaum lauschte er den Eingeborenen, wie die über das neue Motto dachten, bekam er den Kulturschock: *»Oh leck, so e modern Zeisch, geh doch fort!«* Denn mit zu viel Zeitgeist und Moderne kann sich der Saarländer nicht so identifizieren, selbst wenn er technisch schon lange in der Lage ist, die ganzen Lifestyle-Magazine in den privaten Fernsehanstalten zu sehen. Das Saarland ist mittlerweile durchaus modern geworden, aber ganz langsam eben, und das geht ja auch. *»So e Quatsch! Aufsteigerland? Wer uffsteigt, muss vorher abgestie sinn ... das kenne mir doch vom Fußball!«*

Tja, in puncto Werbung muss man hier doch noch einiges lernen, denke ich, denn es wurde in letzter Zeit wirklich viel getan und auch viel erreicht – aber wer weiß das schon? Die Wirtschaft musste sich nach der Montan-Ära verändern, und so ging es schnurstracks Richtung Dienstleistungsgesellschaft. Manchen war das auch zu schnell, ein bodenständiges Volk wie das unsere darf man nicht überfordern. Der Übergang in die moderne Welt muss behutsam und schonend vonstattengehen. Lustig dabei ist, dass wir sogar noch von den konservativen Bayern lernen können. Die verkaufen den Wandel viel geschickter: »Laptop *und* Lederhose!« – und nicht *statt* ... Das alte und das neue – Tradition und Moderne, das ist es: In der einen Hand die Maß und in der anderen die Maus! Auch von den Schwaben – so kurios und verblüffend das in saarländischen Ohren auch klingen mag – können wir lernen. *»Mir könnet alles außer Hochdeutsch!«* Das ist wahrlich ein Slogan, der sympathisch rüberkommt. »Dabei stimmt das gar nicht«, korrigiert Rolf, übergenau wie immer: »Alles außer Hochdeutsch – ist doch geflunkert: Englisch können die auch nicht. Ich sage nur: Öttinger!« Ja, wo er recht hat …

Dabei hat unser Saarland tatsächlich gut die Kurve bekommen. Allein was unsere IT-Branche betrifft. Die Saarbrücker Universität war schon vor vielen Jahren erste Anlaufstelle für den wissenschaftlichen Nachwuchs im Informatikbereich. Gerade im wissenschaftlichen Bereich hat unser kleines Land viel zu bieten. Im Institut für neue Materialien – Stichwort: Nanophysik – werden zum Beispiel ganz neue Eigenschaften von Stoffen entdeckt. So lassen sich etwa schmutzabweisende Oberflächen produzieren, dank eines Effekts, der vielen als Lotus-Effekt bekannt ist. Dieser wurde allerdings nicht im Saarland entdeckt, sondern von dem Badener Wilhelm Barthlott.

»Och, isch hann immer gedenkt, das hääßt Lokus-Effekt«, meinte *meins* kürzlich dazu.

»Nein, Sabine, Lotus-Effekt: Man kennt das von den Blättern der Lotus-Pflanze, wo das Regenwasser komplett abperlt und das Blatt sofort wieder total trocken ist: Lotus!«

»Och, isch hann gedenkt, weil die so was jo aach beim Villeroy unn Boch in die Kloschüssele inbaue!«

Villeroy & Boch ist auch so ein Vorzeigeunternehmen, durch dessen sanitäre Erzeugnisse man weltweit bei globaler Notdurft mit dem Saarland in Berührung kommt. Aber auch edelstes Glas und Geschirr werden seit Jahrhunderten dort produziert. Und mit dem Lotus auf dem Lokus liegt meine Sabine gar nicht so sehr daneben: Villeroy & Boch stellt tatsächlich Waschbecken, Toilettenschüsseln, Badewannen mit schmutzabweisenden Oberflächen her. Die reinigen sich heute von ganz alleine …

»Gar nit dumm!« Auf den Kopf gefallen sind wir jedenfalls nicht. Das Denken wird hier großgeschrieben und sogar wissenschaftlich erforscht, etwa, wie man es nachahmen kann. Dem geht man im Forschungszentrum für Künstliche Intelligenz in Saarbrücken auf den Grund. *»Alla, ko Wunner!«*, lästert da wieder unser Beutepfälzer Karl-Heinz, *»wemmer schunn selber net denke kann!«* Dummschwätzer!

Hier denkt man weiter und treibt schon lange den wirtschaftlichen Umbau voran. So mischen auch die Nachfolger der traditionellen Hüttenindustrie im Saar-Revier im modernen Markt mit: Die Dillinger Hütte ist nicht nur am Flaggschiff des 21. Jahrhunderts, dem Airbus A380, beteiligt, sondern auch an der »Queen Mary 2«. Saarländischen Stahl findet man auch am Boden, in den längsten Brücken und den höchsten Wolkenkratzern der Welt: Paris, Athen, Dubai, Schanghai, in Offshore-Windparks auf den Meeren der Erde. »Saarland is everywhere!«

Ganz bescheiden kann ich da kurz anfügen: Solche Superlative stehen selbst bei uns *dehemm*. Den weltweit höchsten Förderturm findet man im Saarland. Gut, er fördert nicht mehr, doch das ist eben ein anderes Kapitel. Aber als Aussichtsturm macht er schon noch was her. Auch wenn der Bergbau langsam dem Ende zugeht und die alten Energieträger den modernen weichen müssen, aus dem alten Kram wird wenigstens noch was gemacht. So entsteht auf dem ehemaligen Grubengelände Göttelborn eines der größten Solarkraftwerke der Welt.

Von großer Bedeutung ist auch die Autoindustrie: 40 Prozent aller Industriearbeitsplätze an der Saar haben mit dem fahrbaren Untersatz zu tun, über 40.000 Menschen sind in der Automobil- und Zuliefererindustrie beschäftigt. Schade, dass man *im Reisch* davon so wenig mitbekommt.

»Mir werbe halt nit genug«, brummelt Klaus und schlägt auf die Theke, *»mir bräuschde e rischdisch scheener Werbespruch fer unser Land.«* Aber das ist halt schwierig in einer Region, in der man sich schon immer in Unterwürfigkeit und Demut suhlte, frei nach dem Motto: *»Och, was könne mir schon?«* Da sind andere Bundesländer aufgeweckter, zum Beispiel Thüringen. Die werben mit »Willkommen in der Denkfabrik«, das ist doch mal ein Slogan. Da hätten auch die neidischen Pfälzer genug zu lästern. Gut, »Land der Frühaufsteher«, wie sich Sachsen-Anhalt schimpft, hm, da weiß ich nicht, ob das so eine tolle Werbung für das Saarland wäre. *»Also fer uns nit«*, lacht Klaus, ein neues Bier bestellend, *»das dääd zu uns nit so gudd passe!«* Vor allem nicht zu denjenigen, die ich kenne und die oft bis spät in die Nacht an meiner Theke stehen (beziehungsweise hängen).

Andere Bundesländer werben mit schöner Landschaft. »Arbeiten, wo andere Urlaub machen«, das ist doch ne tolle Werbung, das würde auch uns gut stehen. *»Oder, wenn mer's rumdreht: Urlaub mache, wo andere schaffe! Das dääd noch besser passe.«* Da muss ich Klaus zustimmen, vor allem, weil das Saarland wirklich ein wunderschönes Land ist, nur weiß das kaum jemand außerhalb. So eine knackige Werbebotschaft fehlt uns tatsächlich noch, so wie die Nordlichter in Schleswig-Holstein zum Beispiel: »Land zwischen den Meeren«.

»Jo, Karl-Heinz, das wär doch aach was fer eisch in de Palz: Land zwischen den Stühlen!« Klaus klopft sich prustend auf die Schenkel, aber Karl-Heinz kann da gar nicht drüber lachen. Da ist einfach noch zu viel Pfälzer in ihm. *»Oder wie wär's dann mit unserm saarländische Mantra: Hauptsach gudd gess, geschafft hann mir schnell?«*

»Hm, Klaus«, muss ich ihm gleich widersprechen, »ich weiß nicht, ob das so in die richtige Richtung geht, wer soll denn in so ein Land investieren?« Es wäre viel wichtiger, auf unsere günstige Lage aufmerksam zu machen: mitten in Europa.

»Ei gudd, sahn mir: de Nabbel vun Europa. Das wär doch e scheenes Bild! Oder nee, es Herz vun Europa, das is noch besser!« Klaus versucht sich nun tatsächlich als Werbetexter, *»weil, unser Saarland is doch e rischdisches Schmuckstück, oder?«* Stimmt, da hat er durchaus recht: ein wahres Kleinod, eine Perle …

»Leider etwas hinter der Pfalz versteckt«, gibt Rolf zu bedenken.

»Perle, Perle …« Klaus denkt sichtlich nach: *»Och, grad fallt mir was Guddes in, das dääd passe«*, und schlägt dann vor: *»Es Saarland, die Perle hinner de Säu!«*

EPISODE 31

Ein Nebenfluss der Saar mit 13 Buchstaben?

Wemmer rinnkommt, gleisch links

Ei, baue die doo jetz dene Tunnel oder nit, Willy?«

»Waaas?« Normalerweise habe ich ja überhaupt keine Probleme damit, meiner Frau zuzuhören. Aber hier, an einem der »lauschigsten« Plätzchen in Saarbrücken, den Wiesen am Staden, ist das nicht so einfach.

Mitten durch Saarbrücken schlängelt sich ganz romantisch die Saar und an ihrem Ufer gibt es herrliche Grünflächen, eine richtige Liegewiese, auf der sich in den Sommermonaten viele Sonnenhungrige tummeln. Sie ist nicht offiziell dafür vorgesehen, sagen wir eher, sie ist »temporär basisdemokratisch besetzt«. Daneben gibt's auch einen großen Biergarten. Eine wirkliche Idylle – wenn man das Privileg hat, taub zu sein. Denn direkt gegenüber, am anderen Ufer (das meine ich wörtlich – nichts Zweideutiges!) schlängelt sich die Stadtautobahn, auch bekannt als die A620.

Also versuchen wir es jetzt noch mal mit der Konversation, bitte, etwas lauter, Sabine.

»Ei, ob die doo jetz e Tunnel dribbermache oder nit«, schreit *meins.* »Ich weiß es nicht!«, schreie ich zurück,

und ihr Nicken verrät mir, dass meine Antwort zumindest angekommen ist, wenngleich sie eher unbefriedigend ausgefallen ist. Hier soll nämlich die »Stadtmitte am Fluss« entstehen, eine schöne Strandpromenade in der Innenstadt mit tollen Geschäften und einer mondänen Flaniermeile und als wichtigstes Projekt: Die Stadtautobahn soll unter die Erde, sprich in einem Tunnel verschwinden.

»Für mich wäre das nicht nötig«, versuche ich meine Meinung laut meiner Frau zuzuschreien, aber sie schüttelt nur verständnislos den Kopf. Manchmal kann ich selbst solch einem Lärm etwas Positives abgewinnen: Ich muss *meinem* nicht dauernd zuhören, nöö, brauch bloß so zu tun. Frauen sind manchmal recht einfach zufriedenzustellen.

Und nun, nach gefühlten 100 Jahren der Planung, soll das Projekt endlich in Angriff genommen werden, sodass es vielleicht schon in allernächster Zeit, also in den nächsten fünf, sechs Jahren richtig losgeht. Das Geld ist schließlich schon da. Es gab auch einen ganz schönen Batzen Bundeszuschüsse. Immerhin lag die Planung noch lange vor den diversen Finanzkrisen. Und wo es Geld gibt: Was soll die Stadt auch anderes tun, als das zu verbraten? Es geht bei dem Tunnelbau auch nicht vornehmlich um die Lärmreduzierung, da wäre ein Gratis-Sommer-Abonnement Ohropax für die Anwohner deutlich günstiger gewesen, sondern um die Eindämmung der Überflutungen. Ja, so was gibt es nicht nur im fernen Indien, oder wenn mal wieder – von welchen Wendegegnern auch immer – Sachsen geflutet wird. Mit solchen nassen Naturerscheinungen können wir in Saarbrücken auch aufwarten. Was man sonst aus den Tropen bei

Regenzeit kennt, kommt hier ebenfalls vor. Nicht immer – aber immer öfter!

Daher kursiert bei uns schon seit Langem die Kreuzworträtselfrage: Wie heißt ein Nebenfluss der Saar mit 13 Buchstaben? Antwort: Stadtautobahn.

Denn vor allem diese wird immer wieder von der Saar überspült. Und das ist kein Wunder, wo doch das Straßenniveau nur wenige Zentimeter über dem Wasserspiegel liegt. Schon ein etwas zu forsch gefahrenes Tretboot kann einem da leicht einen Schwall Wasser vors Auto spülen. Wenn der Fluss nur eine Winzigkeit Hochwasser führt, und das kommt nicht nur anlässlich der jährlichen Schneeschmelze in den fernen Vogesen vor, dann verbreitert er sich im Handumdrehen – locker um sechs Fahrspuren.

Natürlich könnte man jetzt naiv fragen: Ja, wer baut denn auch eine Autobahn so dicht ans und übers Wasser? Aber da muss ich den Stadtplanern an dieser Stelle – bei anderen Projekten ist eine Kritik sonst immer rechtfertigt – tatsächlich zugestehen, dass es einfach nicht anders ging. Um diese wichtige Verkehrsachse seinerzeit überhaupt bauen zu können, musste sie erst einmal finanziert werden. Und das war gar nicht so einfach. Natürlich weiß man um die hiesigen Tricks: Man kennt jemanden, der jemanden kennt, und der wird gefragt. Aber wenn die auch alle pleite sind? Die Stadt Saarbrücken gehört immerhin – um einen weiteren Superlativ zu nennen – zu den am höchsten verschuldeten Städten Deutschlands. Auch das Land war so gut wie pleite (ist es immer noch), daher musste seinerzeit der Bund ran. Den konnte man aber finanzierend nur dann einspannen, wenn man es schaffte, statt einer popeligen Schnellstraße gleich eine schnittige Autobahn zu planen und sie dem Bund als überlebensnotwendig zu verkaufen. Autobahnen gehören immer dem Bund, er finanziert sie und unterhält sie auch. Und solange das für den Autofahrer (noch) keine Maut kostet, ist es ihm egal, auf wessen Trasse er rumfährt.

Nun gelten aber – da ist der Bund doch etwas eigen, wenn er es schon bezahlt hat – für Autobahnen ganz besondere Bauvorschriften. Die Brücken beispielsweise müssen über ihnen eine bestimmte Mindesthöhe haben, selbst wenn es bei uns keine Lkw mit solch hohen Aufbauten gibt. Aber vielleicht kommt ja mal ein Giraffentransporter vorbei. Also müssen Brücken, die über Bundesautobahnen gebaut werden, eine lichte Höhe von mindestens vier Metern haben. Aber was, wenn die Brücken schon vor der Autobahn da waren? Einfach abreißen? In einer Stadt, die Saarbrücken heißt, macht sich das besonders schlecht. Also ging man den anderen Weg und setzte einfach die Fahrbahndecke entsprechend tief. Dadurch erreichte sie fast das Saar-Niveau. Den Fluss konnte man schließlich nicht so einfach tieferlegen: Für das Geld hätte man Hunderte von Schnellstraßen bauen können.

Aber es hat ja gepasst, also gerade so. Und die Umweltbeamten recherchierten und prüften und rechneten dann so lange hin und her, bis sie stolz veröffentlichen konnten, dass eine Überschwemmung der neuen Stadtautobahn sowieso nur einmal pro Jahr vorkommt – zumindest statistisch gesehen. Aber so recht glaubte man selbst nicht daran und wählte vorsorglich schon mal wasserdichten Asphalt und speziellen Unterwasserbeton. Zudem baute man gleich eine Umfahrung für den Notfall mit – mit Klappschildern und fest installierten Schranken, sodass der Verkehr in Windeseile umgeleitet werden kann.

Dieser Notfall kommt nun tatsächlich immer wieder mal vor, und nicht einmal im Jahr, nein, bis zu zehnmal. So traf der Volksmund mit seinem Bild vom »Nebenfluss der Saar« tatsächlich ins Schwarze. Und dieser soll jetzt sogar in einen wasserdichten Tunnel. Und schwupps: haben wir wieder eine verkehrstechnische Attraktion. Denn damit ist unser Land reichlich ausgestattet, und oft genug konnte man den Bund zur Finanzierung überreden. *Ei, mir wisse halt, wie's geht!* Zum Beispiel verfügt das Saarland über das dichteste Autobahnnetz. Sollte man gar nicht denken, wenn man sich zum Vergleich eine Autokarte des Ruhrgebietes anschaut. Aber wenn man die Autobahnkilometer auf die Bewohner umrechnet (die sie letztlich ja auch bezahlt haben), dann besitzt der Saarländer mit jeweils 24 Autobahnzentimetern den größten Anteil am bundesdeutschen Fernstraßennetz. Eingeschlossen sind da sogar die Kinder, die noch gar nicht fahren dürfen, und auch so manche Senioren, die nicht mehr fahren sollten. Aber das ist eben nur recht und billig: Immerhin fahren im Saarland auch die meisten Autos: 700 Stück kommen auf 1.000 Saarländer (und da sind auch die Kiddies und die Oldies mitgerechnet). Im Bundesdurchschnitt kommen auf 1.000 Personen nur 650 Autobesitzer. Das Saarland ist eben ein Automobil-Land: klar, wenn allein 40 Prozent aller Industriearbeitsplätze im Automobilbau und bei den Zulieferern liegen.

Und das wird die nächsten Jahrzehnte auch so bleiben, mit Tunnel oder ohne. Denn selbst wenn man sich immer weiter müht, den sogenannten ÖPNV zu verbessern, den öffentlichen Personennahverkehr, es will nicht so recht klappen. Die meisten Saarländer wohnen eben auf dem Land, in einem winzigen Dorf irgendwo weitab von Bus und Bahn. Das heißt, es gibt dort schon so etwas wie einen Verkehrsverbund, und der wird genutzt. Zumindest von Menschen, die eben mal zwei Stunden Zeit haben, um von ihrem Dorf in die zehn Kilometer entfernte Landeshauptstadt zu kommen, während das mit dem Wagen in 15 Minuten geht.

Dafür gibt es jetzt endlich die Saarbahn. Über die sich die Saarländer auch sehr freuen. Zumindest die, die in der Nähe dieser Bahn wohnen. Die Saarbahn ist so etwas wie eine S-Bahn beziehungsweise eine Straßenbahn, mit immerhin einer Linie. Dafür ist sie, und das ist wieder ein regionales Kuriosum, die einzige in ganz Europa, die völkerverbindend über eine Staatsgrenze fährt – wenngleich man das nicht wirklich sieht. Die Bäume im französischen Sarreguemines sehen schließlich genauso aus wie die in Kleinblittersdorf.

Gegenüber von Kleinblittersdorf auf der linken Saarseite bei den *Wackessen* (Franzosen) liegt Grosbliederstroff. Das klingt russisch, ist es aber nicht, da ist nur beim Übersetzen was verloren gegangen. Kleinblittersdorf erinnert dagegen an einen Fantasienamen wie »Hintertupfingen«, und es ist auch genauso provinziell, wie es klingt. Nein, denken wir mal positiv und sagen: »ländlich«. Das hört sich doch gleich viel schöner an. Es liegt auch landschaftlich besonders reizvoll im lieblichen Saartal. So, uff! Jetzt sind mir die Kleinblittersdorfer hoffentlich nicht mehr böse. Ich habe sie schon motzen gehört: *»Doodefer liege mir saugünschtich!«* Stimmt! Man ist von dort mit der Saarbahn in Minutenschnelle einerseits mitten in Saarbrücken, aber noch viel schneller in Frankreich. Überhaupt kann man hier verblüffend flott vorankommen. In weniger als zwei Stunden sind wir per ICE oder französischem TGV in der Metropole Paris. Vom Hauptbahnhof in Saarbrücken bis zum Gare de l'Est dauert es gerade mal 1 Stunde 45 Minuten. Also wenn nicht gerade Lokführer streiken, Bäume umgefallen sind oder Klimaanlagen repariert werden müssen. Also, von wegen: Wir liegen am Popo der Welt, ha! Mitten in Europa!

»Was ist?« Ich muss wieder ganz laut schreien, wegen dem Verkehr drüben auf der Stadtautobahn. Aber *meins* ruft mir wieder irgendwas zu, und dieses Mal scheint sie eine Antwort zu erwarten. Vielleicht hat sie auch gerade den Namen Kleinblittersdorf gehört, immerhin stammt sie von dort. Ich sehe wohl, dass sie mir etwas sagen will, allein mir fehlt der Ton. Dann warten wir eben, bis der Tunnel endlich gebaut ist. Oder bis wir zu Hause sind.

Unn die komme jetz jed' Johr!

»Du, Willy, isch stell die doo Blümmelscher uff die Tische.« Sabine verteilt großzügig ihre nicht allzu originelle Tischdekoration, während ich zustimmend brumme und dabei die letzten Bestecke auslege. Daraufhin schaut sie sich ihr Werk noch einmal kritisch an: *»Oder findschde das mit dene Blume zu kitschig?«*

»Sabine, sie stehen doch schon.«

»Jo, aber isch wääß nit …« Sie schüttelt nachdenklich den Kopf.

»Du machst doch sowieso, was du willst, was fragst du mich?«

»Ei, isch will jo nit immer alles allään entscheide.«

»Dann nimm die Blumen halt wieder weg.«

»Wie? Ei, was dann jetz? Mol hü, mol hott.«

»Mir ist es einfach egal, Sabine.«

»Ach, mit Männer kann mer ennfach nit schwätze.«

So, jetzt bin ich wieder schuld! Na ja … Sie steht noch etwas unschlüssig herum und denkt nach – bis sie offenbar zu einem passablen Ergebnis gekommen ist: *»Aber sie passe gudd … nee, isch loss die stehe, fertisch!«*

»Meinetwegen.« Es ist mir tatsächlich egal. Nur, warum ziehe ich bei solchen Diskussionen immer den Kürzeren? Aber das ist eben des Mannes Los … ich muss sowieso in die Küche.

»Haschde die bunte klääne Fähnscher gesiehn? Die such isch schon die ganz Zeit«, ruft sie mir nach. »Nein, keine Ahnung.« Schnell entfleuche ich Richtung Küche. Es gibt nämlich noch viel Wichtiges vorzubereiten: 80 Gäste heute Abend, alles Bierbrauer. Aber die sind nicht von hier, nein, aus dem ganzen Bundesgebiet. Sie kommen auch nicht meinetwegen, sondern nur zum Essen in mein Bistro. Eigentlich sind sie ja zum Tagen hier. Zum Nächtigen wohl auch, aber das nur notgedrungen. Ein Unternehmer aus dem Saarland hat die ganze Meute hierher eingeladen, darum sollte auch das Essen was ganz Besonderes sein. Der Herr hat bei mir ein Saarländisches Büfett bestellt: *Gefillde, Hoorische,* Schwenk- und Spießbraten. So etwas kommt bei gaumenverwöhnten Fremden besonders gut an, weil man das eben nicht überall bekommt.

Heute sind bestimmt wieder viele Neulinge dabei. Ich habe immer wieder erlebt, wie verblüfft viele Gäste sind, wenn sie das erste Mal saarländischen Boden betreten. Irgendwie haben sie nämlich von unserem Land eine ganz andere und oft gänzlich falsche Vorstellung: Fördertürme, Industrieanlagen, Halden. Natürlich haben wir das hier auch, aber ganz versteckt. Aus den Industrieanlagen wurden interessante Museen, die letzten verbleibenden Fördertürme werden bunt angestrahlt und die Bergehalden sind mittlerweile so schön bewachsen, dass man sie nur noch als natürliche Hügellandschaft begreift. Auf einer Halde findet ein jährliches Musikfestival statt. Und eine andere, die Bergehalde Ensdorf, wird sportlich von Gleitschirmfliegern und Wanderern genutzt.

Häufig kommen Gäste auch unfreiwillig ins Saarland – zur Kur nämlich. So kann es jeden treffen, den Bayern, den Hamburger, selbst den Mecklenburg-Vorpommerer (oder wie der sich schimpft). Da kommt vom Arzt oder der Krankenkasse endlich die Kurbewilligung, und darin heißt's dann: Weiskirchen, Saarland! Dabei hatte sich der Bayer schon am Strand von St. Peter-Ording spazieren sehen. Das führt nicht selten zu enttäuschten Reaktionen: *»Na! Net zum Verrecken geh i do hia! Liaba bleib i krank!«* Aber irgendwann muss man doch. Ich habe schon viele dieser Kurgeschädigten kennengelernt. Vor vielen Jahren wurden sie erstmals ins Saarland zur Kur geschickt, wehrten sich mit Händen und Füßen dagegen – und kommen nun jedes Jahr, um hier ihren Urlaub zu verbringen.

Es ist dabei nicht nur die bezaubernde Landschaft, die an Schwaben, an Baden, aber auch an das oberbayrische Alpenvorland erinnert, es sind auch die touristischen Möglichkeiten, die sich dem Gast eröffnen. Man kann zum Beispiel stundenlang durch herrliche Wälder wandern, sich mit dem Mountainbike auf ausgezeichneten Radwanderwegen verlustieren, man kann sich in Wellness-Oasen verwöhnen lassen, man kann aber auch einfach Kultur genießen: Zeugnisse von den Römern bis heute findet man allerorten. Zudem nutzt man gerne die Nähe zu Frankreich: einkaufen, schlemmen ... obwohl man dafür nicht einmal zum Nachbarn muss – das geht hier genauso gut – das Saarland ist mit Abstand das französischste aller Bundesländer.

Aber nicht nur der Urlauber findet hier ein familienfreundliches Paradies vor, auch immer mehr Geschäftsleute nutzen die Möglichkeiten, an der Saar ihre Tagungen durchzuführen. Ihnen werden nämlich gut ausgestattete Hotels und Tagungszentren mit modernster Technik und Infrastruktur geboten, dazu ein umfangreiches und interessantes Rahmenprogramm sowie ein erstklassiges kulinarisches Angebot, und das alles zu sehr moderaten Preisen. Kein Wunder, dass immer häufiger Gruppen, Verbände und Unternehmen ins Saarland kommen. Obwohl vonseiten der Tourismusbranche noch viel zu wenig geworben wird. Da könnten die Saarländer tatsächlich sehr viel von anderen Regionen lernen, aber auch da hindert einmal mehr die – sonst eigentlich so liebenswürdige – regionale Eigenart der Unterwürfigkeit.

Da hatten wir mit den Bierbrauern heute tatsächlich Glück: Der Gastgeber hat nämlich seine Kollegen hierher eingeladen, weil er selbst Saarländer ist und weiß, dass er sich nicht blamiert, selbst wenn er Norddeutsche, Bayern oder Sachsen an die Saar kommen lässt. So, Entschuldigung, aber ich muss mich jetzt loseisen und will doch kurz mal nachschauen, was meine Frau da alles umdekoriert hat.

»*Jetz saah nit, es dääd dir nit gefalle*«, werde ich gleich überfallen, »*isch hann doo jetz so viel Arbeit rinngesteckt!*«

Ich sag doch gar nichts! Das traue ich mich überhaupt nicht.

»*Du, übrigens, die Fähnscher hann isch gefunn … die hann noch bei dir im Auto geleh, doo.*« Sie wirft mir schwungvoll meine Autoschlüssel zu. »*Haschd übrigens e Knöllsche dran!*«, schmunzelt sie schadenfroh. Was? Ein Strafmandat? Mist!

»*Haschde kenn Parkticket gezoh?*« Nein, habe ich nicht. Wir haben nämlich so eine blöde Parkzone vor der Tür, wo der brave Bürger, gemeinhin gehorsam, seinen Parkschein am Automaten zieht. Damit meine ich allerdings nicht mich.

Ich lebe ja gerne im Saarland und das meiste gefällt mir auch überaus gut, die Menschen, die Landschaft, die Lebensart. Vieles ist so liebenswert und rührend. Nur gibt es tatsächlich eine Sache, mit der ich nicht prahlen möchte: den Parkmöglichkeiten. Vor allem in unserer Landeshauptstadt Saarbrücken ist das ein Problem. Natürlich will auch sie immer gern mit den Großstädten konkurrieren, und manchmal klappt das auch. Bei Angebot und Preisen fürs Parken kann sie durchaus mit Metropolen wie Paris oder New York mithalten. Es herrscht Parkplatznot wie in einer Millionenstadt und die Parkhauspreise gehören zu den höchsten in Deutschland – das ist guinnessbuchverdächtig. Dafür haben wir ein Spaßbad! Da fragt sich nun gleich jeder, was das damit zu tun hat, aber da gibt es tatsächlich einen peinlichen Zusammenhang.

Als vor einigen Jahren in Saarbrücken das erste Spaßbad namens »Calypso« gebaut wurde – mit großer finanzieller Beteiligung der Stadt –, hat sich der Bauherr recht schnell mit just dieser Beteiligung vom Acker gemacht. Sehr peinlich und auch sehr ärgerlich. Natürlich war auch von den Offiziellen niemand schuld, wie das immer so ist. Der Bauherr selbst war schnell über alle Berge. Und hinterließ eine Bauruine, eine ziemlich teure übrigens. Um dieses Loch im Stadtsäckel wieder zu stopfen, ohne das Spaßbad zu canceln, für das immerhin schon sehr viel Werbung gemacht wurde, hat man kurzerhand alle städtischen Parkhäuser privatisiert und auf 50 Jahre an eine einzige Privatfirma verpachtet, gegen Vorkasse versteht sich. So konnte das »Calypso« dann doch noch weitergebaut werden, finanziert von den Autofahrern beziehungsweise dem ruhenden Verkehr.

Im Bad parkt man übrigens (noch!) kostenlos – verblüffend, eigentlich. Denn sonst gibt es ein solches Privileg in Saarbrücken schon lange nicht mehr. Auch Parkplätze an der Straße sind rar geworden und dienen meist den Anliegern, die dafür ebenfalls tief in die Tasche greifen dürfen. Allerdings mache ich bei diesem ganzen Zirkus nicht mehr mit. Ich habe mich sozusagen ausgeklinkt, parke an der Straße, und das kostenfrei. Ich parke also »schwarz« und stelle meinen Wagen einfach in der Parkzone ab, ohne einen Parkzettel zu ziehen. Das ist nämlich langfristig weit günstiger als das noble Parkhaus.

Dazu hier mein Reisetipp – ganz unter uns: In Saarbrücken kein Parkticket im Auto zu haben ist günstiger, als wenn ein abgelaufenes hinter der Windschutzscheibe liegt. Das wissen zwar nur wenige, aber Saarbrücken gehört zu den Kommunen, bei denen man für die, wie das offiziell heißt, »Parkzeitüberschreitung« mehr Bußgeld zahlen muss als für das Parken ganz ohne Parkschein. Und selbst wenn man mal erwischt wird: Im Durchschnitt parkt man drei, vier Mal »kostenlos«, bevor man einmal ertappt wird. Das lohnt sich durchaus. Und wenn man beim Parken gerade so einen »Knöllchenverteiler« des Wegs kommen sieht, kann man auch mal großzügig von seinem Grundsatz abweichen. Man sieht die Herrschaften zum Glück immer schon von Weitem. Sie tragen so eine Art Uniform mit Schultertasche und bösem Blick.

Früher gab es im Saarland nur die männliche Variante, die sogenannten Hippos. Das hat nichts mit Nilpferden zu tun, es handelt sich um eine Abkürzung für »Hilfspolizisten«, die dem Falschparker den Strafzettel schreiben. Wobei »schreiben« leicht übertrieben ist, die nutzen dazu ein spezielles Eingabegerät und brauchen nicht einmal schreiben zu können. Übrigens ein interessanter Beruf für Analphabeten. Der Hippo hat so eine Art Fernbedienung dabei. Und braucht nur die Symbole des Nummernschildes mit denen auf seiner Tastatur zu vergleichen, drauf zu tippen und – zack – schon ist in Minutenschnelle ein Autokennzeichen eingegeben und sein »Knöllchen« wird ausgedruckt. Oder ihrs … es gibt ja auch die weibliche Ausgabe des Hippos, die Politesse. Was übrigens – kurioserweise – das französische Wort für Höflichkeit ist. Woraus man deutlich schließen kann, dass deutsche Behörden mit Französisch nicht viel am Hut haben, denn höflich sind die Damen selten, meist eher recht militant eingestellt. Mein Pfälzer Stammgast Karl-Heinz, hat mir mal erzählt, dass der Volksmund diese Damen zum Beispiel in Mainz nicht Politesse nennt, sondern *Knollekuh*. Allerdings wäre das nicht die offizielle Bezeichnung, müsse man sich daher auch nicht unbedingt merken.

Mein alter Freund Rolf ist übrigens kürzlich Opfer einer solchen Kontrolle geworden. Er kam gerade hinzu, als eine Knöllchenjägerin unterwegs war und fröhlich schreibend (also besser: tippend) den falsch geparkten Autos zu Leibe rückte. Da wurde er gleich ziemlich wütend: »Moment, aber ich war nur kurz auf der Post!« Was natürlich gelogen war: Wer ist schon kurz auf der Post? Aber das hat die Dame sowieso in keiner Weise beeindruckt, sie hat einfach stumm an ihrem Strafzettel weitergetippt. Daraufhin ist unser Rolf zornig geworden, und er hat in seinen nicht vorhandenen Bart gebrummelt:

»Beamtenschnalle … ihr wollt doch nur die Autofahrer abzocken!« Das hat der tatsächlich gesagt, und sie hat es wohl auch gehört, denn sie fischte wortlos ein neues Formular aus ihrer Schultertasche, steckte es in ihre Maschine und druckte gleich eine neue Strafe aus, nun wegen »abgefahrener Reifen«.

Da wurde mein Freund richtig böse, er konnte sich kaum noch beherrschen und polterte los: Sie sei ja nur eine Hure vom Ordnungsamt und solle gefälligst anderorts anschaffen gehen! Das hat der wirklich gesagt. Die Ordnungshüterin japste regelrecht nach Luft und sagte zunächst gar nichts, nein, sie fand dazu noch nicht einmal etwas auf ihrer Fernbedienung. Schließlich murmelte sie leise etwas von Beamtenbeleidigung und das gäbe eine Anzeige – und marschierte von dannen. Mein armer Freund ist dann auch ab. Ebenfalls zu Fuß: Es war schließlich nicht sein Auto. Und er weiß bis heute nicht, wem es gehörte.

EPISODE 33
Medaillenverdächtig

Im Fußball sinn mir rischdisch gudd – gewääähn, frieher

So, ich schau noch mal drüber und vergleiche das Gekaufte mit meinem Zettel: Grillkohle habe ich, Glühbirnen, Kabel, Dachlatten, 8er- und 6er-Schrauben. Gut, ist alles da. Zufrieden schiebe ich meinen Einkaufswagen Richtung Kasse.

»Hey, Willy!« Huch, wer ruft mich da? Typisch Baumarkt: Hier kann man nicht einkaufen gehen, ohne Bekannte zu treffen. So ein Baumarkt ist im Saarland nach der Stammkneipe der zweithäufigste Treffpunkt. Besonders attraktiv natürlich für die Herren der Schöpfung. Der Baumarkt ist ja quasi das »Schuhgeschäft für Männer« – oder war das jetzt der »Media-Markt«? Egal.

Karl-Heinz kommt winkend auf mich zu. Was will der hier? Den hätte ich gerade nicht hier vermutet. Schließlich ist er als Pfälzer handwerklich bestimmt nicht so ambitioniert wie der saarländische Heimwerker.

»Alla, guud, dass isch disch grad treffe, Willy, isch wollt gestern net vor dene annere … weil …«

»Was ist los, Karl-Heinz?«

»... mir Nischt-Saarländer müsse schließlisch zusammehalle, gell?«

Das klingt schon nach einem sehr großen Gefallen – hätte ich doch besser auf taub gemacht und mich gar nicht erst umgedreht. Und überhaupt, »Nicht-Saarländer« möchte ich auch nicht gerne auf mir sitzenlassen: »Moment mal, ich bin schon fast ein echter Saarländer, so lange, wie ich hier schon wohne.« Die Antwort kommt prompt: *»Alla heer uff! Do kann isch nur sage, so lang kann en Pälzer gar net lebe, als dass er mol Saarländer werre könnt!«*

»Also, was gibt's jetzt?«

Er kommt näher auf mich zu, schaut sich dabei prüfend nach rechts und links um: *»Alla, bass uff: Isch hätt e Kard ibberisch fer de Betze, Vierer-Block, Südtribün. Is eschd en Superplatz ... fer disch 20 Euro uff die Hand!«*

Ach so, er will mich zum Fußball mitnehmen, nach Kaiserslautern, in die feindliche Pfalz. Zum FCK. Hm, ich überlege ...

Er wird noch leiser: *»Du, die Kard is 35 wert!«*

»Und warum machst du da so ein Geheimnis draus?«

Er erklärt mir, dass auch Saarländer immer wieder gerne dorthin kommen, das aber nie offen zugeben würden. Ach? Saarländer, die freiwillig nach Kaiserslautern wollen? In die *böse Palz*?

»Ei sischer, damit se mol gudde Fußball gugge könne.«

»Na komm, hier wird auch einiges geboten«, murmele ich unreflektiert und merke gleich an seinem hämischen Grinsen, dass ich da wohl sehr danebengegriffen habe. Denn guter Fußball im Saarland, das ist leider schon sehr lange her.

Dafür gibt es in unserem Nachbarland neben Landwirtschaft, Weinbau und BASF zwei Vereine in der Ersten Bundesliga. So etwas gehört im Saarland eher in die Kategorie »antike Geschichte«. Obwohl der 1. FC Saarbrücken seinerzeit Gründungsmitglied der Deutschen Bundesliga war, 1963.

»*Ja unn*«, höre ich da Karl-Heinz, »*de FCK aach! Unn der is geblibbe, unn die Saarbrücker sinn gleisch widder rausgeflohe.*«

Er kennt sich offenbar aus. Aber trotzdem: Die Saarbrücker spielten auch schon mehrfach in der Bundesliga, und nicht nur die, auch Borussia Neunkirchen war eine sehr erfolgreiche Mannschaft. Also mal ganz langsam, Karl-Heinz, ja?

»*Aber heit is des alles längst vorbei!*« Das sitzt! Da hat er recht. Heute ist der Saar-Fußball eher drittklassig, zumindest der der Männer. Dafür sind die Frauen recht gut und spielten schon in der Frauen-Bundesliga. Aber wer kriegt das schon mit? Mit den Männern müssen wir eben in der Historie schwelgen. Und nicht nur das, unser Land ist fußballmäßig immer wieder durch bekannte Namen aufgefallen: Hermann Neuberger oder Felix Magath, Rudi Assauer, Jupp Derwall oder auch Helmut Schön. Der war zwar kein Saarländer, aber er war der erste saarländische Nationaltrainer.

Nein, das ist kein Fehler, Karl-Heinz! Er schaut mich schon sehr zweifelnd an. Also erzähle ich Karl-Heinz von der saarländischen Fußball-Nationalmannschaft, die es mal gegeben hat, in den Jahren 1950 bis 1956, als das Saarland autonom war. Dabei verschweige ich natürlich nicht, dass Deutschland den Weltmeistertitel im Jahr 1954 allein den großzügigen Saarländern zu verdanken hat, die der deutschen Mannschaft im Qualifikationsspiel den Vortritt ließen und damit das Wunder von Bern überhaupt erst möglich machten (siehe auch Seite 84). Aber so etwas beeindruckt natürlich meinen Pfälzer Freund in keinster Weise … klar, wenn man FCK-Fan ist.

Dafür pflegen wir im Saarland auch andere Sportarten mit großem Erfolg: Badminton zum Beispiel. Auch im Ringen gibt es hervorragende Leute. Entsprechend der Größe unseres Landes stehen die »kleinen Sportarten« im Vordergrund, die man zur Not auch im Zimmer ausrichten könnte. Was passt zur saarländischen Kneipenkultur besser als Billard. Da haben wir sogar Europameister! Ebenso gibt es im Kegeln herausragende saarländische Sportler – im Trinken vielleicht auch, aber das zählt (noch) nicht als olympische Disziplin, sonst wären da gewiss einige saarländische Athleten dabei. Aber jetzt mal im Ernst: Immer wieder glänzt auch ein Leichtathletik-Sternchen von der Saar am olympischen Himmel. So war es auch ein Saarländer, der 1960 in Rom das erste Mal die 100 Meter in genau 10,0 Sekunden lief: Armin Hary.

»Alla, is jo gut …« Meinem Freund Karl-Heinz geht mein Geschwärme auf den Keks. *»Was is'n jetz mit der Kard fer de FCK? Willste jetz oder net?«*

»Weißt du was, wenn ich es recht bedenke, bin ich ja kein echter Saarländer, da kann ich mir ruhig mal die roten Teufel in der feindlichen Pfalz antun.« Doch er schüttelt den Kopf und meint, es gäbe sogar ziemlich viele Saarländer, die im Fritz-Walter-Stadion des FCK Dauerkarten haben. Das war mir nun auch neu. Die werden dort wohl nur inkognito auftreten.

Das weiß ich noch von meinem Freund Klaus beziehungsweise seinem Neffen. Der hat mal einen unfreiwillig komischen Schulaufsatz über sein Heimatland geschrieben und darin auch zugegeben, dass er schon bei den Pfälzern zum Fußball war:

»Sportlich hat das Saarland nischt so viel zu bieten. Wir haben zwar ein Stadion, aber da schäme isch misch, hinzugehen. Da ist auch nischt mehr viel los, weil der FC in einer Liga spielt, wo isch nischt einmal den Namen kenne. Dann war sie aufgestiegen in eine Liga, wo isch auch nischt den Namen kenne. Drum wird ja jetzt ein neues Stadion gebaut, damit sisch die Saarbrücker Kicker nischt mehr ganz so schlescht vorkommen.

Manchmal fahre isch mit meinem Opa auf den Betzen nach Kaiserslautern. Da muss isch misch aber immer mit einem rot-weißen Schal verkleiden und darf nischt spreschen, damit man nischt merkt, wo mir herkommen. Sonst kriegen wir von den Pälzern eine auf den Knausen. Die sind nämlich sehr böse auf uns, weil sie das Saarland einverleiben möchten, aber da machen wir nischt mit. Das sagt auch mein Opa Backes immer. Wenn der gut drauf ist, holt er die Saarlandfahne raus und schreit: Lieber in die Saar als wie in die Palz!«

EPISODE 34

Die größte saarländische Untertreibung

Unn doo druff trinke mir eenen

»Willy, wääschde, was de kürzeschde Saarlännerwitz is?«

Wild bis gemächlich gläserpolierend stehe ich hinter meiner Theke und schüttele pflichtschuldig den Kopf: »Nö!«

»Ei, der geht so: Geht en Saarlänner an 'rer Kneip vorbei, ha, ha, ha …«

Wieder mal so ein typischer schlechter Klaus-Witz.

»Also das heißt, du willst noch ein Pils?«

»Jo, ei allemol. Zwische Lebber unn Mils passt immer noch e Pils!«

Na, der ist ja heute die fleischgewordene Fröhlichkeit. Aber hier fließt auch sonst das Bier in Strömen, obwohl der Saarländer sich eher bescheiden gibt und mal ausgeht, um »einen trinken zu gehen«. Einen! Das ist die größte Untertreibung in diesem Land, denn bei einem bleibt es nie, *uff eem Been kammer nit gudd stehe!*

»Also, Klaus, ich zieh dir noch ein Pils.« Wenn man nur pauschal ein Bier verlangt, gibt es im Saarland generell ein Pils. Für Biertrinker ist die Region tatsächlich ein wahres Paradies – für den zapfenden Wirt eher eine Wissenschaft.

Angefangen habe ich eigentlich ganz kümmerlich, mit nur einem einzigen bescheidenen Zapfhahn: Pils. Zum Wohle des typisch saarländischen Trinkers, der genießend am *Büfett* steht – zumindest zu Beginn. Später hängt er eher. An vielen alten Theken findet man sogar noch eine Art Reling, an der man sich zusätzlich festhalten kann. Gerade die Bergleute haben sich früher gerne mit einer Art Fleischerhaken dort eingeklinkt, so konnten sie das Bier unfallfrei laufen lassen.

Den Dürstenden verlangt's nach Bier, also Pils, und es dauert üblicherweise genau sieben Minuten, bis es gezapft ist. Das weiß der Bierkonsument und bestellt entsprechend sieben Minuten, bevor er vom allergrößten Durst geplagt wird. Der Wirt füllt das Glas, Manschette drum, Bierdeckel, und stellt es auf die Theke. Es beschlägt leicht und eine perfekte Blume zeichnet den echten Zapf-Spezialisten aus. So einfach, wie sich das die Pfälzer Weintrinker vorstellen, ist das nämlich nicht. Im Saarland wird daneben auch gerne Weizen getrunken, trüb oder kristallklar. Mit der sinkenden Promillegrenze wurde auch das »bleifreie« Bier populär, also Bier, dem man mit viel Mühe den Alkohol wieder entzogen hat. Das ist für mich eher ein Sakrileg. Daneben führt man noch – Reminiszenz an die Fitness- und Diät-Welle – Light-Bier für den Softie-Trinker, der damit erfolglos versucht, sein Biergeschwür am Bauch im Zaum zu halten. Und je nach Jahreszeit kommen Spezialergüsse wie Altbier oder Nikolaus-Bock hinzu.

Schwieriger sind da die Wünsche der jüngeren saarländischen Bierkonsumenten zu befriedigen. Dem Baby-

und Kleinkindalter noch nicht allzu lange entwachsen, möchten die am liebsten alles zusammengepanscht. Und das deutsche Reinheitsgebot wird mit Füßen getreten! Allein aus Protest habe ich mich geweigert, mir all die Namen dieser diversen Kreationen und Panschereien zu merken.

Aber gut, wer Spaß an kastriertem Bier hat, bitte, der soll sich das eben merken, bevor er frustriert das Saarland wieder verlässt, nur weil er sein Spezialgebräu nicht bekommen hat.

Die größte Sauerei und die zweitgrößte Freude Jugendlicher nach Wodka und all seinen Gemischen heißt Cola-Bier! Die Freude für Wirt und Wespen und eine Herausforderung für die Gläser-Spülmaschine. Schmeckt irgendwie abartig und die Schaumkrone sieht aus wie vier Wochen alter Schneematsch. Manche sagen auch »Mischbier« dazu, für viele, mich eingeschlossen – und gewiss für alle Brauer – ist das einfach nur *Versautes*! Und wenn man es jetzt penibel genau nimmt, dann stimmt auch »Mischbier« nicht wirklich, denn das ist, wenn ich meinen Stammgästen glauben darf, die Mischung von Cola mit Weizenbier, müsste also korrekterweise Kristall-Misch- oder trübes Hefe-Mischbier heißen. Und wenn man das Bier (Pils) statt mit Cola mit Limonade versaut, dann ist's ein Radler – bei gelber Limonade, mit weißer Zitronenlimo wird es ein Panaché … es kann auch umgekehrt sein, wie gesagt: Ich hab's mir nicht so genau gemerkt. Schüttet man die weiße Limo allerdings in Weizen statt in Pils, wird aus dem Panaché ganz schnell ein Russe. Und bei Verwendung verschiedener Weizensorten müsste man eigentlich auch zwischen dem trüben Russen oder auch dem Kristall-Sowjet unterscheiden, hm?

Oder war jetzt der Russe ein Radler mit Weizen? Also eher ein Kristall-Radler-Mischbier?

Die größte saarländische Brauerei hat nun auch die jungen Zecher als Zielgruppe erkannt – in die alten passt einfach nicht noch mehr rein –, getreu dem Motto: »Säufst du dir das Hirn noch leer, stört dich auch Hartz IV nicht mehr!« Dafür opfern die »Bier-Designer« – ich meine das eigentlich satirisch, aber ich fürchte, das heißt heute tatsächlich so – sogar das Reinheitsgebot und verkaufen ein Gebräu namens »Mixery«, also Bier + Cola + X – kein Mensch weiß dabei, was dieses X bedeutet. Wie die das mit der Lebensmittelkontrolle hinkriegen, weiß ich auch nicht. Aber es ist auch nicht so wichtig. Die Vermutungen gehen eh nur von kleinen Mengen dieses »X« aus: Kokain oder Amphetamine, Aufputschmittel oder zusätzlicher Zucker, vielleicht ist's auch einfach nur popeliges Wasser oder Hefeextrakt. Dafür ist es auf jeden Fall eine gewinnsteigernde Marketingidee. Aber gerade Jugendliche finden das voll cool oder krass und stehen total darauf. Es sind übrigens genau dieselben, die dann im Dritte-Welt-Bioladen Ökotee kaufen, Mahnwachen gegen genmanipulierten Apfelsaft abhalten und fürs deutsche Reinheitsgebot kämpfen.

Was heute an der Saar immer häufiger zu finden ist, wie andernorts mittlerweile auch, das sind urige Brauhäuser. In rustikalem Ambiente und idyllischem Rahmen servieren dirndlgewandete dralle Dorfschönen dort Bier aus hauseigener Herstellung, ganz frisch und sehr schmackhaft. Oftmals lädt dazu ein gemütlicher Biergarten zum Schlemmen und Zechen ein. In puncto Bierqualität, Vielfalt und Ambiente braucht sich das Saarland hinter Bayern tatsächlich nicht zu verstecken. Im Gegenteil: Bei vielen Bayern hat das saarländische Pils schon ganz schön reingehauen, schließlich ist der Alkoholgehalt hier höher als der im bayrischen Suddelwasser. Wahrscheinlich braucht der Bayer auch deswegen die Maß, den 1-Liter-Humpen, damit er überhaupt etwas davon hat.

So stellt sich immer wieder die Frage, wer von beiden denn nun tatsächlich mehr Bier verkonsumiert. Aber es ist wohl Bayern, das in diesem ständigen Wettbewerb vorne liegt. Kein Wunder bei so vielen saarländischen Touristen, die busweise nach Bayern gekarrt werden und nicht um ihren Führerschein bangen müssen. Zudem gibt es in Bayern auch nicht die große Auswahl. Denn neben diversen alpenländischen Obstlern ist das Bier dort fast das einzige alkoholische Getränk.

Wohingegen der Saarländer neben dem Hopfengebräu auch einen Crémant zu schätzen weiß und – vor allem bei einem schmackhaften Essen – gerne auch einen exzellenten Wein genießt.

»Ei allemol«, pflichtet Klaus mir bei, *»wie unser Claudia heirade gang is, doo hann mir jo uff sehr vornehm gefeiert, allään schon wesche'm Wolfgang sei Verwandtschaft – sei Vadder is jo en Dokter. Unn doo hat's kenn ennfach Bier gebb, nee, nur Wein – aber eigener vun de Saar!«*

»Vorsicht, da muss man jetzt genau unterscheiden, denn Saarwein, der zum Weinbaugebiet Mosel gehört, wird zwar an der Saar angebaut, aber an der unteren Saar, und die liegt in Rheinland-Pfalz! Wohingegen …«

Klaus wird plötzlich aschfahl: *»Ach Gott, geh fort! Dann hadde mir jo Wein aus de Palz getrunk!«* Ich versuche ihm zu erklären, dass die Gegend um Trier oder die Mosel mit der Pfalz nichts zu tun hat. *»Gott sei Dank, isch hann schon gedenkt …«*

Dafür wächst Wein, der auch aus dem Saarland kommt, genau genommen an der Mosel. Denn die bildet ein kleines Stück der Landesgrenze zu Luxemburg.

»Ach Gott, is das kompliziert. Drum trink isch Bier, zieh mir noch eens, Willy. Bei dem isses aach egal, wo's herkommt!«

Gerade kommt Karl-Heinz herein. »Kommst gerade recht, Karl-Heinz, es ging wieder mal um deine Pfalz! Willste was trinken?«

»Ei wieso Palz?«, fragt er, *»henn ihr widder gelästert?«*

»Oh leck, nee«, brummelt Klaus, *»es ging um de Pälzer Wein, der wo an de Saar wächst.«*

»Du bist en rischdische Dummbabbeler, an de Saar wächst ko Pälzer Woi …«

Klaus sieht mich hilfesuchend an, aber ich fange jetzt nicht wieder an, ihm zu erklären, was Pfalz, was Mosel und was das Rheinland ist.

»Unn mir henn de beste Woi, wo's uff der ganz Welt gibt – drum mach mer e Bier, Willy.«

Ist schon in Arbeit. *»Jo, unn deswesche bischde aach hier im Saarland«*, lästert Klaus.

Aber das ist eben so, immerhin ist Karl-Heinz mit einer Saarländerin verheiratet, und solche Mischehen enden entweder im Saarland oder beim Scheidungsanwalt. Auch *seins, es Tanja*, setzte ihm sofort die Pistole auf die Brust: *»Wemmer heirade, dann bleibe mir aber hier!«*

»Tja, dumm gelaaf!« Klaus klopft Karl-Heinz mitleidig auf die Schulter. Der legt das Geld auf die Theke: *»Apropos Fraa. Leit, isch muss hääm, alla, macht's guud!«* Und weg ist er, muss wohl ganz schön unterm Pantoffel stehen, hat mal gerade ein Bier geschafft und das fast im Weggehen gekippt.

Ich wende mich Klaus zu: »Was heißt da *dumm gelaaf*? Immerhin sind die beiden schon einige Jahre verheiratet. Und das sehr glücklich. Obwohl es eine Mischehe ist.«

»Na ja, aber siehschd doch, wie der unnerm Schlabbe steht!«

Wo er recht hat, hat er recht. Trotzdem, die beiden sind glücklich miteinander. Ich kann mich noch sehr gut daran erinnern, als Tanja, meine damalige Bedienung, ihn überrumpelte: Sie stellte eine Kerze auf die Theke, zwei Gläser Champagner dazu, eine kleine Vase mit einem Röslein drin und sah ihm ganz tief in die Augen. Dabei sagte sie diese typischen drei Worte, welche sie dann auf immer vereint haben: *»Isch sinn schwanger!«*

Aber wir waren ja auch froh, dass sie endlich jemanden gefunden hatte, selbst, wenn es »nur« ein Pfälzer ist. Dabei haben sie sich nicht einmal in meinem Bistro kennengelernt, sondern ganz normal – wie das im Saarland üblich ist – in einem Verein.

Er hat mir das anlässlich eines nächtlichen Gelages mal erzählt: Es war im »Theaterverein Thalia« in Hasborn, einem winzigen Nest im nördlichen Saarland, in dem Karl-Heinz seit Kurzem Mitglied war. Es gibt ja viele Theatervereine und Laiengruppen im Saarland, selbst im dünn besiedelten Norden.

Jener nun, *em Tanja seiner* (sein Verein) mit dem etwas hochtrabenden Namen »Thalia« (der Muse des Theaters), kennt man vor allem daher, weil man dort immer das Gleiche spielt: jedes Jahr dasselbe Stück. Das ist praktisch für viele Saarländer, die auch schon mal während der Vorstellung nach draußen gehen, eine Zigarette rauchen, ein Bierchen trinken oder *einen Bach machen*. Und wenn sie dann das Stück noch vom Vorjahr kennen, umso besser kommen sie wieder rein. Besagtes Werk präsentiert man übrigens – aus verständlichen Gründen – immer kurz vor Ostern: »Die Passion«.

»Jo, das hann isch aach schon gesiehn«, klinkt sich Klaus ein, *»das is doch das mit 'm Jesus am Kreuz.«*

»Genau, und da haben sich Tanja und Karl-Heinz kennengelernt«, erkläre ich ihm. Auch, dass Tanja damals die Rolle der Maria Magdalena gespielt hat; sie war also im Grunde die Freundin von Jesus. Und er, der Karl-Heinz, der spielte ...

»Bestimmt de Jesus!«, wirft Klaus ein. Ich schüttle lachend den Kopf: »Nein, eben nicht. Denk doch mal, Klaus, ein Pfälzer, noch dazu ganz neu im Verein, der fängt doch nicht gleich oben am Kreuz an, der muss sich langsam hocharbeiten. Nein, er hat ganz unten angefangen: im Souffleurkasten.«

Ich erzähle ihm die Geschichte weiter, über die wir damals ziemlich gelacht haben. Also, Karl-Heinz war Souffleur. Denn den Jesus spielte *de Hennes* aus Rappweiler, der auch Vorstand des Vereins war. Die Vereinskollegen fanden das sinnvoll, denn dieser Hennes sprach gerne und reichlich dem Alkohol zu und man sagte sich, als Jesus am Kreuz sei er schließlich festgebunden und könne nicht so leicht umfallen. Zudem hätte diese Rolle nicht allzu viel Text, denn Jesus muss ja nur im ersten Akt etwas sagen. Aber selbst das sei dem Hennes nicht leichtgefallen, der muss da irgendwie am Kreuz hängend nach Worten gerungen haben und statt »Oh Herr, mich dürstet!« hätte er nur gelallt: *»Oh Chef, hann eisch e Brand!«*

Woraufhin dann unser Karl-Heinz im Souffleurkasten versuchte, ihn zu korrigieren: *»Alla, des hääßt net ›hann isch e Brand‹, des hääßt ›misch dürstet‹!«* Offensichtlich fühlte sich Hennes von dem Pfälzer zu sehr bevormundet und ließ seinem Ärger freien Lauf: *»Halt Maul, Pälzer! Bin eisch de Jesus oder dau?«*

Sie mussten diese Szene sogar wiederholen, wegen des Szenen-Applauses – und die Geschichte ging natürlich in die Annalen der saarländischen Vereine ein.

»Prost, Klaus, aufs Saarland!«

»Jo, genau, uff uns, Proschd!«

Glossar

Arschledder – dreieckiger Lederschurz, den man hinten trug, um beim Hauen der Kohle draufzusitzen

Aufsteigerland – Aktion der CDU-Regierung um die Jahrtausendwende, bei der alles Traditionelle durch Modernes ersetzt werden sollte; Umstrukturierung von der Produktions- zu einer Dienstleistungsgesellschaft

Baccalauréat – das französische Abitur

Backes, Alfred – Kunstfigur eines saarländischen Kabarettisten

Batschkapp – eine Art Schiebermütze

Benimm-Baustein – Benimm-Unterricht für saarländische Schüler

Bergmannskuh – die Ziege, die die meisten Bergmannsbauern im Stall hatten

Betze – Fritz-Walter-Stadion des 1. FC Kaiserslautern auf dem Betzenberg

Bibbelsches-Bohnesupp – typische Bohnensuppe

Bubespatze – längliche Kartoffelklöße → Stragge

Büfett – saarländische Theke, Tresen

Christen, Ilona – saarländische Moderatorin (†)

Cindy und Bert – saarländisches Pop-Duo

Cora – große französische Supermarktkette

Dat-das-Linie – Sprachgrenze zwischen der rheinfränkischen (das, was) und der moselfränkischen (dat, wat) Sprachregion

Dauerschreiber – Kugelschreiber

dehemm – das Saarland und all seine Wärme

Deutsch-Französisches Gymnasium – erstes zweisprachiges Gymnasium in Deutschland, Saarbrücken (DFG)

Dibbelabbes – pfannkuchenähnliche Speise aus Kartoffeln, Lauch und Speck

Dillinger Hütte – großes Stahlwerk in Dillingen

Dudenhöffer, Gerd – saarländischer Kabarettist, bekannt durch die → Familie Heinz Becker

Dummschwätzer – Schimpfwort für einen Besserwisser

Ensheim – Stadtteil von Saarbrücken mit dem einzigen internationalen Flughafen, also auch Synonym für die große weite Welt)

Familie Heinz Becker – erfolgreiche Comedy-Serie des saarländischen Kabarettisten Gerd Dudenhöffer. Verkörpert eine typisch saarländische Familie: de Vadder, die Mudder (es Hilde) unn de Bub (de Stefan). Brachte viel Kenntnis, aber auch viele Vorurteile über das Saarland in alle Welt

Farian, Frank – saarländischer Musikproduzent (Boney M., Milli Vanilli)

FCK – Abkürzung für den 1. FC Kaiserslautern, die → Roten Teufel

Filmfestival Max Ophüls Preis – Festival des jungen Films, benannt nach dem Saarbrücker Regisseur Max Ophüls

Flemm – vom frz. flemme für Faulheit, im Saarland Ausdruck für eine chronische Arbeitsunlust

Flöz – kohleführende Schicht unter Tage

Förderturm – steht über dem Hauptschacht, er trägt die großen Förderräder, über die Kabel laufen, die die Förderkörbe bis zu 1.000 Meter unter Tage bringen

Ford-Werke – großes Automobilwerk in Saarlouis

Framboise – Himbeerschnaps

Freck – saarländische Erkältungskrankheit, grippaler Infekt

Friedwald – ein Bestattungswald im Saarbrücker → Urwald

G8 – Vorstoß in der saarländischen Bildungspolitik, das Abitur nach acht statt neun Jahren zu erwerben

Gefillde – gefüllte Klöße, saarländische Spezialität

Glück auf! – Begrüßungsruf der Bergleute

Goldene Bremm – Grenzübergangstelle in Saarbrücken, das Tor zu Frankreich

Grub – Bergwerk, in dem Kohle abgebaut wird

Grubenlampe – Sicherheitslampe des → Steigers, der damit den Methangehalt der Luft unter Tage prüft, um → schlagende Wetter vorherzusagen

Grumbeere – Kartoffeln

Hahne, Peter – ZDF-Nachrichtensprecher, der seine Karriere beim Saarländischen Rundfunk begann

Halde – auf Bergehalden kommt der Abraum aus den Bergwerken, den sogenannten Bergen

Härtelwald – Wald bei Marpingen, in dem angeblich die Mutter Gottes erschienen sein soll → Kapellenverein

Hary, Armin – ehemaliger saarländischer Sprinter, der erste, der die 100 Meter in 10,0 Sekunden lief

Hasengespräch – dummes Geschwätz

Haseverein – spöttisch für Kleintierzuchtvereine aller Art

Hilti – Präzisionsbohrmaschine eines Liechtensteiner Herstellers, als Profi-Werkzeug im normalen Handel nicht erhältlich. Trotzdem ist fast jeder saarländische Heimwerker stolzer Besitzer eines solchen Werkzeuges – Herkunft: unbekannt

Hippos – Ausdruck für die Hilfspolizisten, Stadtbedienstete, die die Knöllchen verteilen

Hitt – Hüttenwerk, in dem Stahl erzeugt wird

Hofer, Jan – »Tagesschau«-Sprecher, der seine Karriere beim Saarländischen Rundfunk begann

Honecker, Erich – ehem. Staatsratsvorsitzender der DDR (†), geb. in Wiebelskirchen, Saarland

Hoorische – längliche Kartoffelklöße
Huddel – Probleme, Schwierigkeiten
Hunnenring – keltische Wehranlage
Hypermarché – ein sehr großer französischer Supermarkt
Jamaika-Koalition – Dreierkoalition zwischen CDU, FDP und Grünen (ab 2009)
Joho – Johannes Hoffmann, saarländischer Ministerpräsident von 1947 bis 1955
Kaltnaggisch – ugs. Ausdruck für den Ort Herrensohr
Kamerad – Freund, Kollege, auch der bergmännische Kumpel
Kapellenverein – Marpinger Verein, der die angeblichen Marienerscheinungen kommerzialisieren wollte, → Härtelwald
Kerkeling, Hape – Kabarettist und Komiker, der seine Karriere beim Saarländischen Rundfunk begann
Klöß – Klöße, Knödel
knauben – die saarländische Art des Heimwerkens: basteln, bauen – allerdings in sehr rustikaler und stabiler Art, wie unter Tage im Bergbau gelernt
Kneschd – Kosename für einen kleinen Jungen, den Sohn oder einen Freund
Krimmelkuche – Streuselkuchen
Länderneugliederung – das Trauma der Saarländer, dass ihr Land irgendwann einmal in Rheinland-Pfalz aufgeht
Leclerc – große französische Supermarktkette
Leischeimbs – der saarländische Leichenschmaus (von Imbiss)
Leonardy, Robert – Pianist, Hochschulprofessor, Leiter der Musikfestspiele Saar
Lothringen – Grenzregion in Frankreich
Lyoner, Lyonerwurst – saarländische geräucherte Fleischwurst
Määde – Mädchen
Maggi – Speisewürze, die im Saarland gern und in großen Mengen verwendet wird

Marschkleescher – Markklöße, gehören in die → Rindfleischsupp

Merguez – scharfe französische Lamm-Bratwurst marokkanischen Ursprungs

»M'r sin nit so« – größte saarländische Karnevalsgesellschaft

Mirabell – Mirabellenschnaps

Mixery – Kreation der Homburger Karlsberg-Brauerei: Bier + Cola + X; niemand weiß, um was es sich bei dem X handelt

Muffländer – Menschen aus dem Saarland, kommt von der Abkürzung MUF für Militär-Urlauber-Fahrkarte

Müller, Peter – CDU-Ministerpräsident des Saarlandes von 1999 bis 2011

Mutterklötzchen – von Grubenholz abgesägter Holzklotz, den man zum Spalten mit nach Hause nahm, als Anmachholz für den Ofen

Naahtschischt – auf Hütte und Grube wurde oft die Nachtschicht genutzt, um für den privaten Gebrauch Schwenkbratenständer zusammenzuschweißen

Nicole – saarländische Schlagersängerin, gewann 1982 den Grand Prix Eurovision de la Chanson

Nix wie hemm – typischer saarländischer Ausruf in der Fremde, ursprünglich als Aufruf nach der Evakuierung Saarbrückens 1939 entstanden

Noodel – sld. für Nadel; Ehrennadel für verdiente Vereinsmitglieder

Oh leck – Ausruf des Erstaunens, der Freude, aber auch der Bestürzung, entspricht etwa dem bayrischen »Jo mei«

organisieren – im Saarland wird damit stehlen umschrieben, genauer: das Ausleihen ohne spätere Rückgabe

Oskar, de – Oskar Lafontaine, ehemaliger Saarbrücker Oberbürgermeister, Ministerpräsident des Saarlandes (1985 bis 1998), Bundesminister und SPD-Vorsitzender, heute Die Linke

Panaché – Mixgetränk aus Bier und Limonade, auch → Radler
Perspectives – deutsch-französisches Theaterfestival in Saarbrücken
Pfalz – Nachbarregion, dort leben die »Feinde«, die Pälzer
Pils – das Bier, das man in der Regel im Saarland trinkt
Premiumweg – vom Deutschen Wanderinstitut ausgezeichneter Wanderweg
Quetsch – Zwetschgengeist
Rach, Christian – saarländischer Restauranttester und Sternekoch
Radler – Mixgetränk aus Bier und Limonade, auch → Panaché
Reisch (Reich) – vom Saarland aus gesehen: Restdeutschland
Rindfleischsupp – typische Auftakt-Suppe für ein Hochzeitsmenu (meist mit → Marschkleescher)
Roschdwurschd – saarländische Bratwurst
Roschdwurschdbuud – Imbissbude (meist fahrbar), in der u. a. die saarländische → Roschdwurschd verkauft wird
Rote Teufel – die Spieler der 1. FC Kaiserslautern, → FCK
Saarbahn – S-Bahn, die Lebach über Saarbrücken mit dem französischen Sarreguemines verbindet
Saargebiet – früherer Ausdruck für das Saarland
Saarländische Lösung – elegante Umschreibung von politischem und verwaltungstechnischem Filz allerart
Saarschleife – große Schleife der Saar bei Orscholz
Saarvoir-vivre – der saarländische Lebensstil, der aus dem französischen entspringt
Sankt Ingberter Pfanne – überregionales Kleinkunstfestival mit -wettbewerb
Schacht – senkrechter Tunnel im Bergbau, über ihn gelangt man in Förderkörben unter Tage
Schaffbux – die Hose des Arbeitenden, unter Tage und zu Hause beim → Knauben
Schaffschuh – die Arbeitsschuhe des Bergmannes, auch zu Hause beim → Knauben

Schäschdelsche – kleine Schachtel, oft zur Verniedlichung einer Kiste Bier verwendet: e Schäschdelsche Bier

Schengen – Stadt in Luxemburg, Synonym für die Reisefreiheit innerhalb der EU

schlagende Wetter – Methanausbrüche, die zu Explosionen führen können

Schlossberghöhlen – Buntsandsteinhöhlen bei Homburg

Schneider, Paul – saarländischer Bildhauer

Scholl-Latour, Peter – Journalist, der lange im Saarland gewirkt hat

Schön, Helmut – saarländischer Nationaltrainer. Er trainierte die saarländische Nationalmannschaft während ihrer Unabhängigkeit in den 50er-Jahren

Schrämmaschine – große Maschine unter Tage, die automatisch die Kohle aus dem → Flöz bricht

Schweinskäs-Essen – traditioneller Neujahrsempfang des ehemaligen Ministerpräsidenten → Oskar Lafontaine

Schwenker – saarländischer Grill, bezeichnet aber auch das spezielle Steak darauf und den Menschen, der den Grill bedient – Verb: schwenken oder schwenkern

Serra, Richard – amerikanischer Bildhauer, der den Stahl für seine Skulpturen im Saarland bezieht

Sexauer, Manfred – Moderator des Saarländischen Rundfunks, Urgestein der Popmusik

Specksoß – eine Soße aus Sahne und Speck

SR – Saarländischer Rundfunk (gehört zum ARD-Verbund)

Stadtautobahn – Autobahnteilstück an der Saar durch Saarbrücken

Stadtmitte am Fluss – Projekt der Landeshauptstadt Saarbrücken, den Fluss landschaftlich, ökologisch und wirtschaftlich ins Stadtbild besser einzupassen

Steiger – Polier unter Tage, der auch für die Sicherheit zuständig ist

Steigerhäckel – der Stock und Prüfstab des → Steigers

Stollen – waagerechter Tunnel unter Tage, in dem aus dem → Flöz die Kohle abgebaut wird

Stragge – längliche Kartoffelklöße, → Bubespatze

Straßentheatertage – Straßentheater-Festival an verschiedenen Orten im Saarland

Stubbi – kleine knubbelige handliche Bierflasche

SZ – »Saarbrücker Zeitung«

Tante Maja – Szenelokal am St. Johanner Markt in Saarbrücken

Torque – Werk des amerikanischen Bildhauers → Richard Serra in Saarbrücken

Urpils – das saarländische Bier, ein Produkt der Homburger Karlsberg-Brauerei

Urwald – ein in seiner eigenen Wildnis belassener Wald und Forstbereich bei Saarbrücken

Versautes – eine Mischung aus Cola und Bier

Viewpoint – Werk des amerikanischen Bildhauers → Richard Serra in Dillingen

Villeroy & Boch – großes Keramikwerk in Mettlach, vor allem für den Sanitärbereich und für edles Porzellan

Wackes, Wackesse – eigentlich Elsässer, vom → Wasgau, im Saarland die Grenzländer in Frankreich (Lothringer, Elsässer)

Wasgau – der nördliche Teil der Vogesen

Weltkulturerbe Völklinger Hütte – ehemaliger Industriekomplex in Völklingen, der von der UNESCO zum Welterbe für Industriekultur erhoben wurde

ZF-Getriebe – großes Getriebewerk in Saarbrücken

Kleines Wörterbuch

aangugge – anschauen
aarisch – ziemlich, arg, sehr
äbbeldenzisch – nervös, unkonzentriert
allään – alleine
allegebott – immer, stets
allemol – selbstverständlich, natürlich
am beschde – am besten
annerschder – anders
auer – moselfränkisch für unser
aweile – jetzt, nun, im Moment
Ballawer – Krach, Lärm, Ärger
Batschkapp – eine Art Schiebermütze, Schirmmütze
besuff – besoffen, betrunken, → stragg
Braddel – dummes Zeug (→ Dummbraddeler)
Buddik – Unordnung
Büfett – saarländische Theke, Tresen
Bux – Hose
dabber – schnell
Dabberdommeldisch – Durchfall (wörtlich: sich tummeln) → Laafdabber
dabbersche – etwas schnell, nicht ganz so schnell, die Beamtenversion von »dabber«
dau – moselfränkisch für du
Dauerschreiber – Kugelschreiber

deichsele – regeln
Dibbe – Topf
dier – moselfränkisch für ihr
Dirmel – Dummkopf
Dochdermann – Schwiegersohn
doo – da, hier (die doo = diese)
doodebei – dabei
doodemit – damit
doodruff – darauf
Dummbraddeler – jemand, der viel dummes Zeug redet
dummele (sisch) – sich beeilen
Dummschwätzer – Besserwisser
ebbes – etwas
e bissche – ein bisschen, ein wenig
ei jo – ei ja, oft ein Einleitungsgeräusch
eisch – moselfränkisch für ich
ennfach – einfach
enuff – hinauf
enunna – hinunter
es räänt – es regnet
esse, gess – essen, gegessen
faschd – fast
Feschd – Fest
Flemm – vom frz. flemme für Faulheit, im Saarland Ausdruck für eine chronische Arbeitsunlust
Freck – saarländische Erkältungskrankheit, grippaler Infekt
Fubbes – Unsinn
Geeleriebe – gelbe Rüben = Karotten, → Möörscher
Geiß – Ziege
genn – geben, wird für werden gebraucht: »Isch will mol Berschmann genn.«
gischda – gestern
Good – Patin
grädsisch – schlecht gelaunt

gradzeläääds – jetzt erst recht
grimmelwiedisch – sehr wütend
Grumbeere – Kartoffeln
Halskaul – Genick
Hanner …? – Habt ihr …?
Hasengespräch – dummes Geschwätz
hause – abwertend: wohnen
Hinkel – Huhn
hollen – wird für nehmen verwendet: abholen (an Gewicht), zuholen, auf den Arm holen
Hooken – Haken
Hoorische – längliche Kartoffelklöße
Huddel – Probleme, Schwierigkeiten
ibberkandiddelt – überheblich
innewenzisch – inwendig, innen
isch dääd – ich täte, würde
Juppen – Jacke
känner – niemand
kenn meh … meh – keines mehr (doppelte Verneinung: »Isch hann kenn meh Geld meh.«)
Kinnener …? – Könnt ihr …?
klään – klein
Klöß – Klöße, Knödel
knauben – die saarländische Art des Heimwerkens: basteln, bauen – allerdings in sehr rustikaler und stabiler Art, wie unter Tage im Bergbau gelernt
Kneschd – Kosename für einen kleinen Jungen, den Sohn oder einen Freund
kreische – schreien, aber auch weinen
Krimmelkuche – Streuselkuchen
Laafdabber – Durchfall (wörtlich: schnell laufen) → Dabberdommeldisch
latze – sich satt essen
ledschd, zeledschd – letzte, zuletzt, neulich

Leischeimbs – der saarländische Leichenschmaus (von Imbiss)
Lumbe – Lappen
Määde – Mädchen
männe (gemännt) – meinen, gemeint
Marschkleescher – Markklöße, gehören in die → Rindfleischsupp
meins – meine Frau (Frauen sind im Saarland sächlich)
mitgebrung – mitgebracht
Möörscher – Karotten, → Geeleriebe
nee – nein
neischd – nichts
nimmeh – nicht mehr
Noodel – sld. für Nadel = Ehrennadel für verdiente Vereinsmitglieder
Oh leck! – Ausruf des Erstaunens, der Freude, aber auch der Bestürzung; entspricht etwa dem bayrischen »Jo mei«
ooscheerisch – kümmerlich, ärmlich
Pänze – Kinder
Patt – der Pate
rääne – regnen
rätschen – tratschen
Riddo – Vorhang
rischdisch – richtig
Riwwer-niwwer – Fliege (Kleidungsstück)
Roschdwurschd – saarländische Bratwurst
Saah nur! – Sag bloß! Wirklich? Unglaublich!
saugudd – etwas besonders Gutes
scheen – schön
Scheesewäähnsche – Kinderwagen
Schmier – Brot
schnääkisch – kulinarisch pingelig
Schnawwelschniss – einer oder eine, der/die dauernd am Reden ist

schroo – hässlich
schwaade – schlagen, verprügeln
schwätze – reden, plaudern, sprechen
selber, selbert – selbst
sellemols – seinerzeit
serleb Daachs nit – niemals
siehn (gesiehn) – sehen (gesehen)
Sießschmier – Marmelade
sisch schicke – sich anständig verhalten
Sperenzcher – Widerstände
stragg – faul, betrunken, aber auch steif
strippe – sich ausziehen
tappen – gehen, wandern, schreiten
Trottoir – vom frz. trottoir für Bürgersteig
Tuut – Tüte (oft als Schimpfwort: »die dumm Tuut«)
uff – auf
uffenanner – aufeinander
unn – und, auch als Frage; Unn? = Wie geht es dir?
unnere – wohnen zur Untermiete
unnerhalle – unterhalten
Urwes – Rest
Uwwerasch – Durcheinander
versuddele – verschütten
Wääschde? – Weißt du?
Weck – Brötchen, Semmel
wiedisch – wütend
wurres – durcheinander
Wutz – Schwein
Zappe – Ende

10 Dinge, die man getan oder gesehen haben muss

1. An einem zünftigen **Schwenkerfeschd** teilgenommen haben. Denn dort zeigt sich die saarländische Feier- *(Hauptsach gudd gess)* und Gesprächskultur *(Hasengespräch)* am nachhaltigsten. Dazu freundet man sich am besten mit ein paar eingeborenen Saarländern an und lässt sich dann einladen. Voraussetzung: einen guten Hunger und eine gesunde Leber.
2. Die **Saarschleife** besucht haben. Am besten vom Aussichtspunkt Cloef in Mettlach-Orscholz aus. Das schafft auch der blutige Saarlandanfänger ohne besondere Kontakte. Einfach »Mettlach, Cloefstraße, Hinter dem Kurpark« ins Navi eingeben und los geht's.
3. Einen Tag nutzen, um in **Luxemburg** günstig zu tanken sowie Zigaretten und Kaffee einzukaufen. Auf der A8 Richtung Luxemburg fahren, dann am besten bei Schengen abfahren und dort einfach den Autos mit saarländischen Nummernschildern folgen.
4. Sich **mitten in Europa fühlen**, indem man in Wallerfangen-Leidingen in der rue de la Frontière steht, mit einem Fuß in Deutschland und dem anderen in Frankreich.
5. Einmal auf den Spicherer Höhen im **Restaurant Woll** einen Pastis trinken, 80, rue des Hauteurs, F-57350 Spicheren, *www.restaurant-woll.com*; ersatzweise woanders »über der Grenze« essen gehen.

6. Ein **Bergwerk** besichtigen. Wenn man die entsprechenden Kontakte hat, also jemanden kennt, der jemanden kennt, dann kann man vielleicht sogar in ein echtes Bergwerk einfahren. Ansonsten besucht man die »Grube light«, das Bexbacher Grubenmuseum, Im Blumengarten, 66450 Bexbach, *www.saarl-bergbaumuseum-bexbach.de*
7. Im August das große **Saar-Spektakel** in Saarbrücken erleben, eine in Deutschland einzigartige Veranstaltung rund um Wasser und Wassersport. Mit Drachenbootrennen, Kanu-Freestyle, Gummitier-Rennen und allerlei Vorführungen auf, im und unter Wasser.
   Infos: *www.saarspektakel.de*
8. Einmal etwas **organisieren** (also etwas ausleihen, ohne es zurückzugeben), ohne schlechtes Gewissen zu haben: eine Gartenzange, eine Schaufel, eine CD. Ersatzweise lässt man sich einen Schwenkbratenständer schenken, der *uff de Hitt oder uff de Grub uff de Naahtschischt zesammegeschweißt genn is* – und ergibt sich damit dem saarländischen Zusammengehörigkeitsgefühl. *Das is jo eh alles unser!*
9. Einmal durch den **Saarbrücker Urwald** wandern, dort über umgestürzte Bäume, durch wildes Dickicht und kleine Rinnsale stapfen und die urwüchsige Ruhe genießen. Wichtig: gutes Schuhwerk!
   Infos: *www.saar-urwald.de*
10. Was jeder Saarländer zumindest in jungen Jahren schon gemacht hat: einmal »eben so« nach einer durchzechten oder einer turbulenten Disco-Nacht im vollbesetzten Auto nach **Paris zum Frühstück** fahren.

10 Handlungen, mit denen man leicht auffällt

1. Auch wenn Saarländer in der Regel des Hochdeutschen nicht so kundig sind und sich daher am liebsten in ihrem angestammten Dialekt unterhalten, sollte man als Zugereister vorsichtig damit sein, die **saarländische Mundart nachzuahmen**. Die ein oder andere regionale Floskel einzustreuen macht sympathisch und zeigt echten Integrationswillen, aber man sollte sich davor hüten, permanent saarländisch zu sprechen (außer man beherrscht es tatsächlich fehlerfrei), es könnte dann nämlich als anmaßend empfunden werden.
2. Wer eine saarländische ***Roschdwurschd*** am Imbissstand mit Messer und Gabel isst, outet sich als überheblicher *Dohergelaafener* und erntet bestenfalls Mitleid.
3. Wenn man von einem Saarländer dazu eingeladen wird, mit ihm **einen trinken zu gehen**, sollte man das mit dem »einen« niemals wörtlich nehmen, sondern sich auf eine lange, promillereiche Nacht einstellen, bei der Geldbeutel und Leber gefordert werden.
4. Bestellt man sich am *Büfett* einer saarländischen Kneipe, an der alle ihr Urpils vom Fass trinken, ein **Bitburger** – noch dazu aus der Flasche –, sollte man sich nicht wundern, wenn man als verkappter *Pälzer* ausgegrenzt wird. Ähnlich ungeschickt ist es, Pfälzer Wein zu ordern.

5. Es gilt als unkameradschaftlich, Reparaturen am eigenen Haus von einem Fachbetrieb ausführen zu lassen, ohne vorher die »kompetenten« Ratschläge von Freunden und Bekannten einzuholen. Die Kunst besteht darin, diese hilfsbereiten ***Knauber*** diplomatisch abzuweisen, bevor es letztendlich teurer wird.
6. Versuche niemals, einen eingefleischten Saarländer beim ***Schwenken*** zu belehren und ihm Ratschläge zu erteilen, selbst wenn er schon dabei ist, das halbe Haus in Brand zu setzen.
7. Bekommt man einen **Schwenkbratenständer** geschenkt – das kann einem anlässlich eines runden Geburtstages durchaus passieren –, sollte man vermeiden, nach der Herkunft des guten Stückes zu fragen. Das könnte den Schenker in die peinliche Lage bringen, eine nicht ganz legale Tat zuzugeben.
8. Ob man nun den wahren Ursprung kennt oder nicht, Saarländer sollte man unter keinen Umständen als **Muffländer** bezeichnen.
9. **Pfälzer** pauschal in Schutz zu nehmen, weckt bei einem Saarländer stets besonderes Misstrauen. Man verspielt damit leicht mühsam aufgebaute Sympathien.
10. Zu den schlimmsten Ausrutschern gehört es, die Eigenständigkeit des Saarlandes in Zweifel zu ziehen und gar eine Fusion mit Rheinland-Pfalz zu erwägen. Ein Wort wie **Länderneugliederung** sollte man in Gegenwart von Saarländern niemals in den Mund nehmen.

Weiterführende Literatur

Braun, Edith: Lebendige Mundart – Saarbrücker Druckerei und Verlag, 1996

Braun, Edith; Peetz, Anna: Hasenbrot und Gänsewein – Edition Karlsberg, Homburg, 1997

Bungert, Gerhard; Lehnert, Charly: Mir sinn halt so – Lehnert-Verlag, Saarbrücken, 1987

Bungert, Gerhard; Lehnert, Charly: Mir sinn halt so – Lehnert-Verlag, Saarbrücken, 1987

Bungert, Gerhard; Lehnert, Charly: Hann mir gelacht – Lehnert-Verlag, Saarbrücken, 1987

Bungert, Gerhard: Hundert Worte Saarländisch – Lehnert-Verlag, Saarbrücken

dtv-Atlas zur Deutschen Sprache, München 1978

dtv-Atlas zur Weltgeschichte, Band 1, München 1964

van Dülmen, Richard; Dillmann, Edwin (Hrg.): Lebenserfahrungen an der Saar – Röhrig Verlag, Sankt Ingbert, 1986

Engel, Elmar; Hatzenbühler, Friedrich; Lehnert, Charly: La Sarre – Die Saar – Lehnert-Verlag, Saarbrücken, 1988

Fox, Nikolaus: Saarländische Volkskunde – Saarbrücker Druckerei und Verlag, Saarbrücken, 1979

Geschichtswerkstatt 1989 e.V.: Das gewöhnliche Leben – Verlag »Die Mitte«, Saarbrücken 1995

Gross, Chlodwig: Schauplätze der Vergangenheit – Karthographischer Verlag Busche, Dortmund, 1994

Harig, Ludwig: Die neue saarländische Freude – Fischer, Frankfurt 1990

Herrmann, Hans-Walter u. a. (Hrg.): Das Saarland – Verlag »Die Mitte«, Saarbrücken, 1990

Klimmt, Reinhart; van Dülmen, Richard (Hrg.): Saarländische Geschichte, Röhrig Verlag, Sankt Ingbert, 1995

König, Guido: Saarländischer Sagenschatz – Queißer-Verlag, Dillingen, 1983

Lehnert, Charly: Detlev Schönauer – Das Beste, Lehnert-Verlag, Saarbrücken, 1998

Lehnert, Charly: Alles klar? Lehnert-Verlag, Saarbrücken, 1999

Mallmann, Klaus-Michael u. a. (Hrg.): Richtig Daheim waren wir nie – Verlag J.H.W. Dietz Nachf., Bonn, 1995

Marzen, Walter: Die saarländische Eisen- und Stahlindustrie 1430–1993 – Saarbrücker Druckerei und Verlag, 1994

Schleiden, Karl-August: Saarbrücken – Verlag »Die Mitte«, Saarbrücken 1989

Schönauer, Detlev: Jacques' Bistro – Lehnert-Verlag, Saarbrücken 1995

Schönauer, Detlev: Zoff am Zapphahn – Lehnert-Verlag, Saarbrücken 1996

Schönauer, Detlev: Die unernste Geschichte des Saarlandes, Vorwort: Oskar Lafontaine, WeymannBauer-Verlag, Rostock, 1998

Schönlaub, Jörg: Das Saarländische Schimpfwörterbuch, Nidderau 1992

Seitz, Schorsch: Das saarländische Schwenker Buch, Lehnert-Verlag, Saarbrücken 2000

Staerk, Dieter: Das Saarlandbuch – Minerva-Verlag, Saarbrücken, 1990

Stein, Werner: Kulturfahrplan – Fackelverlag, Stuttgart, 1946